普通高等教育“十三五”规划教材

大学生心理健康教程

（第2版）

主　编　汪　勇

副主编　李安茂　任秋爱　代雅玲

　　　　达芳菊　任建国　苏晓奇

编　委　陈　策　王　廷　史瑞明　钟意娟

　　　　王　凯　牛　刚　王　岚　任延平

　　　　姚俊涛　舒　娟　郭建新　赵东利

　　　　孙　新　郝　雁　殷艳蓉　尹　娟

　　　　吴　杰　张瑞国　徐　蕾　马云龙

　　　　王　静　张　婕　周凯娜　武惠丽

　　　　王　毅　罗兴育　普　丹　王　燕

　　　　张　瑜　黎　莉　张飒乐　吴　静

　　　　雷光焰　周　艳　任　予　张　敏

　　　　韩　克　吴　迪　李红霞　刘盈盈

　　　　陈南征　周文旭　台明辉　李红兵

　　　　刘　衡　李红刚　高　渊　吴　丽

　　　　吴　萌　吕卫东　张　玮　陈　谦

西安交通大学出版社

XI'AN JIAOTONG UNIVERSITY PRESS

图书在版编目(CIP)数据

大学生心理健康教程/汪勇主编. —2 版.—西安:西安交通大学出版社,2017.7(2021.8 重印)
ISBN 978-7-5605-9889-5

Ⅰ.①大… Ⅱ.①汪… Ⅲ.①大学生-心理健康-健康教育-高等学校-教材 Ⅳ.①G444

中国版本图书馆 CIP 数据核字(2017)第 171040 号

书　　名 大学生心理健康教程(第 2 版)
主　　编 汪　勇
责任编辑 吴　杰

出版发行 西安交通大学出版社
(西安市兴庆南路 1 号　邮政编码 710048)
网　　址 http://www.xjtupress.com
电　　话 (029)82668357　82667874(发行中心)
(029)82668315(总编办)
传　　真 (029)82668280
印　　刷 陕西金德佳印务有限公司

开　　本 787mm×1092mm　1/16　**印张** 13.5　**字数** 317 千字
版次印次 2017 年 7 月第 1 版　2021 年 8 月第 3 次印刷
书　　号 ISBN 978-7-5605-9889-5
定　　价 32.00 元

订购热线:(029)82665248　(029)82665249
投稿热线:(029)82665546

第2版前言

第2版教材是在第1版的基础上进行的修订.此次修订更加贴近当代大学生的心理健康现状.为解决刻不容缓的大学生心理健康教育工作提供了更加科学的依据。

本书共10章,内容涵盖了大学生在学习和生活中所面临的各种主要心理问题。教材以普及心理健康知识,为大学生提供心理健康指导为出发点,力求体现知识性、可操作性、可读性和趣味性的特点,帮助他们解决在现实生活中所遇到的各种心理问题。

通过这些年对第1版教材的使用,各院校师生普遍反映,在每章节中设置"案例导入""案例分析""心理训练游戏""故事链接""知识链接""心理测试"和"思考题"等内容,非常有利于学生们在学习过程中理论联系实际,取得学以致用的效果,所以,本次修订仍然保留了各章节中相应的模块。

近年来,网络成瘾导致学生学习成绩下降、退学,甚至犯罪、自杀、死亡的事件时有发生。网络成瘾对大学生心身健康和学业的危害已显而易见,它已成为大学生人生前进道路上的最大"杀手"之一,后果十分严重,这已引起了高校和社会的普遍关注。为了尽快让大学生深刻认识网络成瘾的危害性,以及指导已成瘾的大学生掌握摆脱网瘾的方法和措施,我们特意在第五章"学习心理"一章中增加了网络成瘾综合征的相关内容。

本书是由西安交通大学、第四军医大学、渭南职业技术学院、西安建筑科技大学、西安警官职业学院、西安医学院、南方医科大学等院校的一些长期从事大学生心理健康教育、临床心理咨询的专家和教授共同编写而成,全书由汪勇、李安茂统稿。

本书引用了国内外大学生心理健康教育工作者的科研成果和相关资料,得到了各界同仁的大力民支持,西安交通大学第一附属医院医学影像科主任杨健教授、中国人民解放军总医院医学心理科主任姜荣环教授在本书编写的过程中给予了很多指点和帮助,在此一并致谢。

编　者

2017年5月

第1版前言

大学阶段是每个大学生人生的重要转折期。在此期间，他们面临着许多新的问题，诸如对生活环境的不适应，学习方法的改变及学习压力的增大，人际交往的困难，就业的压力，等等。这些都会给他们带来心理上的困惑。随着社会的发展，竞争的加剧，特别是社会转型期出现的各种社会问题，都会加重大学生的心理负担。据调查，大学生心理问题的出现率为20%～25%，这些心理问题如果得不到及时解决就会成为心理障碍，严重影响大学生的学业和心身健康。面对大学生心理健康问题的日益增多，进一步加强和改进心理健康教育工作的任务已刻不容缓。令人欣喜的是，2011年教育部下发了《普通高等院校学生心理健康教育课程教学基本要求》，明确要求在高校开展大学生心理健康教育并提出了具体要求，这对促进大学生的心理健康教育工作起到积极的推动作用。

根据我们多年从事大学生心理健康教育的工作经验，结合大学生在学习和生活过程中的心理实际，我们编写了这本教材。以普及心理健康知识和为大学生提供心理健康指导为出发点，力求体现知识性、可操作性、可读性和趣味性的特点，帮助大学生解决在现实生活和学习中所遇到的各种心理问题。

本书内容包括：心理健康、入学适应、自我意识、情绪管理、学习心理、人际关系、恋爱与性、直面挫折、生涯规划和生命教育等。内容涵盖了大学生在校学习和生活中所面临的各种主要心理问题，是高校学生心理健康教育课程的必备教材，也是大学生朋友关注自身成长与心理健康的有益读本。

针对心理健康教育课程教学的要求和大学生学习的特点，本教材中设置了下述一些模块：

- 每章设置了“案例导入”，介绍一两个案例，帮助学生了解讲述内容的相关背景，以加深对所讲述内容的理解；
- 各章后面增加了“心理训练游戏”，要求学生完成一些拓展性活动，突出了培养能力的实际训练，引导学生加深对所学知识的理解；

● “故事链接”和“知识链接”有针对性地选取了一些小故事，让学生在阅读中有所领悟，自我启迪；

● “心理测试”和“思考题”等内容，则力求做到理论联系实际，达到学以致用的效果。

我们希望本教材既有利于教师教学，也有助于大学生们更好地了解自己，不断提升自我、完善自我。

本书是由西安交通大学、第四军医大学、西安外事学院、陕西学前师范学院、宝鸡职业技术学院、陕西警官职业学院、西安医学院、陕西中医学院的一些长期从事大学生心理健康教育和临床实践的教授专家们共同编写而成。全书由汪勇、郭智慧、吴萌统稿。

本书是集体劳动成果，由各参编院校的教师共同完成。本书在编写的过程中参阅了国内外有关心理健康的研究成果，在此对有关作者表示感谢。由于编写时间有限，本书内容中难免存在错误和不足，欢迎同行和同学们批评指正。

编者

2014 年 7 月

目录

第一章

心理健康——向幸福出发

古代希腊哲学家赫拉克利特认为：人如果没有健康，智慧难以表现，文化无从施展，力量不能战斗，财富会变成废物，知识无法利用。由此可见，健康是人存在的基本需求。作为一名大学生，不仅要追求优异的学习成绩，更要关注健康，特别是心理健康。本章分别从健康的涵义、大学生的成长特点和心理健康状态、心理健康自我调适方法三个方面，帮助学生树立科学的心理健康观念，掌握解决心理困惑与问题的途径，从而保持健康的心态，提高心理素质。

案例导入

有五位同学，他们各自的情况如下。

A男生：18岁考入北京大学物理系，本科毕业后进入美国爱荷华大学物理与天文系攻读研究生，28岁通过博士论文答辩获得博士学位……

B男生：贫寒农家子弟，以优异的成绩升入省级重点高中。高中期间成绩优异，被评为省级三好学生，并获得全国奥林匹克物理竞赛二等奖。后考入省属重点大学攻读生物技术专业……

C女生：7岁父母离异，随母亲生活。学习成绩优异，组织能力强。顺利升入省级重点高中，曾获学校辩论赛最佳辩手，省级优秀学生干部。与同学老师关系融洽。后考入澳门科技大学……

D男生：4岁被选为申奥形象大使。4岁学习钢琴，师从中央音乐学院著名钢琴教授。8岁学习书法，师从清华大学方志文，获奖无数。10岁加入国家冰球队。后就读于中国人民大学附属中学并留学美国……

E男生：2岁时父母离异，跟随母亲到非洲生活，因为皮肤黝黑、满头卷发、身材肥胖，被中学同学喊作"黑鬼"。后跟随白人外婆生活。中学时因为贫穷绝望，曾经逃学、吸毒、泡妞。老师们都说：所有的监狱大门都会向他敞开……

这几位学生中你最喜欢哪一位？请按照喜好程度排序。

这几位同学的真实情况如下。

A男生，1991年因为嫉妒同门师弟，怨恨教授们的偏见，在爱荷华大学开枪射杀三位教授、一位副校长和一位中国留学生后，饮弹自尽。

B男生，因为宿舍人际矛盾，残忍地杀害了四位同学，被执行枪决。

C女生,是一位学业优秀但内心自卑的大学生,在大学毕业前跳楼自杀。

D男生,因多次寻衅滋事,被拘留劳教。2013年2月,因涉嫌强奸被判处有期徒刑十年。

E男生,是美国贝拉克·侯赛因·奥巴马二世,美国民主党政治家。2008年初次当选第44任美国总统,为第一位非裔美国总统。2012年成功连任。

B男生、A男生不懂得与人交往,不懂得控制情绪,以一己私利,置他人生命于不顾,纵然课业优秀,却内心寂寞并且极其危险;D男生不了解自己,过着没有追求和梦想的生活,纵然自己才华横溢,仍然内心迷惘,并最终失去自由;而不知名的自杀者C女生,则是非常典型的精神痛苦找不到解决出路,缺少对生命真知的认识,一遇到挫折就产生轻生念头;而中学时的"坏小子"奥巴马,却在混乱的青春期后蜕变成了大人物。这种巨大的转变,来自于他母亲对于快乐的身体力行和解读。做人要有追求,做自己喜欢的事情并且有益于别人,才能获得真正的快乐。奥巴马同我们所有的人一样,都渴望快乐的生活。因此他努力学习,考取了哥伦比亚大学。他到芝加哥黑人社区做服务工作,事无巨细,虽然薪水很低,但凭此良好的记录,被哈佛大学法学院录取,开始了为让更多人幸福生活的工作。

比较五位同学的人生经历,结局的差异来自于心灵世界的差异。由此我们可以看到,决定一个人一生的不是学习成绩,而是一个人追逐快乐的能力,一个人对心灵世界感知、把握和监控的能力,即一个人的心理健康水平。

第一节 健康与心理健康概述

古今中外,人们以各种方式表达着对健康与智慧生活的美好向往:健康是人生第一财富,健康是一切财富、成就、美丽和快乐的基础。但什么是健康呢?普遍的看法是身体没有疾病、生理功能正常。依照这样的标准,我们大多数的青年学生都是健康的,但是我们自己很清楚,在某些时候我们会被一些很强烈的情绪困扰,例如焦虑、烦躁、抑郁、不快乐,甚至是痛苦和绝望,这个时候就与标准不一致,是不健康、不正常的。因此,人的健康不仅仅是躯体健康。

早在半个多世纪以前,心理学家荣格就曾经提醒人们,要防止远比自然灾害更危险的人类心灵疾病的蔓延。他认为,随着人们对外部空间的拓展,人们对心灵的提升却停止了;人们在智力方面收获过剩,心灵方面却沦丧殆尽。精神生活的深度不安折磨着现代社会中最敏感的人,尤其是青少年学生。社会竞争、学习、生活、人际交往、自我意识和升学就业等方面的压力引发苦闷、孤独、焦虑、冷漠……甚至精神崩溃,使自杀、杀人等恶性事件频频发生,令人深思,心理健康问题已成为一个"世界性"的问题。

一、健康及其内涵

1948年联合国世界卫生组织(World Health Organization,WHO),在其成立之初,就明确指出:"健康乃是一种生理、心理与社会适应都日臻完满的状态,而不仅仅是没有疾病和虚弱的状态"。1989年,WHO进一步将健康定义为"躯体健康、生理健康、社会适应良好"。1990年,WHO在之前健康定义的基础上增加了"道德健康",使健康的内涵由对精神生命的关注指向对精神成长的提升,标志着健康概念的第二次转向。2000年,WHO又提出将"合理膳食、戒烟、心理健康、克服压力和体育锻炼"作为促进健康的新准则,将概念进一步细化。具体来说衡量个体是否健康应涵盖四个层面的内容：①躯体情况，包括身体发育是否良好，是否有生理疾病或缺陷等；②心理发展状况，包括是否有心理疾病，是否有持续的、积极的心理状态等；③社会适应程度，包括掌握多少生活知识和技能，是否有正确的生活目标，能否遵守社会生活规则、顺利融入社会群体、承担社会角色及适应社会生活等；④道德文明水平，包括道德认知水平和道德行为状况等。

为了方便鉴别，WHO 提出了健康的 10 条具体标准：①有充沛的精力，能从容不迫地应付日常生活和工作压力而不感到过分紧张；②态度积极，乐于承担责任，不论事情大小都不挑剔；③善于休息，睡眠良好；④能适应外界环境的各种变化，应变能力强；⑤能够抵抗一般性的感冒和传染病；⑥体重得当，身材均匀，站立时头、肩、臂的位置协调；⑦反应敏锐，眼睛明亮，眼睑不发炎；⑧牙齿清洁无空洞，无痛感，无出血现象，牙龈颜色正常；⑨头发有光泽、无头屑；⑩肌肉和皮肤富有弹性，走路轻松匀称。

总之，健康是指躯体和精神上的一种稳定的、充满活力的一般状态，不是简单的不生病或不受伤，而是人体的各个组成部分及其功能运作良好，包括生理、心理和社会适应性 3 个方面。其中社会适应性归根结底取决于生理和心理的素质状况。心理健康是身体健康的精神支柱，身体健康又是心理健康的物质基础。良好的情绪状态可以使生理功能处于最佳的状态，反之则会降低或破坏某种功能而引起疾病。身体状况的改变可能引发相应的心理问题。生理上的缺陷、疾病，特别是痼疾，往往会使人产生烦恼、焦躁、忧虑、抑郁等不良情绪，导致各种不正常的心理状态。作为身心统一体的人，身体和心理是紧密依存的两个方面。

二、心理健康的概念及其标准

对于心理健康的含义和标准的界定如同人类所有的认识、情感和性格一样复杂多样，迄今尚无绝对统一的答案。本书介绍几个比较有影响力的论述。

1. 心理健康的概念

(1)1946 年第三届国际心理卫生大会对心理健康的定义：所谓心理健康是指在身体、智能以及情感上，在与他人的心理健康不相矛盾的范围内，将个人心境发展成最佳状态。

第三届国际心理卫生大会明确提出四个标准：①身体、智力、情绪十分协调；②适应环境，人际关系中彼此能谦让；③有幸福感；④在学习和工作中，能充分发挥自己的能力，过高效率的生活。

(2)《心理学百科全书》中对心理健康的解释：一是指心理健康的状态，即没有心理疾病，心理功能良好；二是指维护心理健康的状态，即有目的、有意识、积极自觉地按照个人不同年龄阶段身心发展的规律和特点，遵循相应的原则，有针对性地采取各种有效的方法和措施，营造良好的家庭、学校和社会环境，通过各种形式的宣传、教育和训练，以求预防心理疾病，提高心理素质，维护和促进心理活动的良好功能状态。

(3)中国科学院心理研究所的郭念峰教授认为：心理健康是指人的心理，即知、情、意、活动的内在关系协调，心理内容与客观世界保持统一，并能促使人体内、外环境的平衡，促使个体与社会环境相适应的状态，并由此不断发展健全的人格，提高生活质量，保持旺盛的精力和愉快的情绪。

(4)美国心理学家马斯洛和米特尔曼提出了心理健康的十条标准：①有充分的自我安全

感;②能充分了解自己,并能恰当地评价自己的能力;③能与周围环境保持良好的接触;④生活的理想切合实际;⑤能保持自身人格的完整与和谐;⑥善于从经验中学习;⑦能保持适当和良好的人际关系;⑧能适度地表达和控制自己的情绪;⑨能在不违背团体要求的前提下,有限度地发挥个性;⑩能在不违背社会规范的前提下,适度满足个人的基本需求。

由此,我们看到心理健康可以从广义和狭义两个层面上进行理解。广义的心理健康是指一种高效而满意的、持续的心理状态;狭义的心理健康则指人的基本心理活动过程内容完整,协调一致,即认知、情感、意志、行为、人格完整和协调,能适应社会,与社会保持同步。据此,人的心理健康水平大体可分为三个等级:一是一般的常态心理,表现为心情愉快,适应能力强,善于与他人相处,能较好地完成与同龄人发展水平相适应的活动,具有调节情绪的能力;二是轻度的失调心理,表现出不具有同龄人所应有的愉快,与他人相处略感困难,生活自理能力较差,经主动调节或通过专业人员帮助后可恢复常态;三是严重的病态心理,表现为严重的适应失调,不能维持正常的生活和工作,如不及时治疗可能恶化成为精神疾病。

2. 心理健康的标准

(1)智力正常　智力是人一切心理活动最基本的心理前提,心理健康的人能在工作中保持好奇心、求知欲,并能充分发挥自己的智慧,学习知识,掌握技能,解决问题,有成就感。

(2)正确认识自我　能对自己的优缺点作出恰当的评价,不苛责自己,生活目标和理想切合实际,对自己基本感到满意,很少自责、自怨、自卑和自我否定,心理平衡能力强。

(3)能协调、控制情绪,心境良好　心理健康的人愉快、乐观、开朗、满意等情绪状态总是占优势的,不会长期处于忧虑、悲苦等消极情绪状态中,善于适度地表达、调节和控制自己的情绪,心境积极乐观。

(4)能与他人建立和谐的人际关系　乐意与人交往,与人为善,对他人充满理解、同情、尊重、关心和帮助,有良好而稳定的人际关系,并能在其中分享快乐,分担痛苦,社会支持系统强而有力。

(5)独立、自主、有责任心　对周围的人与事均有自己的见解,不盲从,热爱并专注于自己的工作、学习和事业,有强烈的责任心,并能在负责的工作中体验生活的充实和自己存在的价值。

(6)有良好的环境适应能力　能正确地认识环境和处理个人与环境的关系,能保持与环境的良好接触,善于将自己融入到不同的环境中,使个人的心理需要与社会协调统一,从而最大限度地满足自己的需要,实现人生理想。

三、大学生的心理健康标准

根据大学生特定的社会角色要求,结合心理健康的基本理论,大学生心理健康标准可以概括为以下7条。

(1)能保持强烈的求知欲　智力正常是人一切活动最基本的心理条件,但对于大学生而言,需要、动机、兴趣、爱好等非智力因素对学习的影响更大。因此,拥有浓厚的学习兴趣,能够帮助大学生克服学习中的困难,保持一定的学习效率,使学习成绩稳定,并能从学习中体验满足与快乐。

(2)能保持正确的自我意识,接纳自我　自我意识是指人对自己与周围世界关系的认识和体验。自我意识是人格的核心要素。心理健康的学生有正确的自我意识和良好的自我接纳能力，能够客观地认识自己，愉快地接纳自己的现实状况，自我评价客观，既不妄自尊大，也不自卑消极，自信乐观，生活目标与理想切合实际，不苛求自己，能扬长避短。

(3)能协调与控制情绪，保持良好的心境　心理健康者能经常保持愉快、自信和满足的心态，善于从行动中寻求乐趣，对生活充满希望，情绪稳定。

(4)能保持和谐的人际关系，乐于交往　人际交往状况是大学生心理健康的核心体现。心理健康的学生往往乐于交往，能分享、接受，给予爱和友谊，能与集体保持和谐关系，能与人和平共处，并乐于帮助他人。

(5)能保持完整统一的人格品质　心理健康的最终目标是保持人格的完整性，培养健全的人格。人格的完整是指构成人格的气质、能力、性格和思想、信念、人生观等各方面平衡发展。

(6)能保持良好的环境适应能力　环境适应能力包括正确认识环境及处理个人与环境的关系。心理健康的个体在环境变化时能积极调整对环境的认识和评价，使个体行为符合新环境的需求，与社会保持良好接触，对社会有较为稳定而灵活的认识。

(7)心理行为符合年龄特征　心理行为表现与相应的生命发展阶段相对应。大学生阶段也有其相对应的认识、情感、言行和举止的规范要求。心理健康的大学生应该活力充沛、勤于思考、情绪乐观积极。过于老态成熟，或过于幼稚依赖都是心理不健康的表现。

心理健康不像生理健康具有精确的、易于度量的指标，而是一个相对的概念，从不健康到健康只是程度不同，不存在绝对的健康或不健康状态。如持续的抑郁、焦虑不安是不健康的，但偶尔出现的一些焦虑、抑郁，特别是与现实情境相符的情绪，则不被认为是不健康的。比如最亲爱的奶奶去世了，很难过，忍不住痛哭，晚上睡觉不踏实，失眠，这都属于正常的负性情绪反应。

同时，心理健康与否是一个动态的过程，不是固定不变的。绝对的健康是不存在的，人通常处于健康和不健康连线中间的某一点上，从良好的心理状态到严重的心理精神疾病之间有一个广阔的过渡带。如果将健康人格的人比拟为处于白色区域，那么心理存在着冲突的人就处在浅灰色区域，而人格异常的人则是处于深灰色区域了，人格变态者则处于黑色区域。而且人的心理健康状态是动态变化的，并非静止不动的。人的心理可以从相对的比较健康变成健康，也可以从相对健康变得不那么健康。因此，心理健康与否是反映某一段时间内的特定状态，而不应认为是固定的和永远如此的。也不宜轻易对号入座给自己或他人贴上有某种疾病的标签。

正确理解心理健康的标准，不仅是我们日常生活学习中对健康评估的依据，也是我们对自己心理能力培养的目标。每个人在自己现有的基础上都可以通过努力提升自己的层次，开发自己的潜能，完善自我。

四、心理健康对大学生成长成才的意义

对大学生而言，今天全方位开放的教育环境为其提供了广阔的成长和发展空间，同时多变的社会环境和激烈的竞争也带来了严峻的挑战，要求个体具有更高的认知水平、更强的心理应对能力。提高个人修养、保持心理健康、提升人格魅力、优化心理素质已经成为每一个大学生必须面对的时代课题。

(一)心理健康是大学生身心健康发展的基本需求

生理-心理-社会一体化的医学新模式,已经为我们呈现出身体与心理健康之间密不可分的联系。20世纪70年代,世界排名死亡前三位的疾病分别是心血管疾病、中风和肿瘤,这些疾病都可以归属为心身疾病。心身疾病是一组发生发展与心理-社会因素密切相关,但以躯体症状表现为主的疾病,其主要特点包括:①心理-社会因素在疾病的发生与发展过程中起重要作用;②表现为躯体症状,有器质性病理改变或已知的病理生理过程;③不属于躯体形式障碍。

在临床门诊中有近1/3的患者所患的是与心理因素密切相关的躯体疾病。比较典型并且为我们熟知的心身疾病包括:皮肤系统的神经性皮炎、瘙痒症、斑秃、牛皮癣、慢性荨麻疹和慢性湿疹等;心血管系统的高血压或低血压、偏头痛等;消化系统的消化性溃疡、神经性呕吐、神经性厌食、溃疡性结肠炎、幽门痉挛和过敏性结肠炎;生殖内分泌系统的月经紊乱、经前期紧张症和原发性痛经等;神经系统的紧张性头痛、睡眠障碍;其他与心理因素有关的疾病,如癌症和肥胖症等。这些疾病的罹患与个体长时期的情绪紧张、忧郁、个性急躁和顽固等有关。神经生理学家巴甫洛夫曾说过:一切沉重顽固的焦虑和忧郁足以给各种疾病打开大门。

不良情绪和个性不仅易导致心身疾病,也更容易导致各种神经症或精神障碍,例如抑郁症、焦虑症和强迫症等。这些疾病不但干扰正常的学习和生活,而且会对生命造成重大伤害。特别是抑郁症,研究发现70%的自杀者有抑郁症。在美国,自杀是导致死亡的第七大原因,预测到2020年抑郁症将成为仅次于心脏病的第二大死亡原因。因此,积极学习科学知识,熟悉了解心灵世界,维护心理健康,使自己有能力和本钱,健健康康为祖国、开开心心为自己工作生活60年,是当代大学生义不容辞的责任和义务。

(二)心理健康是大学生适应社会的必然需求

毋庸置疑,当代社会要求人才具有良好的心理素质。心理素质是指人的心理过程及个性心理结构中所具有的状态、品质与能力之总和,包括智力因素与非智力因素。智力因素是指获得知识的多少,也指先天遗传的智力潜能,但人们主要强调心理潜能的自我开发与有效利用。非智力因素主要指心理健康状况的好坏,个性心理品质的优劣,心理适应能力的强弱以及所体现出的行为习惯与社会的适应状况。如果说在知识信息都比较闭塞的过去,社会需要的是有高超技术水平或拥有渊博知识的人才(即对智力因素要求比较高),那么在今天这样的人恐怕就只能做一个平平淡淡的打工者或跟随者了,而那些拥有开创、自信、进取、合作精神(非智力因素水平很高),心理、文化、专业和身体素质协调发展的个体,则是可以在任何时候都能够给团队或周边的人带来源源不断物质和精神财富的人"财"了。即便智力水平平平常常,只要有较高的非智力水平或情商,也一样可以成为可塑之"才",一样会获得更大的成长空间和更多的机会。

同时,当代社会急剧变革,挑战与机遇并存,每个人都会承受来自各方面的压力。大学已不再是殿堂,大学生也不再是骄子,学业、感情、经济、家庭和人际关系的压力无处不在。因此,大学生应直面压力,不断地调整心态,使自己在满足自我欲望的同时与社会规范相适应,这就要求大学生必须拥有健康、开放、积极的心理。

（三）心理健康是大学生成功发展的需要

每个人都有一座潜能金矿，蕴藏无穷，价值无比。就像心理学家杨眉曾经提到的，咨询教育工作者的目标就是，让学生知道大自然在我们每一个人的心中都安放了一座美丽无比的玫瑰园，发现它、珍惜它、浇灌它、培育它，让它花开满园，不仅仅是做人的权利，也是做人的责任。就像美国总统奥巴马因为黑皮肤遭到同伴的歧视时自暴自弃，而当他意识到自己尽管是个黑人，也有通过努力得到他人尊重的权利，也要让生命美丽绽放时，就迸发出了强大的学习能力和信心。

当一个人拥有自信，情绪积极乐观、意志品质坚强时，就能够最大限度地开发自己的潜能；而当一个人处于自卑、愤怒、抑郁、焦虑、紧张等消极状态时，对外界的感知能力就会下降，从而限制自己潜能的发挥。所以，稳定的情绪、坚强的意志、良好的性格，对人智力的发展和成就的取得具有巨大的推动作用。相反，情绪不稳定、意志力薄弱、性格存在明显缺陷的人，在事业上也往往到处碰壁，其智能的发展亦会受到阻碍。

“播下一个动作，你将收获一种习惯；播下一种习惯，你将收获一种性格；播下一种性格，你将收获一种命运”，美国著名心理学家威廉·詹姆士的这句话也许能让人们终生受益。

第二节　大学生的成长特点与心理健康状态

从出生到死亡的人生旅途中，每个人都将在生理、心理和社会的不断发展变化中度过。心理学家根据上述三个方面不同发展阶段的特点，将人的一生大致分为三个阶段：婴儿期和儿童期、青春期、成年期。大学生正处于从儿童到成年的过渡期，即青春期。它开始于性成熟期，截止于具有独立的成年人地位。心理学家霍尔认为，青春期是伴随生理成熟到社会独立过程的紧张所导致的暴风骤雨与压力的时期。同时又如作家柳青所说：“人生的道路虽然漫长，但紧要处往往就那么几步，特别是在人年轻的时候。”因此，熟悉大学生的成长阶段与心理发育的规律，对于促进大学生的心理健康，提升自我调节能力意义重大。

一、心理社会发展理论与大学生心理发展任务

著名精神分析学家艾瑞克森于 1950 年提出了解释整个生命历程的心理-社会发展理论。艾瑞克森的理论强调文化及社会环境在人格发展中的重要作用，他认为人生过程由八个发展阶段组成，每个阶段都有一个发展危机或中心任务必须解决。若能成功地解决每一阶段的危机，人格就会顺利发展，否则危机将持续存在，相继累加，导致人格缺陷或行为异常。同时，任何一个阶段的发展顺利与否，均与前一个发展阶段密切相关。如果前一个阶段发展顺利，将为后一个阶段的人格发展打下良好的基础；反之，如果前一个阶段发展不顺利，将会影响下一个阶段的人格发展。

艾瑞克森的理论中提到的八个阶段如下。

（1）婴儿期 0～18 个月　此阶段发展的危机是信任对不信任。形成的核心品质是对人以及对外界环境的基本信任感。如果此阶段发展受到限制，将导致人焦虑不安、畏缩及疏远、自我意识增强、对周围环境中的一切事物具有极强的不安全感，并将这种恐惧、怀疑及不安带入

以后的人生发展阶段。

(2)幼儿期 18 个月～3 岁　此阶段发展的危机是自主对羞愧或疑虑。形成的核心品质是坚定的意志和较强的自主能力。

(3)学龄前期 3～6 岁　此阶段发展的危机是主动对内疚。学龄前期顺利发展的结果是有自己生活的目的和方向，能主动进取，有创造力，形成有目的的品质。艾瑞克森认为，个人在社会中所能取得的成就，都与儿童在本阶段主动性发展的程度有关。如果此阶段发展出现障碍，会表现出缺乏自信、悲观、退缩、害怕做错以及无自我价值感等人格特征。

(4)学龄期 6～12 岁　此阶段发展的危机是勤奋对自卑。学龄期顺利发展的结果是学会与他人竞争、合作、守规则，获得基本的学习和社会交往能力，形成有能力的品质。

接下来的第五、六阶段对大学生的成长比较重要，在此详细论述。

(5)青春期 12～18 岁　此阶段发展的危机是自我认同对角色混乱。此阶段的主要任务是建立自我认同感，在周围世界中明确自己的社会角色，选择人生目标。艾瑞克森认为此阶段是人生最为关键的阶段，青少年面临以下多种发展危机及问题：①性生理的成熟，使之具有了性冲动的压力，由于性知识的缺乏及社会的禁忌，使之不知如何处理因性冲动引发的困惑和压力；②由于学校及社会的期望和要求，使之对日益繁重的学业及考试压力感到苦恼，在求学时模糊地感到求学的成败关系着未来，但对自己未来的方向感到茫然；③儿童时期的生活多由父母安排，而在此阶段，很多事情要自己做出决定，如职业和伴侣的选择，但由于人生经验不足而缺乏准确的价值判断标准，在做出判断和决策时感到彷徨无措。

艾瑞克森认为自我认同是自我发展的理想境界，由于年龄、能力、经验及家庭背景等因素的不同，每个人都可能有不同的自我认同状态。此阶段一般会出现四种类型的认同状态：①达到认同状态，指矛盾冲突解决，能够正确认识自己，明确自己的需要，能朝着既定目标努力；②认同延期状态，指矛盾冲突尚未解决，仍在苦苦探寻；③认同迷失状态，指矛盾冲突无法解决，陷入迷失和困境，对未来的一切尚未找到答案；④认同早闭状态，指自己对未来毫无主见，一切听从父母的安排。

同龄伙伴及崇拜的偶像对青春期的发展有重要影响。

此阶段顺利发展的结果是能接受自我，有明确的生活目标，并为设定的目标而努力，形成忠诚的品质。如果该阶段发生发展障碍，会产生认同危机，即个人在自我认同的过程中心理上产生危机感，导致角色混乱，迷失生活目标，彷徨，甚至可能出现堕落或反社会的行为。

(6)青年期 18～35 岁　此阶段发展的危机是亲密对孤独。青年期已经建立了自我认同感，形成了独立的自我意识、价值观念及人生目标。此期的主要发展任务是发展与他人的亲密关系，承担对他人的责任和义务，建立友谊、爱情和婚姻关系，从而建立亲密感。艾瑞克森认为真正的亲密感是指两个人都愿意共同分享和相互调节他们生活中一切重要的方面，只有在确立自己的认同感之后，也就是解决了上一阶段自我认同和角色紊乱的矛盾冲突后，才能在与他人的共享中忘却自我，否则很难达到真正的情感共鸣，产生与同龄人、社会及周围环境格格不入的孤独感。

朋友和同龄的异性对青年期的发展有重要影响。此期需要选择固定的职业目标、社交范围、伴侣和朋友，建立相互信任和理解，能够分享内心感受的友谊或爱情关系。

青年期顺利发展的结果是具有美满的感情生活、亲密的人际关系、良好的协作精神，形成爱的品质，并为一生的事业奠定稳固的基础。如果此期发展发生障碍，人就不能体验和经历亲密感，从而产生孤独、自我专注、缺乏密友和性格孤僻等问题。

(7)中年期 35～65 岁　此阶段发展的危机是创造对停滞。主要发展任务是养育下一代，获得成就感。

(8)老年期 65 岁以上　此阶段发展的危机是完善对失望。主要发展任务是建立完善感。老年期发展顺利的结果是对自己的人生产生完美无憾的感受，表现为乐观、满足和心平气和地安享晚年，形成有智慧的品质。如果此阶段发展发生障碍，就会出现挫折感、失落感和绝望感，整日处于追悔往事的消极情感中。

根据艾瑞克森的这一理论，大学生目前的基本任务应该是发展与他人的亲密关系，承担对他人的责任和义务，建立友谊、爱情和婚姻关系。但实际情况是，在应试教育的指挥棒下，今天进入高等院校的学生，在人生发展最为关键的时期(自我认同阶段)的发展是存在障碍的，如认同延期、认同迷失和早闭状态。进入大学后，找不到自己的发展目标，迷茫困惑，放弃努力，学业一塌糊涂，遭遇留级、退学；或听从父母的意见选择学校、专业，入校后发现不喜欢，苦苦挣扎希望能够改变；或盲目弥补青春期同龄伙伴崇拜感，在同性关系中寻找如兄如父般的依赖和认同，导致人际矛盾重重；或不敢及随意进入恋爱关系中，或将恋爱与婚姻完全隔离，或将恋爱与性密切牵连，无力在亲密关系中承担责任。这些问题可能依然困扰着大学生。因此，当代大学生基本的心理发展任务应该既包括明确社会责任，确立发展目标，又包括发展亲密关系。

二、大学生的生理和心理发展特点

大学生正处于第二次生理发育高峰的后期，表现为身体体态、机能、能量代谢过程逐渐趋于稳定及神经系统、生殖系统基本成熟。心理发育方面呈现出认知、情绪、自我意识、性意识迅速发展。具体表现如下。

(1)认知发展特点——既成熟又片面　大学生的认知发展达到人生的高峰阶段，如智能发育趋于完善，抽象逻辑思维能力强，对事物有自己独特见解，记忆力好，反应快，喜欢怀疑、争论和辩论，思想活跃，敢于提出问题，但对较复杂的事物常难辨真伪，特别是对于社会生活问题，由于缺乏经验，容易掺杂感情色彩，缺少深思熟虑，出现简单片面、偏执的现象。

(2)情绪情感特点——既丰富又善变　道德感、正义感、美感等高级情感迅猛发展。容易兴奋、激动、热情，也容易愤怒、忧郁。情感反应强烈、易变，相比于中学生，情感具有一定的隐蔽性，开始变得含蓄和深沉。人际关系对情绪情感的影响最为重要，情绪波动性较大，从高亢激昂到低落消沉可以在短时间内完成。

(3)自我意识特点——既自信又依赖　自我意识是关于人对自身的认识及对周围事物关系的各种体验。自我意识经过青少年时期的迅猛发展，进入大学后，大学生会深切关心自我的发展，独立感、自尊心、自信心非常强烈，自我分析、自我评价、自我监督能力有了显著提升。渴望拥有成年人独立自主的感觉，但又缺乏应对生活困扰的能力，遇到困难时仍希望得到父母或朋友的帮助。同时，个体之间在自我分析、评价与监督能力上存在较大的差异。

(4)性意识特点——既渴望又矛盾　性意识随着生理发育的基本完成得到了进一步发展和明确。一方面，强烈希望按照性别特征塑造自己的人格形象；另一方面，强烈希望与异性交往，探索异性秘密，或以各种方式吸引异性的注意，表现出对异性的倾慕与追求。但以往对学业的过分关注和与异性交往经验的缺乏，使大多数学生并不善于处理与异性的关系，加之经济地位不独立,使大多数学生在婚恋问题上容易出现各种烦恼。

三、大学生的心理健康现状

据中国疾病预防控制中心精神卫生中心公布的一项调查结果显示,10%~25.4%的大学生存在心理障碍。某高校每年在新生入学后一个月之内,使用教育部统一制订的《中国大学生心理健康测评系统》量表,对学生进行心理健康测评,发现5%~10%的学生在新生适应阶段表现出高焦虑、抑郁、躯体不适感、社交退缩、社交攻击、自卑、强迫等情绪或行为问题,2%~3%的学生有明显的心理问题,需要专业咨询的介入。生活适应能力、学业、人际关系、情感与性以及其他问题均会影响大学生的心理健康。

1. 与学习有关的困扰问题

大学生的主要任务是学习,但由于现实环境的各种影响,学生一方面因为竞争压力大感到应该努力学习,另一方面又受中小学应试教育的影响,想在大学里好好放松放松,加之自由支配的时间增多,勤奋在大学里似乎更为困难。主要表现为学习目标缺失、专业不认同、学习方法不当、学习成绩不理想等。

(1)学习目标缺失　绝大多数大学生在中小学阶段的学习都是奔着唯一的目标——高考,离开高考指挥棒的指挥后,在大学为什么读书,成为亟待解决的问题。在与新生的面谈中,当问及为什么要上大学时,有一半以上的学生对此很茫然。一位同学说:“一直以来都是在巨大的考试压力下被动地学,而静下来想为什么学时,会感到很无力。”

(2)专业不认同　在咨询中心每年都会有一些学生,特别是一些大一、大二的学生会对自己的专业表现出不满意、不喜欢,甚至是不接受,产生想放弃的念头。这种对所学专业不热爱、无信心,使学生长期处在冲突与痛苦之中。

(3)学习方法不当　部分学生习惯于过去按部就班上课、做作业、听老师讲的学习方式,而缺乏独立自主学习的能力,面对需要较强创新思维和动手操作能力的纯工科学科,或需要较深文化艺术修养和底蕴的文科学科的学习,如果只靠老师讲授自己记忆,恐怕就很难在学习中游刃有余。另外,在大学中不仅需要学习课堂和教科书中的内容,还包括各种丰富多彩的课外活动,各类讲座、竞赛、社会调查,这些都需要更加多样的学习方式。

(4)学习成绩不理想　部分学生在中小学阶段都是班上或学校里的尖子学生,到大学后一下子变为普通学生,加之个人自我约束力差、自制力弱,不会管理大学相对富裕的个人时间,甚至会成为差生。我们随机抽查了一个25人的大学四年级工科班级的成绩,在七个学期中,共有48门次不及格,人均1.9门次,有4人因为多门功课不及格留级,1人被劝退。这不能不引起我们的重视。

2. 生活适应问题

生活适应问题在刚入大学的新生中表现得最为突出。新生进入大学后,由于脱离了长期依赖父母的生活模式,丧失了与老师之间纯粹的学习关系,对新的集体、生活方式和学习特点不习惯,短时间内面对着自我认知、同学交往、自然环境等方面的全面调整会出现适应困难,表现为失眠、食欲差等,出现自卑、压抑等不良情绪。

3. 人际关系问题

进入大学后，由于个体待人接物的态度以及个性特征存在差异，加之青春期心理固有的闭锁、羞怯、敏感和冲动，使得大学生在人际交往过程中不可避免地遇到各种困难，从而产生困惑、焦虑等心理问题。这些问题甚至会严重影响他们的健康成长。实际上，人际关系问题也是历年来大学生咨询的主要问题，特别是宿舍人际关系。

4. 恋爱与性心理问题

对情感的需求与体验在大学阶段达到个体发展的高峰期，恋爱与性问题是不可回避的。同时，因恋爱而造成的情感危机是诱发大学生心理问题的重要因素。处于青春中后期的大学生，情绪稳定性较差，易喜易怒，加之性发育成熟带来的性冲动强烈，以及对异性的渴望与情感的不成熟，容易引发各种情绪和心理问题，由此导致的不良后果或恶性事件也比较常见。

四、大学生常见的情绪与行为障碍

大学生常见的情绪与行为障碍主要表现为以下四个方面。

1. 焦虑障碍

(1)特定对象恐惧症　这是指个体对某个或某些物体或场所强烈的、持续的恐惧，尽管知道它实际上并不具有威胁，如对蛇、猫等动物，或对高处、黑暗、空旷的场所、飞机和电梯等特定情景感到恐惧。

(2)社交焦虑症　对暴露在陌生人面前或可能被他人注视的一个或多个社交场合产生持续、显著的畏惧是社交焦虑症的表现。

(3)广泛性焦虑　广泛性焦虑障碍的基本特征为广泛性和持续性焦虑，常伴有头晕、胸闷、口干、尿频、尿急、出汗、震颤等自主神经功能紊乱症状和运动性紧张，其紧张不安与恐慌程度与现实处境很不相称。

2. 人格障碍

人格障碍是指明显偏离正常人格并与他人和社会相悖的一种持久和牢固的适应不良的情绪和行为反应方式。人格障碍者形成了特有的行为模式，对环境适应不良，常影响其社会功能，甚至与社会发生冲突，给自己或社会造成恶果。人格障碍常开始于幼年，青年期定型，持续至成年期或者终生。大学生中常见的人格障碍有偏执型人格障碍、强迫型人格障碍和回避型人格障碍。

(1)偏执型人格障碍　这是一种以猜疑和偏执为主要特点的人格障碍。表现出猜疑，不信任或者怀疑他人的忠诚，过分的警惕与防卫；对自己过分关心，过分自负，认为自己正确，将挫折和失败归咎于他人；感觉极度敏感，对挫折和拒绝特别敏感，不能谅解他人，长期耿耿于怀，常与他人发生争执或沉湎于诉讼，人际关系不良。思想行为固执死板，心胸狭隘。

(2)强迫型人格障碍　这类人格障碍以要求严格和完美为主要特点。希望遵循一种个人所熟悉的常规，认为这种常规万无一失，无法适应变更。缺乏想象，不会利用时机，做事过分谨慎与刻板，事先反复计划，事后反复检查，不厌其烦，犹豫不决。优柔寡断也是其特点之一。具有这类人格障碍的人时常焦虑、紧张、悔恨多，轻松、愉快、满意少。

(3)回避型人格障碍　具有回避型人格障碍的人长期和全面地脱离社会。他们回避社交，特别是涉及较多人际交往的职业活动,害怕被取笑、嘲弄和羞辱。自感无能,过分焦虑和担心,怕在社交场合被批评或拒绝。

3. 心境障碍

心境障碍主要是指抑郁症,其中的自杀问题也是值得我们关注的一个重要问题。

(1)抑郁症　抑郁症是一种常见疾病,每十位男性中就有一位可能患有抑郁症。抑郁症在女性中的患病率更高,每五位女性中就有一位可能患病。抑郁症严重困扰患者的生活和工作,给家庭和社会带来沉重的负担,约15%的抑郁症患者死于自杀。抑郁症患者心境不良,情绪消沉,对日常活动丧失兴趣,丧失愉快感,精力减退,思维缓慢,自我评价降低,精神活动明显减缓,联想困难,言语减少,语音低沉,行动缓慢,严重者感到绝望无助,大部分患者有结束自己生命的意念。

(2)自杀　在中国,据统计每年约有28.7万人死于自杀,200万人自杀未遂。自杀是我国排名第五位的死亡原因,在15～34岁的人群中,自杀则是排名第一位的死亡原因,占相应人群死亡总数的19%。自杀问题是值得全社会共同关注的一个问题。

4. 性心理障碍

性心理障碍也称性行为变态,是一种与生殖活动没有直接关系,在寻求性满足的对象和方式上与常人不同,且违反社会习俗的心理障碍。

常见的性行为变态有性欲倒错,比如恋物癖、裸露癖、窥视癖、异装癖和施虐癖等。还有一种性心理障碍叫作性别认同障碍,是具有与个体自身生物性别相反的性别认同或性别感的一种性心理障碍。

五、大学生常见的精神障碍

大学生中常见的精神障碍主要有双向情感障碍和精神分裂症两种。

1. 双相情感障碍

双相情感障碍,又称躁狂抑郁症,是一种涉及一次或多次严重躁狂和抑郁发作的疾病。这种疾病使人的情绪摇摆于极度高涨(或者易怒,或二者兼有)和悲伤失望之间,在这两种状态之间存在情绪正常的时间。

双相情感障碍是可以治疗的,并且有可能康复。具有双相情感障碍的人可以保持成功的人际关系和从事有意义的工作。

2. 精神分裂症

精神分裂症由大脑功能异常引发。患者存在感知、思维、情感、行为等方面的障碍。该病以精神活动不协调和精神活动与环境不协调为特征,属于重型精神病。患者的思想、情感、行为与现实脱节,不能分辨幻想与现实。因此,患者的自理及适应能力降低,甚至丧失,严重影响患者的日常生活、工作以及社交活动。

六、大学生心理问题产生的原因

心理问题产生的原因是复杂的和多方面的,既有遗传和生理因素,又有心理、社会和环境因素。

1. 个体原因

从人的发展阶段上来看，大学生处于青年期。青年期是由儿童到成年人的过渡期，或者说是由儿童走向成年人的转变期。青年期是脱离儿童期的稳定世界以后，进入成人期固定心理结构之前的不稳定时期。因此，心理学家将青年期称为人生发展过程中"狂风骤雨"的时期，也称为人生的"第二次断乳"。

在心理发展历程中，大学生面临着巨大的挑战，需要面对包括自我接纳、社会适应、人际关系、异性交往和社会责任等方面的问题。而刚进入大学校门的大学生，由于心理发展不成熟，情绪不稳定，心理冲突时有发生，很容易产生适应不良，从而出现各种心理问题。多数大学生的心理问题都是由于不能正确解决自身成长过程中遇到的问题而产生的。大学生的心理问题常见的是发展性问题，同时也是过境性问题，离开大学环境就不再存在。另外，大学生心理问题的产生与目前大学生自身心理成熟滞后，承受挫折能力不强，面对压力自我调节能力差，缺乏寻求有效社会支持有极大的关系。

2. 学校教育原因

长期以来，中学的应试教育使学生在身心发展的诸多方面明显滞后，致使学生的许多发展课题延迟到了大学，心理素质不能达到应有的水平，无形中又增加了学生在大学的成长负担，主要表现为自我管理和人际沟通能力差，过于单纯和幼稚，情绪不稳定，性格懦弱，意志比较薄弱，挫折承受力低等。进入大学后，由于学习负担过重、专业选择不当、对大学生活不适应、业余生活单调加之大学是一个竞争激烈的环境，使大学生面临很大的心理压力。

3. 社会原因

许多心理问题是由于对环境适应不良引起的。改革开放以来，中国社会发生了巨大变革。随着市场经济体制的确立和竞争机制的导入，人们的生活方式和价值观念都发生了重大变化；中西文化交叉，多种价值观冲突，使大学生常常感到茫然、疑虑和混乱；大众传播媒介对大学生的思想及行为带来的消极的影响，阻碍了他们身心的健康成长。特别是片面追求成功的社会价值导向，家庭关系的疏离和松散，父母离异，被留守等都会对大学生的心灵成长造成影响。

4. 家庭原因

家庭的过度保护或管理得过于严厉，导致大学生产生依赖、被动、胆怯、任性、冷漠、盲从、不灵活和缺乏自尊自信的心理倾向。在大学生的各种典型心理问题和心理疾病中常常可以看到家庭影响的痕迹。

除上述四种因素外，遗传因素和突发性事件也是导致大学生心理问题，特别是一些严重心理问题的原因。

第三节 维护大学生心理健康的教育与方法

大学生处在生理，特别是心理，即将成熟定型的关键时期。如同年轻的时候勤于锻炼，会为中年及老年以后的身体素质打下坚实的基础一样，健康的心理也为大学生面对今后生活中更大的心理困难和心理危机提供保障。因此，在大学期间，通过阅读相关的书籍、报刊、杂志，浏览网络信息，或通过学习心理健康的相关课程，积极参加学校组织的心理健康教育活动，包括听讲座和参加各项心理培训、团体辅导等，掌握一定的心理学和心理保健知识非常必要。

一、维护心理健康的立足点——自我调适

一般来说,大多数的情绪困扰或心理疾病都要靠自己解决,即使是心理医生,也只能给有心理困扰的人提供方向和建议。正如特鲁多医生的墓碑铭文:"有时,去治愈;常常,去帮助;总是,去安慰。"心理问题的解决更强调自我的调整和修复能力。对自我进行积极调整,在心理学上就是自我调适,指个体运用心理学的原理和方法了解自己和社会,从而促进自己的心理和行为向积极方向转化的过程。

1. 寻找有意义的生活目标,定位人生价值

心理学家弗兰克说:"意义可能存在于一定时期,心理健康的人应该在生活的一切时刻找到意义。" 近几年,哈佛大学开设的最受欢迎公开课"幸福"的年轻讲师泰勒·本·沙哈尔说,"一个幸福的人,必须有一个明确的、可以带来快乐和意义的目标,然后努力去追求。真正快乐的人,会在自己觉得有意义的生活方式里享受它的点点滴滴。"

生长在孤儿院里的一名小男孩常常悲观地问院长:"像我这样没人要的孩子,活着有什么意义呢?"院长笑笑没有回答,取出一块石头让男孩拿到市场上卖,条件是无论别人出多少钱,绝对不能真卖。男孩蹲在市场的角落里,意外地发现有好多人都对他的石头感兴趣,而且价钱越出越高。男孩高兴地向院长报告时,院长让男孩再将石头拿到黄金市场卖,结果有人以比之前高十倍的价钱买这块石头。最后,院长让男孩将石头拿到宝石市场去展示,结果石头的身价又涨了十倍,由于男孩坚持不卖,一块石头竟被传扬为"稀世珍宝"。

生命的价值首先取决于自己的态度,就像那块石头一样,在不同的环境中会有不同的意义。只有你自己珍惜,才能得到他人的青睐;只有你自己自信,才能赢得他人的欣赏。哲学家尼采曾经说过:"懂得为什么活着的人,无论什么样的生活他都能忍受"。美国斯坦福大学教育研究所的 William Damon 教授是当今世界研究青少年发展和品格教育最杰出的学者之一,他认为现在的年轻人普遍漂浮不定,不想做任何承诺,深层的原因是生命缺乏动机来源,缺乏目的感。在学校咨询室,我们也发现大量对学习缺乏兴趣,或者仅仅为考试、毕业而学习的学生在学习时无法全身心投入、专注,他们对学习没有激情,在困难面前很容易放弃、自卑。

人生目的是一个长期目标,类似于梦想,比如你的一生想往哪里去? 你想成为什么样的人? 应时常问问自己:我对什么有兴趣? 我做什么最享受? 什么会让我神采奕奕,浑身充满力量? 我擅长什么? 我的才能在哪里? 这个世界需要我做什么? 逐渐发展出自己的人生目的或职业目的。关于幸福感的研究发现,构成幸福感很重要的因素就是意义感和目的感。相信你的生活会因与美好的事物联系在一起而与众不同。法国作家大仲马说:"人生是一串由无数的小烦恼组成的念珠,乐观的人是笑着数完这串念珠的 。"

2. 拓展思维,多角度灵活地看待问题

20 世纪 50 年代阿尔伯特·爱丽丝在美国创立了合理情绪治疗。其核心观点认为,造成个体心理烦恼的根源不是来自于诱发性事件本身,而是个体对于诱发性事件所抱持的信念、看法和解释。

解释不同,情绪反应和心理活动就不同。例如:两位同学一起去食堂,在门口碰到班主任老师,但对方没有与他们打招呼,径直离去了。其中一位同学认为:"他可能正在想别的事情,

没有注意到我们。即使是看到我们而没有理睬，也可能有什么特殊的原因。”而另一位同学却可能有不同的想法：“是不是上次顶撞了他一句，他就故意不理我了，下一步可能就要故意找我的茬了。”两种不同的想法就会导致两种不同的情绪和行为反应。前者可能觉得无所谓，而后者可能忧心忡忡。这种信念、看法和解释实际上涉及到我们每个人的价值观、自我观和世界观，是一套较为稳定的解释世界与他人心理活动的系统。对大学生来说，该系统尚处于迅速丰富而逐渐稳定固化的阶段，所以尝试从多个角度看问题，对于丰富自己的解释系统，灵活反应非常有益。可以使用一些变异句式来做练习。比如，“因为他人对我很挑剔，所以我不开心。”情境不变，变换句式：“因为”置后，将结果改为反义词。转换后就变成了“他人对我很挑剔，我仍然开心，因为……”再如，我们对自己不喜欢的事情的内部语言通常是，我不得不做某事，如果换成我选择做某事，给人的感觉立刻会从被动无力变成积极有力。

3. 重视躯体上的调节，学会运动或放松

大量的调查研究结果表明，运动可以减轻焦虑和抑郁。

跑步、打球、游泳和器械操的确可以提高人身体的技能、知觉和控制力，增加血液循环，改善机体的含氧量，让人的精力在短时间内获得提升。同时有节律的运动可以把情绪所产生的负性能量通过汗水释放出去，精神压力可以通过对身体的关注得到转移。对于情绪容易激动的个体，相对有效的是太极拳、瑜伽、散步、慢跑这样的慢运动。对于处于快节奏生活压力下的个体来说，慢运动更合适。

放松就是让自己的身心处于一种舒适的状态中，犹如假睡。方法比较简单易行，一般都是渐进式放松，从头到脚通过放松一点一点舒缓身心。Herbert Benson 在《放松反应》一书提到放松的五个部分：①安静的环境；②能够专注于声音、音乐、意象、图片或场景；③顺其自然的态度；④身体舒展，肌肉张力最小；⑤逐渐放慢的、深度的呼吸。

4. 转移注意力，选择做快乐的事情

用娱乐来转移注意力，可以使人暂时忘记生活中的烦恼，有助于解决问题。如呼吸新鲜空气、晒太阳、听音乐、做白日梦、欣赏风景、观察美的事物、向他人微笑、向他人示爱、读小说、玩电脑、购物、爬山、布置房间、照相、吃好东西、散步、伸懒腰、美容、约会、写诗、划船、开会、演戏、穿奇装异服、跳舞、逛公园、种花、和宠物玩、帮助他人等，都可以释放压力，获得好心情。

二、维护心理健康的辅助系统——积极参与人际交往，寻求心理咨询

关于幸福感的研究表明，相比于财富、教育水平或事业等幸福感最重要的外部来源，积极的社会关系可以更好地激发幸福感。同样的，在遇到问题和困难时，首先通过与家人、亲戚、朋友等的沟通与情感支持来缓解压力、解决问题，是我们通常使用的方法。现实中也的确如此，心理问题人人都有，时时都可能发生，并不是每个心理问题都需要寻找专业咨询。一两位无话不谈的好朋友胜过好的心理医生。社会支持可以使我们从他人那里获得一种精神上的关心或安慰，诉说交流可以释放自身紧张。对于大学生来说，家人固然非常重要，但也需要积极利用校园丰富的支持系统，如舍友、班级同学、党团组织成员、教师和宿管阿姨等，都可以成为自己真诚交往和寻求帮助的对象。

但是如果遇到恋爱的对象提出分手，自己痛哭过、努力争取过、找好朋友分析过，没有任何

改观,仍然饭不香、觉不眠,自救无法、求助无门,痛苦的情绪已经影响到了学习、生活,就需要寻求专业咨询的帮助了。

心理咨询是一个过程。在这个过程中,一位受过专业训练的咨询员与来访者建立一种治疗性的关系,协助来访者认识自我,接纳自我,进而欣赏自我,摆脱痛苦,实现自我价值,使人生有丰富的发展。

目前从事心理咨询工作的机构主要有三类:一类是学校里的咨询中心,主要是发展性的咨询,即帮助学生解决一般的心理困扰,协助学生更好地认识自我,开发潜能,获得更好的发展。咨询师或教师一般具有专业的心理学学术背景,对学生免费或收费,不开药,性价比最高。有人戏称:免费午餐别错过。第二类是医院的心理咨询门诊,主要针对障碍性疾病的咨询,帮助患者解决较为复杂的神经或精神困扰,协助患者更好地适应社会生活。咨询师或医生一般具有专业的医学和心理学学术背景,多从疾病角度诊治,会给患者开药。当然,严重的情绪和精神困扰是需要药物干预的,但如果只是失恋想寻求心理安慰,一般不需要药物的干预。第三类是市场化运作的各类社会心理咨询机构。心理咨询市场并不规范,良莠不齐。就像心理学教授迟毓凯所说的那样,当前咨询水平最好的人员,应该在这些机构中,但是,水平最差的,也混迹其中。如果你了解这些机构,那么可以选择它们,但是如果对市场化咨询机构一无所知,则可能花费巨大,但效果不佳。因此,选择市场化心理咨询机构应该谨慎。

人生是一个漫长而又短暂的过程,没有人能替代你的成长,你必须学会独立体会其中的艰辛与快乐。只要你能正确地认识人与社会,并与同行者携手合作,正确对待这一历程中所有积极与消极的情绪,勇敢面对挫折,超越自我,你便能维护健康的心理状态。

最后,将文学大师丰子恺的《豁然开朗》诗送予大家:你若爱,生活哪里都可爱;你若恨,生活哪里都可恨;你若感恩,处处可感恩;你若成长,事事可成长;不是世界选择了你,是你选择了世界。既然无处可躲,不如傻乐;既然无处可逃,不如喜悦;既然没有净土,不如静心;既然没有如愿,不如释然。

心理测试

症状自评量表

指导语 下面是一些关于人可能会出现的问题的陈述。请您仔细阅读每个条目,然后根据最近一周之内这些情况对您影响的实际感觉,在最符合的一项上划“√”。答案没有对、错之分。每个陈述不需要花费太多时间考虑,但所给的回答应该是您现在感觉最恰当的体现。注意:每一项后面有5个数字,分别代表与您的情况相符合的程度。“1”代表“没有”,“2”代表“轻度”,“3”代表“中度”,“4”代表“偏重”,“5”代表“严重”,每题只能选一项。

题号	题目	没有 1	偶尔 2	有时 3	经常 4	总是 5
1	头痛					
2	精神过敏,心中不踏实					
3	头脑中有不必要的想法或字词盘旋					

题号	题　　目	没有 1	偶尔 2	有时 3	经常 4	总是 5
4	头昏或昏倒					
5	对异性的兴趣减退					
6	对旁人的责备求全					
7	感到别人能控制您的思想					
8	责备别人制造麻烦					
9	忘性大					
10	担心自己衣饰的整齐及仪态的端正					
11	容易烦恼和激动					
12	胸痛					
13	害怕空旷的场所或街道					
14	感到自己的精力下降,活动减慢					
15	想结束自己的生命					
16	听到旁人听不到的声音					
17	发抖					
18	感到大多数人都不可信任					
19	胃口不好					
20	容易哭泣					
21	同异性相处时感到害羞不自在					
22	感到受骗,中了圈套或有人想抓住您					
23	无缘无故地突然感到害怕					
24	自己不能控制地大发脾气					
25	害怕单独出门					
26	经常责怪自己					
27	腰痛					
28	感到难以完成任务					
29	感到孤独					
30	感到苦闷					
31	过分担忧					
32	对事物不感兴趣					
33	感到害怕					
34	您的情感容易受到伤害					

题号	题　　目	没有 1	偶尔 2	有时 3	经常 4	总是 5
35	旁人能够知道您私下的想法					
36	感到别人不理解您,不同情您					
37	感到人们对您不友好,不喜欢您					
38	做事必须做得很慢以保证做得正确					
39	心跳得很厉害					
40	恶心或胃部不舒服					
41	感到比不上他人					
42	肌肉酸痛					
43	感到有人在监视您,谈论您					
44	难以入睡					
45	做事必须反复检查					
46	难以做出决定					
47	怕乘电车、公共汽车、地铁或火车					
48	呼吸有困难					
49	一阵阵发冷或发热					
50	因为感到害怕而避开某些东西、场合或活动					
51	脑子变空了					
52	身体发麻或刺痛					
53	喉咙有梗塞感					
54	感到前途没有希望					
55	不能集中注意力					
56	感到身体的某一部分软弱无力					
57	感到紧张或容易紧张					
58	感到手或脚沉重					
59	想到死亡的事					
60	吃得太多					
61	当别人看着您或谈论您时感到不自在					
62	有一些不属于您自己的想法					
63	有想打人或伤害他人的冲动					
64	醒得太早					
65	必须反复洗手、点数目或触摸某些东西					

题号	题　　目	没有 1	偶尔 2	有时 3	经常 4	总是 5
66	睡得不稳不深					
67	有想摔打或破坏东西的冲动					
68	有一些别人没有的想法或念头					
69	感到对别人神经过敏					
70	在商店或电影院等人多的地方感到不自在					
71	感到任何事情都很困难					
72	一阵阵恐惧或惊恐					
73	感到在公共场所吃东西很不舒服					
74	经常与人争论					
75	单独一人时神经很紧张					
76	感到别人对我的成绩没有做出恰当的评价					
77	即使和别人在一起也感到孤单					
78	感到坐立不安、心神不宁					
79	感到自己没有什么价值					
80	感到熟悉的东西变陌生了或不像是真的					
81	大叫或摔东西					
82	害怕在公共场合昏倒					
83	感到别人想占您的便宜					
84	为一些有关性的想法而感到苦恼					
85	您认为应该因为自己的过错而受到惩罚					
86	感到要很快把事情做完					
87	感到自己的身体有严重问题					
88	从未感到和其他人亲近					
89	感到自己有罪					
90	感到自己的脑子有毛病					

分析统计指标如下。

(1)总分:90道题目的得分之和。根据全国正常人常模计算,90～168分属于正常范围,分数越高,心理健康状况越差,痛苦程度越高。

(2)分项目及其所含项目:

• 躯体表现,共12项:1、4、12、27、40、42、48、49、52、53、56、58,主要反映身体不适感,包括心血管、胃肠道、呼吸和其他系统的主诉不适,头痛、背痛以及其他躯体表现;

• 强迫,共10项:3、9、10、28、38、45、46、51、55、65,主要包含一些明知没有必要而又无法摆脱的无意义的思想、冲动和行为;

• 人际关系敏感,共9项:6、21、34、36、37、41、61、69、73,主要包含人际不自在与自卑感;

• 抑郁,共13项:5、14、15、20、22、26、29、30、31、32、54、71、79,以苦闷的情感与心境为代表的症状,以及动力缺乏、失望、悲观等认知和躯体感受;

• 焦虑,共10项:2、17、23、33、39、57、72、78、80、86,包含游离不定的焦虑与惊恐发作的症状;

• 敌对,共6项:11、24、63、67、74、81,包含厌恶的感觉,摔物,争论直到不可控制的脾气爆发等;

• 恐怖,共7项:13、25、47、50、70、75、82,包含出门旅行、空旷场地、人群或公共场所社交恐怖的一些项目;

• 偏执,共6项:8、18、43、68、76、83,包含投射性思维、敌对、猜疑、关系观念、夸大等偏执型思维;

• 精神病性表现,共10项:7、16、35、62、77、84、85、87、88、90,反映各式各样的急性精神病样症状和行为;

• 其他,共7项:19、44、59、60、64、66、89,无法归入以上任何项目的一些附加项目。

思考题

(1) 请结合个人的成长经历谈谈心理健康对于个人健康发展的重要作用。

(2) 大学生心理健康的标准有哪些?

参考文献

[1] 汪向东,王希林,马弘. 心理卫生评定量表手册(增订版)[M]. 北京:中国心理卫生杂志社,1999.

[2] 王淑兰. 大学生心理健康教育教程[M]. 合肥:中国科学技术大学出版社,2007.

[3] 周家华,王金凤. 大学生心理健康教育[M]. 3版. 北京:清华大学出版社,2010.

[4] 张旭东,车文博. 挫折应对与大学生心理健康[M]. 北京:科学出版社,2008.

[5] 罗红. 大学生心理健康教育:走出纠结[M]. 成都:四川大学出版社,2011.

[6] 张大均,吴明霞. 大学生心理健康[M]. 北京:清华大学出版社,2010.

[7] 叶琳琳. 大学生心理健康教育与心理素质训练[M]. 北京:北京师范大学出版社,2012.

[8] 樊富珉,王建中. 当代大学生心理健康教程[M]. 武汉:武汉大学出版社,2006.

(李安茂　王凯　任予　张婕　李红兵　陈谦)

第二章

学会适应——从毛毛虫到蝴蝶的蜕变

本章首先介绍了适应的基本概念，从心理发展的角度阐述了适应的过程和心理机制，简要论述了适应的意义；其次分析了大学生适应新环境的影响因素以及大学新生常见的适应问题；最后，从心理发展的角度探讨了大学新生应如何适应和管理大学生活。

案例导入

案例一　校园里的独行者

“为什么我的大学生活和高中生活一样啊！每天的生活就是三点一线——教室、宿舍、食堂。我觉得周围的人和事仿佛与我无关，我感到我与周围的人都有距离，没有人能与我交谈。看到周围热闹的学生活动，看到别人三五成群谈笑风生，我很羡慕，我觉得自己仿佛是孤儿，有我不嫌多，没我不嫌少，我的存在对于其他人没有任何意义。每当上完晚自习回寝室的时候，一个人走在昏黄的路灯下，这种孤独感就特别强烈，一个人面对黑暗，我是多么痛苦啊！”这是大一新生袁某向心理咨询师陈述的一段话。

袁某强烈的孤独感是从刚进入这个异乡的高职院校开始的。当他办理完一切入学手续，父母离开的那一刻，他突然感到心里空落落的，仿佛就这样孤零零地被留下了，留在一个陌生的城市、陌生的校园、陌生的宿舍。

“我第一次体会到了什么叫孤独”，袁某说：“寝室的同学都在给以前的朋友写信或打电话，我却没有什么朋友，我特别想家，希望能回到以前熟悉的环境中去，但是真的回去了，除了父母，我还是孤独的一个人。其实以前我觉得一个人生活也没有什么不好，但是现在这种孤独的感觉越来越强烈了，我甚至害怕一个人去食堂吃饭，害怕天黑。”

袁某仿佛是茫茫大海中的一叶孤舟，在偌大的校园里离群索居，没有知己、没有伙伴，只有孤独。他这种强烈的孤独感是从上大学离开父母的那一刻开始的，而且越来越强烈，最后发展成了人际交往障碍，比较严重地影响了他正常的学习生活和社会功能。

案例分析　对于刚刚进入大学的新生而言，生活和学习的环境都发生了很大的变化，很多同学没有做好心理准备。因此，不少新生产生了适应障碍，主要表现为情绪低落、抑郁、孤独和充满失落感，自尊与自卑的矛盾冲突等。

袁某的表现属于人际适应障碍。要克服这种障碍，首先，应该将注意力从内部转向外部，不要过于关注自己。因为越是关注自己就越无法被周围的人和事吸引。其次，可以发展自己的爱好和特长,主动去充实和丰富业余生活,例如参加体育运动、听音乐、看小说等。另外,还应该注重学业,学习好专业课,准备英语、计算机等考试。这样,就可以在一定程度上缓解焦虑等不良情绪。同时,可以尝试与同寝室的同学聊天,再逐渐将交往的范围扩展到其他同学以及老师中去。通过这样的努力,相信袁某能够逐步克服人际适应的障碍,开始全新的大学生活。

案例二　他是如何度过大学时光的

大学生小王,读初中时父亲病逝,母亲靠种田把他抚养成人,家庭经济十分困难。考上大学以后,小王经常因为没钱交学费和生活费不足而苦恼。可是经济上的困难并没有压垮他,反而养成他自强不息、不怕吃苦的精神。学费靠贷款和亲戚的资助来解决,生活费靠自己勤工俭学而获得。每天清晨,当其他同学还在甜蜜的梦乡里时,他却骑着自行车,挨家挨户地递送牛奶;每周两个晚上去做家教;双休日则在大街上卖报纸,最多一天能卖200多份。大二时,他凭借自己扎实的文字功底,开始给一家杂志社投稿,后来逐渐发展成为这家杂志社的特约通讯员。这些兼职工作让他增加了社会阅历,积攒了人气,更增强了他的社会适应能力。毕业时,他凭借他的敬业精神、优异的采写技能和良好的社交能力,与那家杂志社签订了合同,得到了一份适合自己发展的工作。

案例分析　小王同学出身贫寒,但是他自强自立。他在生活上勤俭节约,学习上积极进取。课余时间坚持做兼职,这样既利用课余时间赚取了生活费,又锻炼了自己各方面的能力。

和上述案例中提到的同学一样,我们每个人都承载着父母的希望,怀揣着自己多年的梦想,走进了向往已久的大学校园,开始了一段全新的人生旅程。你会发现这里的一切都是那么新鲜。不少同学第一次离开家人,第一次住集体宿舍……很多的第一次会让你的内心充满兴奋与好奇。但是,当这种新奇感平静之后,你就会发现,这个全新的环境与你以往的生活环境、学习环境及人际交往存在巨大的差异。如果你与环境变化相脱节,那么你很可能会出现适应方面的问题,让你难以处理好自己的学习与生活。因此,只有在短期内尽快适应环境、调整自己的心态、转变个人的角色,才能给今后的大学生活奠定良好的基础,使自己顺利度过大学时期。

第一节　适应概述

一、什么是适应

朱智贤主编的《心理学大辞典》中这样定义适应:适应是源于生物学的一个词,用来表示能增加有机体生存机会的那些身体上和行为上的改变。心理学中用"适应"表示对环境变化做出的反应。适应是指当外部环境发生变化的时候,个体通过自我调节,使自己的心理和行为更加符合环境变化与自身发展的要求,使个体与环境达到新的平衡的过程。

适应可以分为积极适应和消极适应。积极适应是指个体在客观环境中积极主动调整自己与环境不适应的行为,能够增强个体在环境中的主动性、积极性,使自身得到发展。消极适应是指人与环境的消极互动过程。在这一过程中,个体认同、顺应了环境中的消极因素,压抑了自身的积极因素及自身的潜能,违背了人的心理发展方向。其结果是环境改造了人,而人未发挥自己对于环境的能动作用。

对大学生来说，积极的适应应该从以下几个方面得以体现。第一，要使自己具有强大的竞争能力。面对激烈的竞争，要敢于进取，不甘落后，更不怨天尤人，不逃避退缩。第二，竞争失败后，能用健康的心态正确对待挫折。有竞争，必然会有失败。对于某件事情而言，成功只有一次，而在此之前的所有尝试，可能都是失败，能从失败中迅速解脱，鼓足力量继续前进，更难能可贵。第三，心态要宽容，悦纳自我，悦纳他人。悦纳自我，使我们拥有自信。自信的人，才能主动迎接挑战，与他人竞争；悦纳他人，使我们能适应不断变化的人群，能良好地与他人合作。第四，要适应不同环境下的不同角色，要及时认同新的角色，正确对待新旧角色冲突，在生活方式、思维方式和行动方式上迅速做出调整与改变，按照新角色的社会期望及要求提高自我，完善自我。

二、适应的心理过程

从心理发展的角度看适应的过程，以下几个环节是最基本的。

1. 需要——发展的内部动力

个体原有的发展水平与新的需要之间的矛盾是推动人类从事各种活动最原始的动力源泉。需要的产生离不开外部环境的刺激和影响作用。根据马斯洛的需要层次理论，可以将需要分为生理需要、安全需要、归属与爱的需要、尊重的需要以及自我实现的需要五大类。按照马克思主义的有关论述，又可以把需要分为自然性需要、社会性需要和精神性需要三类。从适应的角度看，通常可以将需要分为生存性需要和发展性需要两类。然而，不管怎样分类，适应的过程始终是从需要的产生开始的。实际上，适应本身也是人的一种需要，是人终其一生都不可缺少的一种基本需要。

知识链接

什么是马斯洛的需要层次理论？

马斯洛是美国人本主义心理学家，他于 1968 年提出了需要层次理论。按照他的理论，个体成长发展的内在力量是动机。而动机是由多种不同性质的需要所组成，各种需要之间，有先后顺序与高低层次之分。每一层次的需要与满足，将决定个体人格发展的境界或程度。马斯洛认为，人类的需要是分层次的，由低到高。它们分别是：生理需要、安全需要、归属与爱的需要、尊重的需要和自我实现的需要。

生理需要　这是人类维持自身生存最基本的要求，包括对以下事物的需求：呼吸、水、食物、睡眠、生理平衡、分泌和性。如果这些需要（除性以外）任何一项得不到满足，个体的生理功能就无法正常运转。换言之，人类的生命就会因此受到威胁。从这个意义上说，生理需要是推动人类行动最首要的动力。马斯洛认为，只有这些最基本的需要被满足到了维持生存所必需的程度后，其他的需要才能成为新的激励因素，而到了此时，已相对满足的需要也就不再成为激励因素了。

安全需要　安全的需要要求劳动安全、职业安全、生活稳定、希望免于灾难和希望未来有保障等。安全需要较生理需要高一级，当生理需要得到满足以后就要满足这种需要。每一个在现实中生活的人,都会产生安全感、自由和防御实力的欲望。

归属与爱的需要　这一层次包括对以下事物的需求:亲情、友情和爱情。人人都希望得到关心和照顾。归属与爱的需要比生理和安全需要更细微、更难以捉摸。它与个人性格、经历、生活区域、民族、生活习惯和宗教信仰等都有关系,这种需要是难以察悟,无法度量的。

尊重的需要　尊重的需要可分为自尊、他尊和权力欲三类,包括自我尊重、自我评价以及尊重他人。尊重的需要很少能够得到完全的满足,但基本满足就可产生推动力。

自我实现　自我实现的需要是最高等级的需要。满足这种需要就要求完成与自己能力相称的工作,最充分地发挥自己的潜在能力,成为自己所期望的人。这是一种创造的需要。有自我实现需要的人会竭尽所能使自己趋于完美。自我实现意味着充分地、活跃地、忘我地、集中全力地和全神贯注地体验生活。

2. 阻挠——适应状态的破坏

阻挠是指个体不能利用已有的行为习惯满足自己某些需要的情况。这种情况通常都出现在环境发生了变化,主体遇到了新的问题情境的时候。阻挠现象出现时,个体一般都会产生不同程度的紧张与焦虑感。阻挠的产生实际上意味着主体原有的适应状态已被打破,其原有的行为模式与新的需要之间发生了矛盾,从而产生了不适应的现象。在这种情况下,主体改变自己原有行为模式的动机便会应运而生。

3. 尝试——满足需求的努力

为了改变不适应的被动局面,个体在没有现成模式可以参照的情况下,会做出各种努力,采取各种方式进行积极的尝试。这一过程实际上是一个解决问题的过程,基本上是一个试误学习的过程,是适应过程中的关键环节。但人的试误学习与动物的试误学习有本质不同:动物的试误学习只是一种盲目的尝试,充其量也只是得到及时强化以后才能形成的稳定的条件反射。而人的试误学习则是经过认真思考并有一定理论假设作指导的理性行为,同时也带有明显的创新色彩。在尝试过程中一旦取得了成功,被肯定和巩固下来的不仅是解决问题的行为本身,而且包括行为背后的理性思考,特别是对事物本质与规律的概括与升华。

4. 重新适应——恢复新的平衡

经过一番尝试,找到了解决问题的方式,个体新的需要就可以得到满足,原有行为模式与新的需要之间的矛盾基本上得到了解决,曾经有过的不平衡状态重新恢复了平衡。这意味着一次不适应的问题已经解决,主体可以重新回到适应状态之中。但是这种状态仍然是短暂的,很快就会被新的不适应现象再次打破。

这种不适应→适应→不适应状态的循环往复就是适应过程的规律性表现。

三、适应的心理机制

瑞士心理学家皮亚杰认为,心理适应的内部机制就是同化与顺应的平衡。但只用同化和顺应这两个过程来说明适应似乎过于简单。结合认知心理学和社会心理学的有关理论,我们认为,心理适应的内部机制从出现不适应现象到重新适应,一般要经历认知调节、态度转变和行为选择三个环节(图 2-1)。

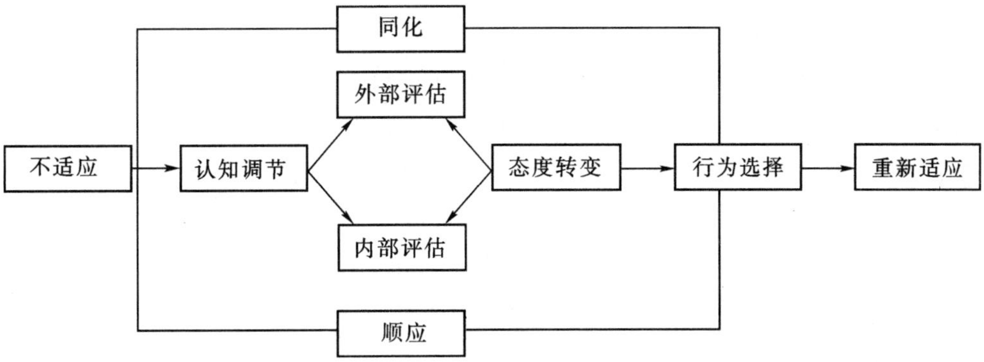

图 2－1　心理适应的内部机制

1. 认知调节

认知调节是适应过程的起始阶段，它包括外部评估和内部评估。

(1)外部评估　外部评估是认知调节的第一个阶段，指主体对变化了的外部环境及其对自身发展所具有的影响进行全面了解并做出新的判断的过程。其主要任务是确定外部环境中发生了哪些新变化，提出了哪些新要求，这些变化和要求对自身发展所造成的影响，在此基础上应能对发展中遇到的困难做出准确的判断，对新的角色期待形成正确的理解与把握。

(2)内部评估　内部评估是指主体在对外部变化做出正确判断的基础上，对自身内部状态进一步地了解与判断。实际上这是一种在自我监控系统的参与下，自我评价和自我意向重新调整的过程。具体包括对因外部变化引起的内部不平衡状态的估计，对不适应现象的归因分析，对已有经验的检索与比较，对原有行为方式应对效果的审视与判断等。

由外部评估到内部评估，是认知调节发展的必然过程。在这一过程中，主体的理解力、判断力和自我评价水平对认知调节的效果具有直接的影响。

2. 态度转变

认知过程的变化必然会引起情绪体验的变化，同时也会导致行为意向发生相应的变化。当认知、情感和行为意向都发生了变化时，就会引起态度的转变。

态度的转变是指人对事物的已有态度发生一定变化。这是适应环境变化、保持和恢复心理平衡的一种背景条件。

3. 行为选择

行为选择实际上是一个比较与决策的过程，其核心是对原有行为方式的调整与改变。行为方式的重新选择是以认知的调节与态度的改变为基础的，受思维方式与态度倾向的直接制约。思维方式与态度倾向如果是积极的，那么主体的行为方式也会是积极的；思维方式与态度倾向如果是消极的，那么行为方式也会是消极的。

在这一过程中，同化与顺应这两种调节方式始终在发挥着作用。

四、适应的意义

适应是个体生存和人类前进的必要基本条件，也是人类发展的永恒课题，更是当代大学生面临的重要任务,意义重大。

1. 适应是大学生必备的心理素质

适应是人生的基本需要。可以说,人生是个体不断适应环境(自然环境、社会环境和心理环境)的过程,个体在环境的变化中不断适应新的环境,从而发挥自身潜能,实现自我价值。从某种意义上讲,适应是人类必备的基本素质,是心理健康的一项最基本的标志。提升大学生心理素质,其中一项重要的任务就是提高大学生的适应能力。大学生的适应能力具体表现在生活、学习、人际关系、社会化及其自我发展等方面,它要求大学生通过自我认识、自我调整、自我管理和自我控制来与各种环境相适应,并能够利用环境,创造条件,实现自己的人生目标。有一位学生曾说过:“我如愿以偿地进入了大学。大学生活像一张电网一样激活了我身上的每一个细胞和每一根神经,生命一下子充满了生气。大学给予我的这种自由,是对我作为成年人的一种信任和肯定。我想,我要对得起这份自由。大学的自由让我变得独立自主和积极主动,比如学习,不再是老师、父母和应试教育制度逼迫着我去承受,学习已经成为我自己想要的了。”

2. 适应是现代社会对大学生的时代需求

人类已经进入了一个全新的时代,计算机网络技术的迅猛发展和应用、知识的信息化、社会经济的全球化、政治的多极化、文化价值的多元化、法制的人文化等,使人类生活日新月异。每一位大学生回顾自己从小学到中学,再步入大学的短短十多年,就会发现社会的发展变化只能用一个词语来形容,那就是“神速”:从 BB 机到手机,从影视时代到网络时代,从上大学遥不可及到进高校比较容易,从大学毕业生是抢手货到就业形势的日益严峻,从地区就业择业到全国甚至世界范围内的就业择业,从重视文凭到重视实践能力……这一切似乎都在瞬间发生。现代社会的发展对大学生提出了挑战和要求,大学生想要在新时代中立足和发展,必须不断地改变自己、调整自己,顺应时代的发展,提高自身的适应能力,努力发展自己。时代发展的客观性和紧迫性要求大学生有与社会环境相适应的意识和积极、良好的个性品质,否则将会被时代和社会淘汰。

3. 适应是大学生获取成功人生的需要

自古以来,都是适者生存。面对剧烈多变的时代和社会,面对无数的挑战和机遇,谁拥有良好的适应能力,谁就更容易获得成功。某位神童,1983 年出生,两岁就认识一千多个汉字,4 岁掌握初中文化,8 岁上县属重点中学,13 岁以高分考上重点大学,17 岁考上中国科学院的硕博连读,19 岁时因生活自理能力太差和知识结构不适应中国科学院的研究模式被劝退。大学生作为社会中的一员应该做到正确认识自我,合理调动身体潜能,客观地理解自我与他人的关系及自我与环境的关系,有策略地解决各种困难,摆脱各种生存困境,科学地把握自己的人生之路,只有这样才能更好地实现人生目标和成才的愿望。

大学生社会适应能力的强弱关系着他们未来事业的发展和成功,社会适应能力是社会对人才的基本要求。因此,增强社会适应能力具有十分重要的现实意义。21 世纪是知识经济的时代,是信息时代,也是创新的时代,未来社会竞争会更加激烈,对人才适应社会的能力要求更加迫切。作为当代的大学生,一定要抓住机遇,以良好的心理适应能力迎接挑战,完成社会赋予的重大历史使命,取得成功,实现自我价值。

第二节 适应与调节

无论是谁，面对环境的改变都要有一个适应的过程。大学生适应新环境的关键是了解环境有哪些变化，明确新环境对自己的新要求，逐渐从过去熟悉的环境中解脱出来，在生活、思维和行为方式上作出调整和改变。大学生活与中学生活相比，最大的特点就是要求大学生必须自主独立，不论衣食住行还是学习、交友乃至认识社会和人生，都需要更多地依靠大学生自己的知识、能力去思考、判断、选择和行动。

一、环境的改变

大学环境对于踏入校门的新生来说是陌生的，新的环境与他们所熟悉的中学环境有很大差异。环境的改变主要表现在学习、生活、人际关系三方面。

（一）学习方面的改变

大学生活学习方面的改变主要体现在学习方法、学习环境以及学习任务和内容等方面。

(1)学习方法　大学生进入大学后遇到的一个普遍问题就是学习方法的不适应。他们习惯于老师天天陪伴、督促和被动接受知识的中学学习方式，对大学的学习特点和规律一无所知。进入大学以后，面对生活需要自理、学习需要自主和大量的学习时间需要自己安排等，他们感到无所适从，学习成绩明显下降。据了解，近年来，大学一年级学生中补考的人数较多，一般占总人数的20%左右，有的甚至在30%以上。因此，大学新生迫切需要通过向高年级同学和老师取经等渠道尽快了解大学阶段的学习特点和规律，并根据自己的特点和经验，迅速摸索出一套适合自己特点和大学阶段学习特点的学习方法。谁能尽快掌握大学学习方法，谁就能尽快地适应大学生活。

(2)学习环境　相对来说，大学的学习环境是宽松、自主和自由的。在进入大学以前，学生把绝大部分的时间和精力都用来应付高考。老师、家长围绕着他们转，督促他们学习，不停地说："要想将来过得好，你就得考上大学"，但却没人告诉他们如何去面对大学里的生活。所以许多同学都认为考上大学就算是万事大吉了，进入大学，顿时放松下来，考试成绩只求60分万岁。但其实在大学里，学习环境与中学相比差异很大。目前很多高校都实行学分制管理，给予大学生更多的学习自主权。各个专业虽然都有自己的课程体系，但这只是规定了学生必须学习和掌握的专业基础知识。除此以外，每个学生可以根据自己的兴趣爱好与发展目标自主选修其他课程、安排学习进程。尤其是在大学中，考试较少，学生自学时间较多，有些学生在没有父母和老师督促的情况下，不知不觉地放松了自己，导致学习困难不断加大。因此，尽快地适应学习环境也是大学生走向成功的必要途径。

(3)学习任务和内容　中学生的学习任务主要是学习科学文化的基础知识。而大学是培养高级专门人才的场所，大学生既要学习基础知识，又要掌握专门技能。另外，大学生还要在学习理论知识的基础上探索科学技术的最新发展成果。学习内容多、任务重、范围广、要求高。

(二)生活环境的改变

大学生活环境的变化体现在自然环境、生活方式、生活习惯和生活范围等方面。

(1)自然环境　地域的差异,使天气、温度和湿度等自然条件都会有所差异。南方与北方的温度、湿度等自然环境的差异往往很大,有些北方的学生到南方后,非常不习惯南方冷湿的冬天,而南方的学生往往觉得北方气候干燥,难以适应。

(2)生活方式　中学生大多住在家里,不少人拥有属于自己的独立空间,起居由父母安排,除了学习外,凡事不用操心。而大学生活是集体生活,住集体宿舍吃食堂的饭菜,凡事要靠自己处理,这种改变对缺乏独立生活能力的学生来说是个挑战。

(3)生活习惯　每个地域、城市的人文环境、饮食习惯都存在显著差异。中国人的饮食素有“南甜、北咸、东辣、西酸”的特点。一个从小不吃辣椒的学生到一个以辣为主的城市生活就会遇到饮食的不适应。另外,在进入大学之前,大多数学生都是在家里生活,父母会依照他们的喜好安排饮食,进入大学后,学生要吃食堂的饭菜,很多学生会觉得吃不好、吃不饱。此外,语言环境也发生了改变。有些学生,尤其是来自偏远地区的学生,原本以方言为主,在大学里,他们必须改用普通话与他人交流,甚至还要听懂大学所在地区的方言。

(4)生活范围　中学生生活范围较窄,基本上是从家门到校门。由于高考的压力,学习成了生活的中心内容,课余时间很少,校园生活单一。进入大学犹如从“小天地”来到“大世界”,丰富多彩的校园文化生活使新生目不暇接,生活的范围大大拓宽。

(三)人际关系的改变

人际关系的变化主要体现在人际关系的含义,人际交往的方式、对象和人际交往的要求等方面。

(1)人际关系含义的改变　中学时代,人际关系的含义比较狭窄,只是友谊或亲密关系的一种扩展。而一旦成为大学生,人际关系就不再那么单纯。复杂的交往环境,决定了新型的人际关系不能仅以个人的好恶而定,必须学会与不同的人建立和保持协调的关系。

(2)人际交往方式与对象的改变　中学时代人际交往的对象主要是同窗好友、父母、亲戚、老师,尤其是班主任天天与学生见面,饥饱冷暖、学习成长样样关心,父母体贴入微,关怀备至。但到了大学,从各地来的同学素昧平生,重新组成新的班级,生活在同一个宿舍,脾气习惯各不相同。师生关系也不像在中学时那么密切,有时甚至几天见不到班主任、辅导员。远离父母难诉衷肠。由于生活范围的扩大,交往的场所扩大到学习、生活和娱乐等各个方面。

(3)人际交往要求的改变　中学生大多依赖性较强,不善交往,有父母的照顾和学习的压力,对友谊的渴望不那么强烈。进入大学以后,新的伙伴、新的环境要求大学生独立地、主动地与各种陌生人交往,社会化要求急速提高。

二、大学新生常见的适应问题

1. 理想与现实的差异

在中学,学生努力学习,只有一个目标,就是要考上自己理想的大学。而进入大学后,曾经的理想实现了,却不知道新的目标和动力是什么。因此,学生在大学中就显得茫然失措。此外，有些学生最终进入的学校并非他们心目中的理想院校，这就导致不少新生入校后对学习和生活中的很多事情都提不起兴趣，考试及格即可。这种由于目标缺失而导致的情绪低落、彷徨迷失的现象在大学新生中并不鲜见。

2. 角色转换不适

从步入大学校园的那刻起，在短短的几年时间里，同学们要经历从中学生到大学生，从学生转变为社会人的两次角色转换。由于高考的压力和家长们望子成龙的愿望，社会、家庭与学校对中学生的角色要求比较简单，基本上只要考试成绩好就行了，自己不需要考虑太多，也没有遇到过什么真正的挫折，缺乏生活自理能力，很多同学养成了依赖和习惯于听从长辈安排的生活方式。进入大学后，在家里感受到的那种考取大学的成就感和荣誉感荡然无存。学生们发现自己活动的自由度突然好像被无限放大，宽松的时间由自己掌控，没有了父母的絮叨和老师的关注，自己的一切都要独立面对。时间看似宽松，实则很紧；老师不再“追债”，自己却为了得到更多的证书和机会而四处奔忙；父母不再“指手画脚”，可自己面对的不仅是学习问题，还包括复杂的人际关系、琐碎的生活小事、无聊的闲暇时间和令人苦恼的竞争压力等。这些在生活、学习和心理上的突变导致有些同学对大学生角色的适应出现了混乱，不明白社会、家庭和学校对他们的期望是什么，造成了角色的转换不能顺利进行。

3. 学习方法不适

对于大学新生来说，最为突出的问题是应试教育造成的不良学习习惯无法适应大学的学习。与中学依赖教师、遵循课本、“躺着”接受现成结论性知识的学习方法相比，大学的学习更强调学生的自主学习。课堂教学只是学习的一部分，要掌握更广更深的知识，学生必须课下自己去钻研和拓展。老师留的作业也不再是简单的获取答案，想要完成好作业就需要学会自己去思考、判断，查找资料，运用知识进行论证，锻炼实际的动手操作能力，还要留心本专业、学科以及相关领域的动态与前沿问题。这使得许多新生面对全新的学科与专业，不知从何学起，从而产生迷茫、困惑和无所适从的感觉。因此，解决学什么、怎么学以及如何安排学习时间等问题是大学新生尽快适应大学学习生活的关键。另外，还有一些学生进入大学之后失去了学习的目标和动力，学习动机的强度发生落差，没有正确的学习目标，缺乏较强的学习动力与意志，表现为不思进取，得过且过。

4. 人际交往适应不良

大学新生人际交往的适应不良主要表现在不知道怎样与来自不同家庭、不同社会背景的人相处。由此引发的人际矛盾和心理不适给一些大学新生带来许多烦恼。前来咨询的大学生中，95%以上的学生都意识到良好的人际关系在当今社会中的重要作用。然而，60%～70%的学生都提到人际关系处理中的焦虑与苦恼，都面临着人际关系的紧张。例如，有的学生与同宿舍的同学关系长期冷漠，稍有不和便恶语相加；有的学生一贯我行我素，在人际交往中过分关注自我，注重自我的地位，过多地考虑自己的需要，而忽视他人的存在与需要，对他人缺乏关心和谅解，导致了人际交往中的自命不凡和过于敏感挑剔；有的学生不愿与他人交往，很少参加集体活动，缺少朋友，对外界很少关心，经常把自己封闭在狭小的天地中；有些学生不能适应新的师生关系；有些同学不知如何处理与异性的关系，有的新生受习惯心理的影响，对男女交往过分敏感，从而使正常的异性交往不能自然地进行，甚至相互隔离；也有的同学过快地将同学关系发展成恋爱关系，过早地沉溺于“两人世界”；有的同学陷入单相思而不能自拔，由此而产生情感冲突。这些学生大多会出现因人际关系失调造成的焦虑不安、心慌意乱、孤单失落、寂寞失眠和注意力分散,甚至出现社交恐惧等。

5. 生活环境不适

陌生的生活环境,如生活习惯、气候等方面的差异,会给大学新生的生活带来许多不便,容易造成部分学生的环境应激。如果他们不能在短期内顺利适应,便会影响其正常的学习和生活继而引发心理问题。另外,随着学生家庭经济情况的改善,大学女生攀比衣着打扮,大学男生抽烟饮酒,同学之间过生日及郊游等消费逐渐上涨,已经成为当前大学校园里值得重视的问题。这种情况会引发部分家庭经济能力有限而又爱面子、讲虚荣的大学生的心理问题,如严重的自卑、忧虑和紧张等,甚至还会引发违法行为。

6. 自我评价失调

经过高考拼杀的大学新生,带着良好的自我感觉进入大学校园之后,突然发现自己只不过是大学生中的普通一员。在强手如林的新的班集体里,面对新一轮的排列组合,昔日那种“鹤立鸡群”的优越感荡然无存,无形中会使一些大学新生产生一种失落感。同时,高考过后,大家从埋头学习中抬起头来,第一次有机会能够看清彼此,才猛然发现自己和他人之间原来除了学习成绩外,还有其他许多方面的差距。在知识、才艺、人际关系、家庭背景乃至身体容貌等方面不如人的地方很多。特别是来自农村、山区和贫困地区的学生或因家庭经济困难,或因服饰落伍,或因浓重的乡音,或因孤陋寡闻,方方面面难免觉得自己相形见绌,总感到“见人矮三分”,导致这些学生沉默寡言、内向孤僻。在这些学生身上就容易产生自我认识和自我价值感方面的困惑。

三、对适应不良的调节方法

每个人都希望自己的才能得到发展,希望生命的航船能勇敢地冲破自己内心世界和外部环境的种种风浪险阻,坚定地驶向胜利的彼岸。那么,谁是驾驶生命之舟的智勇舵手呢?不是他人,正是你自己。学会控制自己的心理,学会积极地适应现实,你就会发展自己。

(一)正视现实,悦纳自我

心理健康的标志之一是悦纳自我。每个人都会遇到一些不如意的事情,如家境贫寒、学习条件差、考场失意和人际关系不融洽等。在这些困难面前,有人积极面对,在克服困难的过程中得到锻炼;有人悲观失望、怨天尤人,甚至精神崩溃。这里我们以“扑满”比拟从高中到大学的崭新开始,“扑满”是陶瓷做的存钱罐,一旦装满就会打破,人生亦然。一个人要常常有归零的想法,有了归零的想法才能有进步的原动力,才能重新接纳新的领域和视野,拓展自己人生的境界。新生一进入大学校园,首先必须放弃原有的心理优越感,从头开始,主动接纳自己是大学校园中普通一员的事实。许多大学生在考入大学之前可能都是班级里的佼佼者,进入大学面对强手林立的环境很容易出现强烈的心理落差,导致学习压力增大和自卑、焦虑感的产生。此时的大学新生应该意识到自己和他人其实是在同样的学习环境中学习,高中时的志得意满如同打破的“扑满”都已成为过去,重要的是尽快适应大学新的学习与生活环境,谁适应得快谁就能在人生的跑道上先行一步。

(二)提高自我,尽快完成角色转换

作为大学生,只有解放思想、实事求是、与时俱进、勇于实践,才能适应不断变化的客观环境,在复杂多变的自然环境和社会环境中健康地生活和积极地发展。任何人都不可能处处、时时、事事顺心如意。大学生同样处于这个客观规律的控制之下,同样需要正视现实,适应环境,完成角色转换。首先,需要及时了解认识大学这个新环境,正确认识和评价自己对大学的理想化倾向,主动摆正自己与环境之间的关系;其次,要尽快在心理上和行为上改变过去对父母过分依赖的倾向,在实践中有意识地体验生活的充实和事业的成功,努力使自己变得自信、自立和自强;再次,要以积极的态度和行动克服生活习惯上的不适应等问题。

具体而言,大学生可以通过以下方法来完成角色的转换。

(1)在集体中提升自己　教育学家马连科说过:“教育了集体,团结了集体,加强了集体,以后,集体自身就能成为很大的教育力量了。”也就是说,大学生不要远离集体,而是要积极地融入集体,感受集体的温暖和集体强大的力量。同宿舍、同班和同院系的同学之间要相互帮助,共同应对困难。要在与老师、同学和朋友的充分交流中,对自己有一个科学的定位,制订出计划。想想自己有哪些优势和不足,自己适合做什么,不适合做什么,对自己所学专业的哪方面比较感兴趣,自己还对哪些专业的内容感兴趣等。这样做的目的是要让自己的大学生活丰富起来,强迫自己走出书斋;让自己的学识在所学专业层面上有深入,在多领域层面上有广度;让自己既能增加将来就业竞争的筹码,又不至于什么证都考,白白浪费时间;让自己对中学教育与大学教育有一个清醒的认识,正确认识大学学习的特点,克服完全依赖老师的学习习惯。

(2)养成自我管理和自我约束的习惯　要“今日事今日毕”,学会管理和支配时间,可以采用自我监督及与同学朋友相互监督相结合的方式。同时,还要注重自学能力的培养,学会使用工具书,利用图书馆及校园网等资源,拓展视野、完善自己的知识结构。

(3)积极参加社会实践活动和大学社团活动　“纸上得来终觉浅,绝知此事要躬行。”对于每个大学生而言,大学精神和组织文化是渗透在社团活动之中的,而社会对大学生的预期和社会对人才的真实需求都是在社会实践中体现出来的。

大学生在活动组织和学习实践中,可以逐步掌握各种人际交往方面的技巧,从而打破对人际交往的恐惧,用积极的态度代替消极的态度,学会关心他人、尊重他人、宽容他人和诚挚待人。而且,建立广泛、健康的人际关系并不仅仅是外在大环境的要求,也是大学生内心逐渐走向成熟和向成年人转变的必经之路。同时,大学生还要在学习实践中,通过社团互动和社会实践,把创新精神和文化知识内化到自己的思想与行为之中,在今后的学习、生活中不断加深对大学文化和创新精神的理解与领悟,使自己能够顺利完成向一名合格大学生和合格社会人的角色转换。

(三)培养正确和高尚的学习动机

不少学生在聊天的时候总会提到:我们上高中时,是为了考大学,其他什么也不想,只知道学习,现在到了大学,学习好像没有在中学时那么紧张了,自由的时间也多了,自己反倒感觉很迷茫,每天不知道自己该干什么,甚至也不知道为什么学习,感觉学习没意思,生活没奔头,前途很渺茫,感到空虚、压抑和痛苦。其实,“究竟为何学习”的问题实际上就是学习动机的问题。

人的行为由动机决定,动机对行为具有激励和指导的作用。学习行为是大学生在校期间的主要活动,要想完成好这一活动,学习动机将起到重要的作用。学习动机是学生学习活动的内部动力,为什么学习,在学习中追求什么,是构成学生学习活动的因素。正确和高尚的学习

动机,对大学生健康成长成才以及取得事业成功都将起到至关重要的作用。大学生应该从以下几个方面来培养和激发自己正确的学习动机。

(1)建立正确的价值取向　大学生虽然离开父母过上了集体生活,但是并没有踏入社会,社会经验远远不足,很多事情都是凭个人意志来做的,而人生观、价值观对意志的影响几乎是决定性的。所以树立正确的人生观、价值观十分重要。

(2)树立正确的自我概念　自我概念是个人拥有的关于自身存在的而且与自己的性格特点相一致的主观评价和意识的全部。大学生的自我概念与现实中的师生关系、同学关系以及自己的性格特点都有密切的关系,如果大学生从老师或其他同学那里得到正面、良好的评价反馈,那么自己就会更自信,就会产生更加强烈的动机,为争取获得更大的成就而奋发图强。

(四)合理规划目标

1. 确立目标的重要性

常言道"人贵有自知之明",表明人要正确认识自己并非易事,因为人们对自己的认识往往容易出现偏差。大学生必须首先了解自己,分析自己的长处和短处,摆正自己的位置,然后在此基础上确定自己的奋斗目标。有的大学生到了大学,就认为大功告成,只求考试60分;有的大学生为了追求"中学时期失去的快乐"开始放纵自己,没有理想,没有目标,学习不认真,沉迷于无聊的活动中。这些同学到了高年级才醒悟过来,但悔之晚矣。

有一项关于人生目标的调查发现,在一批学历、智力和环境条件都差不多的哈佛大学毕业生中,有27%的人没有目标,60%的人目标模糊,10%的人有清晰但比较短期的目标,只有3%的人有清晰而长远的目标。25年后,哈佛大学再次对这些学生进行调查后发现,3%有长远目标的人,在25年间朝着一个方向不懈努力,几乎都成为社会各界的成功人士,其中不乏有行业领袖和社会精英,都生活在社会的顶层;10%有清晰短期目标的人,为了短期目标不懈努力,成为了各个领域的专业人士,大都生活在社会的上层;60%目标模糊的人,他们的生活和工作都很安逸,但是没有特别的成绩和贡献,几乎都生活在社会的中层;27%没有目标的人,他们的生活漫无目的,过得很不称心,而且经常抱怨他人和社会,生活在社会的中下层。由此看来,大学新生早立志,确立目标是多么的重要。

2. 设立目标的指导原则

如何设立好的学习目标呢?以下介绍目标设立的SMART原则(图2-2)。

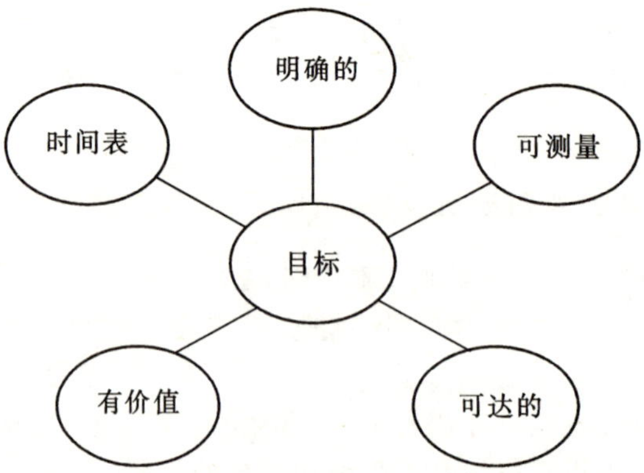

图2-2　目标设立的SMART原则

(1)specific:具体、明确　具体、明确指不要笼统含糊的语言。比如,不要说“我的目标是更好地利用时间”,应该说:“我一天只能花不超过半个小时的时间上网查资料。”或者说:“我每天要花半个小时的时间上网查找有关心理咨询师考试的资料。”

(2)measurable:可量化　目标可量化使你有一个可衡量成功或者失败的标准,从而可以准确地评价你是否达到了自己的目标。比如,“加强社会实践”,应该改成“在这个学期,参加一个学生社团(摄影协会),并访问两位摄影师。”

(3)achievable but challenging:可以达到但有挑战性　目标可以达到但有挑战性,就是说,以你的能力和特点,这个目标是可以实现的,但是又有一定的难度。比如,你是一名大一的学生,但却计划在一年内修完大学四年所有的课程,拿到相应的学分。这个目标也许就不那么可行了。

(4)rewarding:目标有意义、有价值,并有奖惩措施　这是指,实现这个目标能给你带来成就感、愉快感;反之,你将会受到相应惩罚。比如,你没有按计划完成英语复习任务,那么你就不能在“十一”时外出游玩,而要利用七天的假期完成学习任务。

(5)time-bounded:有明确的时间限制　不能将目标一概定为“在大学毕业前完成”,而要有计划、分步骤地在限定的时间内完成。以一周、一个月或者一个学期为单位设立目标,会比将事情都堆到大学毕业前完成有效得多。

(6)controllable:可控性　在 SMART 的这几条标准之外,还有一条原则对于目标设立来说是非常重要的,那就是可控性。可控性主要是指你对影响到目标实现的因素具有相当的控制能力。

采用上述原则设立目标的好处是:它使你制订的目标与计划有实现的可能,并且可以帮助你在一段时间之后回顾总结自己所取得的进步与不足,明确自己该干什么以及干得怎么样。

3. 短期目标和长期目标

远大的学习目标是建立在社会需要的基础之上的、长远的及宏观的目标。如踏入社会后要为社会做的贡献。短期的目标是与具体的学习活动相联系的,比如我们制订的学习计划,或者某一阶段将要达到的学习目标。

确立目标首先应当根据社会发展和自我发展的需要,为自己制订一个远期目标。还要制订一个为实现远期目标而设立的近期目标,即短期内立即要做的事,这样的事要一件一件地做,以此一步步地接近并最终达到远期目标。

目标的制订首先要依据自己的个性特点、能力以及客观所提供的条件,盲目地追随他人或社会时尚,不但不会获得成功,还会影响心理的平衡。其次,还应该随时根据已经变化了的情况,及时做出调整,以免目标脱离实际而不能实现。只要大学生能确立一个合适的目标,就会有行动的方向和动力,就会充满信心和活力,就有利于实现自己的目标和理想。这样,大学生才能体会大学生活和学习中的成就感和充实感。

(五)学会与人沟通,建立良好的人际关系

人对环境的适应,主要是对人际关系的适应。良好的人际关系是大学生提高学习效率,完善自我意识,维护心理健康的需要。有了良好的人际关系,人就有了支持力量,有了归属感和安全感,心情才能愉快。

1. 学会进行良好的人际沟通

建立良好的人际关系离不开良好的人际沟通。良好的人际沟通是开启人与人之间心灵沟通的钥匙,是化解人们之间误解和冲突的宝剑,是增进人与人之间感情的润滑剂。很多情况下,人际沟通的效果不在于我们说了什么,而在于我们是如何说的。说话时的语音、语调、语速、节奏等的不同,所产生的效果截然不同。比如,批评他人或给他人提出建议时,语调要低沉、平和,不能歇斯底里;要心存善意,不能恶意攻击;要讲究场合,尽量不当众批评。

2. 学会尊重、理解和信任他人

尊重、理解和信任他人是建立良好的人际关系的基石,只有将交往建立在彼此尊重、理解和信任的基础上,人际关系才能纯洁、长久和有活力。获得他人的尊重是与人交往最起码的要求,所以我们应尊重他人的人格,不伤害其自尊心。根据社会心理学中人际交往的原则,人们愿意喜欢、尊重并信任那些喜欢他们的人。因此,尊重他人也会获得他人对自己的尊重。

3. 学会包容

我们有时候之所以对他人有那么多的不满、抱怨和指责,就是因为我们总是以自我为中心,从自己的角度去考虑问题。每个人的长处、短处各不相同,如果我们能从他人的角度去想一想、看一看的话,或许就会多一份平和,少一份抱怨。另外,我们如果本着"求大同存小异"的原则,学习他人的优点,包容他人的缺点,就会拥有很多朋友。尽管现在社会竞争激烈,利益冲突增多,然而,无论什么时候,那些不过分计较个人得失,多为他人着想的人,总会受到大家的尊重和喜爱。

4. 学会真诚地赞美

我们常常吝啬对他人的称赞与鼓励,其实在人际交往中,一句真诚的赞美抵得过十句批评。心理学研究表明,渴望得到他人的赞美是人的心理需求。

赞美是对他人行为的一种激励和鼓舞,在人际交往中,我们应该学会去发现他人的长处,去真诚地赞美他人。

5. 学会倾听

倾听是人性之门、智慧之门、知识之门、善良之门、理解之门、尊重之门……可以说学会了倾听就找到了人际交往的途径,人与人之间的所有活动,都是由倾听开始的。戴尔·卡耐基曾经说过:"如果希望成为一个善于谈话的人,那就先做一个愿意倾听的人。"世界上的物质是无限的,但是我们每个人的认识却是有限的,谁都不能保证自己比他人知道得更多。真诚的倾听是同学间交流应有的态度,任何成功的交流都是建立在双方平等、相互尊重的基础上的,只有善于倾听的人才能够不断地完善自我。

6. 学会与老师交流和合作

学会与老师交流和合作,首先要理解老师的多种角色,有的老师,不仅是老师,而且还是领导,或者还是科研工作者,因此,他们的时间非常宝贵,如果你不能主动与大学老师沟通和交流,那么老师可能以为你没有这样的需求。当然,与老师的沟通和交流有多种方式,不仅可以面对面地交流,而且可以通过网络、电话、书信等方式来交流。

(六)正确调控自我

(1)要建立理性的认知方式　正确的认知是人适应与发展的前提和基础。个体对生活的不适应大部分来源于对现实不合理的认知方式。例如,对自己、对他人以偏概全,对自己行为

“糟糕之极”的悲观预期等。因此，大学生要培养自己的辩证思维方式，改变对自我、对他人、对社会不恰当的认知。

(2)要适应角色要求　大学新生面临着多方面的变化。因此，要了解客观的自己，了解自己的长处和缺点；要了解现在社会和环境对自己的要求。这样做，就能使他人的“角色期望”与自己的“角色选择”一致，以便有效地控制和改变自己的态度与行为，以达到改善人际关系和提高工作和学习效率的目的，使现实的自己不断向理想的自己靠近。

(3)要有效控制情绪　情绪和情感是否良好，对个体的意志、行为和个性心理等起着积极或消极的作用，同时它还主宰个体的健康，影响人际关系，影响学习和工作，决定个体的成功与发展。大学生们面临着社会的巨大变革及环境和角色的改变，难免产生相应的情绪和情感，若不及时疏导、控制和调适，轻者会陷入情绪低落或淡漠之中，重者会产生恐惧、焦虑、烦躁等情绪障碍，进而影响个体的适应与发展。因此，大学生必须使自己保持积极、乐观、稳定的情绪。

(七)积极行动

有的大学生认为自己不快乐或生活质量不高，一个很重要的原因就是他缺乏积极主动的行动。一切的幸福、充实与美好都与积极的行动有关。戴尔・卡耐基说得好：“如果想要快乐，就为自己确立一个目标，让它支配自己的思想，释放出自己的活力，并激发自己的希望。”去做具体而明确的事，把自己全部的心思和活力都放在其中，这就叫作积极行动。

积极行动可以帮助个体摆脱由于环境不适应带来的孤独、苦闷、烦躁、恐惧和空虚。当你对环境不满意、不熟悉时，只要你积极行动，为集体、为他人多做些事情，你就会逐渐熟悉环境，他人也会从你的行动中了解你，你就会逐渐融入新的环境。当你全身心地投入到学习中去的时候，你就不会像往日那样去琢磨自己的心境。其实，很多烦恼都来自于自己的“冥思”。那些专注于自己事业的人们，那些辛勤劳动着的人们，根本没有时间去“空虚”“烦恼”和“失落”，这样那样的不适和疾病往往与他们无缘。

即使面对严重的生活事件或心理应激，只要不放弃积极行动，必能以积极的态度去处理和应对，把损失或伤害降到最低程度。有一位失去爱女的父亲，在极度悲痛时接受心理医生的劝告，尽快地投入工作，在充实的生活中缓解严重的不良情绪，最终保持了身心的健康；而他的妻子则在持续而极度的痛苦中患上了癌症。所以那些为活得太累而经常烦恼的人，应该赶快行动起来，行动会带给你价值，行动会带给你心理的健康与欢乐。

作为大学生，积极行动意味着你能积极投入到学习和学校的各项活动中去，积极投入到社会的各项实践活动中去，在这些活动中提高自我选择、自我决断、自我管理的能力，提高处理各种复杂事件的能力，同时也提升自己的自信心，完善自己的人格。

(八)学会正确使用心理自卫机制

正确运用心理自卫机制，可以缓解由适应不良引起的心理不适。例如运用“合理宣泄”，把个人的忧虑、烦恼和不平向自己信任的老师、同学和朋友宣泄一番，可能减轻心理压力。恰当的“自我安慰”，可以缓解心理冲突。采取“转移”的方式，能够使你避开引起自己不良情绪的人、事和环境，把情绪转移到新鲜的事情上。“升华”与“补偿”，是让自己原有的冲动和欲望导向更加合理的方面，使你奋发图强，创造新的人生价值。只要你相信，你是自己心理的主人，你就会成为自己的心理医生。

心理测试

大学生心理适应能力测试

心理适应性的强弱关系到我们能否工作得愉快、生活得幸福。你知道自己的“应变弹性”吗？下面一组测试题能帮助你进行心理适应能力的自我判别。请认真阅读，然后从每个项目下面所附的三个备选答案中选出一个与你的实际情况最相符的答案。

(1)我最怕转学或转班级，每换一个新环境，我总要经过很长一段时间才能适应。

A.是　　B.无法肯定　　C.不是

(2)每到一个新地方我很容易同别人接近。

A.是　　B.无法肯定　　C.不是

(3)与陌生人见面，我总是无话可说，甚至感到尴尬。

A.是　　B.无法肯定　　C.不是

(4)我最喜欢学习新知识或新学科，它们能给我一种新鲜感并能调动我的积极性。

A.是　　B.无法肯定　　C.不是

(5)每到一个新地方，我总是睡不好，就是在家里换一张床，我有时也会失眠。

A.是　　B.无法肯定　　C.不是

(6)不管生活条件有多大的变化，我也能很快习惯。

A.是　　B.无法肯定　　C.不是

(7)越是人多的地方我越感到紧张。

A.是　　B.无法肯定　　C.不是

(8)我考试的成绩多半不会比平时练习的时候差。

A.是　　B.无法肯定　　C.不是

(9)全班的同学都看着我，我的心都快跳出来了。

A.是　　B.无法肯定　　C.不是

(10)虽然我对他(她)有看法，但我仍能同他(她)交往。

A.是　　B.无法肯定　　C.不是

(11)我做事总有些不自在。

A.是　　B.无法肯定　　C.不是

(12)我很少固执己见，常常乐于接受别人的意见。

A.是　　B.无法肯定　　C.不是

(13)同别人讨论时我常常感到语塞，事后才想起该怎样反驳对方，可惜已经太迟了。

A.是　　B.无法肯定　　C.不是

(14)我对生活条件要求不高，即使条件很艰苦，我也能过得很愉快。

A.是　　B.无法肯定　　C.不是

(15)有时自己明明把课文背得滚瓜烂熟，可在课堂上背的时候还是会出错。

A.是　　B.无法肯定　　C.不是

(16)在决定胜负成败的关键时刻，我虽然很紧张，但总能很快使自己镇定下来。

A.是　　B.无法肯定　　C.不是

(17)我不喜欢的东西，不管怎么学也学不会。

A. 是　　B. 无法肯定　　C. 不是

(18)在嘈杂混乱的环境里，我仍能集中精力学习，并且效率很高。

A. 是　　B. 无法肯定　　C. 不是

(19)我不喜欢陌生人来家里做客，每逢这种情况，我就有意回避。

A. 是　　B. 无法肯定　　C. 不是

(20)我很喜欢参加社交活动，我感到这是交朋友的好机会。

A. 是　　B. 无法肯定　　C. 不是

评分规则：

• 凡是奇数号的题，选“是”得－2分，选“无法肯定”得0分，选“不是”得2分。

• 凡是偶数号的题，选“是”得2分，选“无法肯定”得0分，选“不是”得－2分。

结果分析：

• 35～40分：心理适应能力很强，能很快适应新的学习、生活环境，与人交往轻松大方，给人的印象极好，无论进入怎样的环境都能应付。

• 29～34分：心理适应能力良好。

• 17～28分：心理适应能力一般，当进入一个新的环境，经过一段时间的努力，基本上能适应。

• 6～16分：心理适应能力很差，依赖于好的学习和生活环境，一旦遇到困难则易怨天尤人，甚至消沉。

• 5分以下：心理适应能力极差，在各种新环境中，即使经过一段时间的努力，也不一定能够适应，常常感到困惑，因与周围环境格格不入而十分苦恼。在与他人的交往中，总是显得拘谨、羞涩、手足无措。

• 如果你在这个测试中得分较高，说明你的心理适应能力较强。但是，如果你的得分较低，也不必忧心忡忡、过于担心。事实上，一个人的适应能力是随着年龄的增长、知识经验的丰富而不断增强的。只要你充满自信、刻苦学习、虚心求教、加强锻炼，你的适应能力一定会增强的。

案例分析

我怎么了

曾经在父母的无限娇惯下成长起来的我已经进入大学一年了，可是我发现我越来越不能习惯大学的生活，甚至讨厌大学的生活。在大学里，我懂得了一个词的真正含义，那就是“郁闷”。它不仅显示了大学生活的百无聊赖，也展现了大学生活的单调无味。许多人都说大学生活是三点二线，不是教室、寝室、食堂就是教室、寝室、网吧。似乎整个大学生活除了吃饭、睡觉就是看书或者上网，所以我一直觉得大学生活是沉闷的。

从小到大我从来没有离开过父母，无论是出去玩还是上学，我都没有在外面住过，也从来没有独立过，无论我长多大，父母永远认为我是个孩子。所以不管我多成熟，他们依然会来管我，这就使得我的自我管理能力比较差。现在我离开了他们，独自来到大学，可是我却不知道我该如何让自己面对这种生活。大学里没人管，没人约束，只要你不违反校规，不犯法，不挂课，那么你就可以天不怕地不怕，干什么都不会被阻止，所以“颓废”成了我现在生活的代名词。

我开始对大学失望了，我开始厌倦大学生活，觉得生活变得毫无意义。我总是幻想自己拥有充实的生活。原来上中学时，老师们总在我们面前说大学生活多么的丰富、多么的精彩、多么的充实、多么的自在，使得我那时就有了对大学的向往，也正是这种向往，中学繁重的学习生活并没有给我带来多大的烦恼，我做好了准备，开始想在大学里干一切我曾经想做的事，希望自己能尽快融入到诱人的大学生活中去，可是我失望了，正所谓希望越大失望越大，所以我讨厌大学。

刚刚进入大学时我非常高兴，因为我终于可以摆脱严父的训斥、慈母的唠叨，开始自己完全独立的生活(当然经济不在其列)，我可以放纵自己，可以按照自己想的去做，因为天高皇帝远，父母不能约束我了，我爱干什么就干什么。可是，正因为这样毫无顾忌的放纵，现在我越来越难以控制自己，生活也变得越来越无味。

和同学的关系也让我迷惑，我无法确定我生活在这个世界是为了什么，我也不知道世界为什么会需要我这样一个人。虽然我很悲观，甚至有点愤世嫉俗，但是我依然希望自己能适应大学的生活，尽快地融入社会。

请为他诊断：

给他开处方：

故事链接

小河与沙漠

有一条小河从遥远的高山上流下来，经过了很多个村庄和很多片森林，最后它来到了一片沙漠。它想："我已经越过了重重障碍，这次应该也可以越过这片沙漠吧！"当它决定越过这片沙漠的时候，它发现它的河水渐渐消失在泥沙当中，它试了一次又一次，总是徒劳无功，于是它灰心了，"也许这就是我的命运了，我永远也到不了传说中浩瀚的大海。"它颓丧地自言自语。

这时候，四周响起一个低沉的声音，"如果微风可以跨越沙漠，那么河流也可以。"原来这是沙漠发出的声音。小河很不服气地回答说："那是因为微风可以飞过沙漠，可是我却不行。""因为你坚持你原来的样子，所以你永远也无法跨越这片沙漠。你必须让微风带着你飞过这片沙漠，到达你的目的地。只要你愿意改变你现在的样子，让自己蒸发到微风中。"沙漠用低沉的声音这么说。

小河从来不知道有这样的事情。"放弃我现在的样子，那么不等于是自我毁灭了吗？我怎么知道这是不是真的？"小河这么问道。"微风可以把水汽包含在它之中，然后飘过沙漠，到了适当的地点，它就把这些水汽释放出来，于是就变成了雨水。然后这些雨水又会形成河流，继续向前进。"沙漠很有耐心地回答。"那我还是原来的河流吗？"小河问。"可以说是，也可以说不是。"沙漠回答。"不管你是一条河流或是看不见的水蒸气，你内在的本质从来没有改变。你会坚持你是一条河流，是因为你从来不知道自己内在的本质。"

此时小河隐隐约约地想起似乎自己在变成河流之前，也是由微风带着自己，飞到内陆某座高山的半山腰，然后变成雨水落下，才变成今日的河流。于是小河终于鼓起勇气，投入微风张开的双臂，消失在微风中，让微风带着它，奔向它生命中(某个阶段)的归宿。

我们生命的历程也像小河一样，想要跨越生命中的障碍，达成某种程度的突破，向我们的远景和目标迈进，就要有放下自我，改变自我的勇气，只有这样才能迈向未知的领域。

思考题

（1）请你谈谈适应大学生活的最大困难是什么，作为一名大学新生，适应大学生活的途径与方法分别有哪些？

（2）大学生活有哪些新变化？结合自己的实际谈谈如何实现从中学生到大学生的角色转换。

参考文献

[1] 周蕾，雷玉霞．大学生心理健康案例教程[M]．2 版．北京：人民邮电出版社，2012.
[2] 赵雪莲．大学生心理修养[M]，杭州：浙江大学出版社，2009.
[3] 张国成，邸卫民，王占龙．大学生心理健康教程[M]．北京：北京大学出版社，2008.
[4] 樊富珉．大学生心理健康与发展[M]．北京：清华大学出版社，1997.
[5] 张国臣．改变自己——大学生心理调适 DIY[M]．北京：科学出版社，2010.

（王廷　孙新　张瑞国　王燕　张玮　吴静）

第三章

自我意识——我是谁

人类在认识自然的同时提出了认识自身的要求。一个人只有对自己的各方面都有比较明确的了解，才能在环境的适应和个体的发展上获得较为满意的结果。正如苏格拉底所说：“谁不能主宰自己，谁就永远是一个奴隶。想左右天下的人，须先左右自己。”

案例导入

19 岁的阿兰出生在一个贫困的家庭，家里共有三姊妹，姐姐、妹妹和她。姐姐已经结婚生子，日子过得紧巴巴。因为妹妹也在上学，加上经济条件的限制，家里人并不支持她上学，但是阿兰凭借着顽强的意志，依靠勤工俭学读完了高中并考上了大学。虽然考上了大学，但是阿兰并没有感到轻松，因为上大学的费用对她的家庭来说，无疑是一笔天文数字。几经周折，总算凑齐了学费。阿兰踏上了南下的列车，开始了自己的大学生活。

入学后，阿兰刻苦学习，取得了优异的成绩。课余时间，她积极参加各种社团活动和课外实践，不仅锻炼了自己的社交能力，同时也减轻了家里的经济负担。在同学和老师眼里，她是一名朴实无华、为人谦和、品学兼优的好学生。可是阿兰的内心却一直感觉自卑与茫然，总感觉自己不如别人。她觉得宿舍里的每一个女孩都比自己优秀，例如舍友甲很漂亮，总有男孩子追求，而自己没有人青睐；舍友乙很会打扮自己，而自己即便是穿上新衣服也显得土里土气的；舍友丙英语口语非常好，而自己笨嘴笨舌，在口语课上都不敢和外教对话。课余时间，舍友们经常谈论化妆品、衣服、电影和对一些事物的看法等，这些让孤陋寡闻的阿兰感觉自己像个“天外来客”，产生强烈的自卑感。

为了改变现状，阿兰开始“疯狂”地做兼职、挣钱、购买漂亮的衣服、昂贵的化妆品及价格不菲的电子产品。甚至通过网络结交了男朋友，以获得同学们的“羡慕”和“尊重”。但这样的“付出”并没有得到预期的效果，反而让同学们感到朴实无华的阿兰变得越来越没有自我，而阿兰也因为饮食不规律，劳累过度，患上了严重的胃病，心情也越来越糟，整个人昏昏沉沉，上课注意力难以集中，记忆力减退。期末考试，竟然有两门功课亮起了“红灯”。

原本朴实无华的阿兰由于不能正确地认识自我，让她在自卑与自尊的矛盾中挣扎，最后以偏颇的方式解决问题，使自己越陷越深。阿兰对现实自我的不满，产生了“我是什么样的人”（现实自我）和“我希望自己是什么样的人”（理想自我）之间的矛盾，这种矛盾让阿兰感到紧张与不安。阿兰以为穿上几件漂亮的衣服，玩上电子产品，有男生追求就能得到同学们的尊重。

事实上，这样的做法会让她迷失在自我认识的道路上。由此可见，自我认识基础上的自我体验直接影响个体的心理健康，形成客观、全面、准确的自我认识是整个大学阶段乃至整个人生的重要课题。

第一节 自我意识概述

每一个人都会在逐渐长大和成熟的过程中经常反复问他人或自己：我是谁？我从哪里来？我活着是为了什么？我是一个怎样的人？等一系列的问题。这就是一个认识自我的过程，即自我意识发展的过程。

一、自我意识的概念

自我意识也叫自我认知或自我，是每一个人对自己及自己与周围世界关系的认识、体验和评价。它是一种多维度、多层次的复杂心理现象，是意识发展的高级阶段。

自我意识由自我认识、自我体验和自我调节三种心理成分构成。这三种心理成分相互联系，相互制约，统一于个体的自我意识之中。从认识形式看，它表现为自我知觉、自我观察、自我分析和自我评价等，统称为“自我认识”；从情绪形式看，它表现为自尊、自信、自卑、自负、内疚、自责、自豪感、成功感、自我效能感等，统称为“自我体验”；从意志形式看，它表现为自主、自立、自我激励、自我暗示、自我控制、自我监督等，统称为“自我调节”。

(1)自我认识　自我认识是每一个人了解自我时进行的心理活动，它包括自我知觉、自我观察、自我分析和自我评价四个方面，其中自我评价是自我认识的核心，也是自我体验、自我调节的基础，是自我感知、自我观察、自我分析的结果，集中体现自我认识的一般状况和发展水平。主要回答：我是怎样的一个人？我为什么是这样一个人？

(2)自我体验　自我体验是自我意识中的情绪部分，实际上是对自己情绪状态的一种体验，是个体对自身的认同与其主观需要之间关系的反映。如当个体觉得自己行为的结果很理想时，就会表现为自信、高兴、自豪；相反，当个体对行为的结果不满意时，就会产生沮丧、失望甚至自卑的情绪体验。自我体验包括自尊、自爱、自傲、责任感和优越感等内容，其中自尊程度直接取决于自我评价状况，同自我评价呈正比关系。自我体验涉及“是否接受自己，是否取悦自己，对自己是否满意”等问题。

(3)自我调节　自我调节是自我意识中的意志部分，是指个体自觉的过程。它是在自我评价的指导和自我体验的推动下，个体对自己心理活动和行为自觉而有目的的调整。它表现为个体对自己行为、心理活动的调节和控制，并进而驱动自己符合自我的理想模式。它包括自我监督、自我激励、自我暗示、自我控制等形式。它解决的是“如何控制自己，如何改变自己，如何成为理想中的那种人”等问题。

二、自我意识的形成

自我意识不是与生俱来的，而是在个体发展过程中逐步形成和发展起来的。人首先对外部世界和他人进行认知，然后才逐步认识自己。自我意识是在与他人交往的过程中，我们根据他人对自己的看法和评价发展起来的，这个过程贯穿我们的一生。

每个人都是一个心灵画家，给自己画像从无到有，从差到好，水平逐渐提高，当对自己的认识达到能意识到自己的身体特征和生理状况，能认识并体验到自己内心进行的心理活动，能认识并感受到自己在社会和集体中的地位和作用时，个体对自己的画像就基本完成了。

自我意识的形成大体需要经历生理自我、社会自我和心理自我三个阶段。

1. 生理自我

生理自我是个体对自己躯体的认识，包括占有感、支配感和爱护感。人们有时把生理自我发展阶段称为自我中心期，这种初级形态是以自我感觉的形式表现出来的。

大约在一岁末的时候，牙牙学语的儿童开始用手拿东西拿到什么是什么，他知道手指是自己的，这样他就把自己的动作和动作的对象区分开来，这是自我意识的最初表现。之后儿童开始知道由于“自己扔皮球，皮球就滚了”，进一步把自己(主体)和自己的动作区分开来。

两岁左右的儿童，开始知道自己的名字，这时儿童只是把名字理解为自己的代号，如果遇到叫周围同名的其他孩子时，他会感到困惑。从知道自己的名字过渡到掌握人称代词我、你，在儿童自我意识的形成上，可以说是一个质的飞跃。此时，儿童开始把自己当作一个与他人不同的人来认识。从此，儿童的独立性开始大大增长起来，儿童经常说我自己来，我要……随着儿童把自己当作主体的人来认识、他们逐步学会了自我评价，懂得了乖或不乖、好或不好的含义。

当儿童在三岁左右，会用人称代词“我”来表示自己，用别的词表示其他事物时，说明他开始意识到了自己心理活动的过程和内容，开始从把自己当作客体转化为把自己当作一个主体的人来认识。这是自我意识的萌芽阶段，也是自我意识发展中的一次质变和飞跃。

2. 社会自我

从三岁到青春期开始，个体通过学前教育和学校教育，受到社会文化的影响，增强了社会意识，认识到自己是社会的一员，尽量使自己的行为符合社会的标准。这个阶段称为社会自我阶段。

3. 心理自我

心理自我是个人逐渐脱离对成年人的依赖，并从成年人的保护、管制下独立出来，表现出自我意识的主动性与独立性，强调自我的价值与理想的阶段，这是自我意识发展的最后阶段。这时个体能够透过自我意识去认识外部世界，而且这样的自我意识过程将伴随个体的一生。

从十四五岁到成年，大约十年的时间，在这个阶段中个体的性意识觉醒，抽象思维能力和想象力大大提高。在生理和心理急剧发展变化的同时，促进了自我意识的成熟，个体开始进入心理自我时期。在这个阶段，个体在意他人对自己的评价，希望引起他人的注意，不再像以前那样满足，开始对自己不满意，希望改变自己的外貌和性格等。

个体的心理能否健康地发展与其心理自我发展的是否完善密切相关。心理自我发展完善的个体能够以客观的社会标准来认识社会和评价事物，树立正确的伦理道德观念，形成对待现实的正确态度、理想与信念等。

生理自我、社会自我和心理自我这三者并不是彼此孤立的。心理学家詹姆斯认为，人最先是从自己的身体知道自己的存在，即生理自我；而后与他人交往，从他人对自己的反应以及自己的社会角色中，体验出自己的社会自我；最后，从生活的成败、得失经验以及心理的发展逐渐形成心理自我。因此，这三者是相辅相成的。

三、自我意识对大学生自身发展的影响

个体具备良好心理素质最重要的标志是对自我的接受和认可，即有成熟的自我意识和健康的自我形象。自我认识、自我评价和自我控制能力如何，对大学生的社会适应、身心健康和成才发展都将产生深远的影响。

1. 促进社会适应，增进人际和谐

研究表明，具有健全自我意识的人不仅能客观、全面、准确地评价自我，善于积极接受自我和悦纳自我，而且能够采取科学、正确的态度和方法去认识他人和社会，建立和谐的人际关系。反之，自我意识不健全往往会造成个体对社会的适应不良及人际关系不协调。如果个体对生理自我、心理自我和社会自我的认识和评价出现偏差，尤其是当个体理想自我与现实自我的差距太大时，就可能造成社会适应不良和人际关系的紧张，影响自身的心理健康。因此，大学生塑造健全的自我意识，形成正确的自我评价，塑造良好的自我形象，对于其适应社会、建立和谐的人际关系有着重要的影响和作用。

2. 促进自我调节，创造理想自我

大学生在自我认知层面上往往会表现出现实自我与理想自我的冲突。当现实自我与理想自我不能统一，或者在理想自我的实现过程中遇到挫折时，有健全自我意识的人能够自觉地寻找途径，通过重新认识自我、调节与控制自我，纠正心理偏差，努力缩小理想自我与现实自我的差距，形成新的“理想自我”，实现心理行为个体化与社会化的协调发展。

3. 增强自我教育，促进自我实现

完成自我实现是心理健康的重要标志。自我意识健全的人能够通过正确的自我评价、合理的自我认知、良好的自我体验、自觉的自我调节与控制等不断加强自我教育，最大限度地挖掘自身的心理潜力，创建最佳的心理质量，促进理想自我的实现，从而成为一个“自如的我、独特的我、最好的我和被社会欢迎的我”。

故事链接

日本近代有两位一流的剑客，一位是宫本武藏，另一位是柳生又寿郎，宫本是柳生的师傅。

当年，柳生拜师学艺时，问宫本：“师傅，根据我的资质，要练多久才能成为一流的剑客？”宫本答道：“最少也要十年吧！”柳生说：“十年太久了，假如我加倍苦练，多久可以成为一流的剑客呢？”宫本答道：“那就要二十年了。”柳生一脸狐疑，又问：“假如我晚上不睡觉，夜以继日地苦练呢？”宫本答道：“那你必死无疑，根本不可能成为一流的剑客。”柳生非常吃惊：“为什么？”宫本答道：“要成为一流剑客的先决条件是必须永远保留一只眼睛注视自己，不断地反省自己。现在，你两只眼睛都只盯着‘剑客’这块招牌，哪里还有眼睛注视自己呢？”

柳生听了，惊出一身冷汗，顿然醒悟，依师傅所言而行，终于成为一代著名剑客。

剑道如此，人生亦然……

第二节 大学生自我意识的发展

大学生正处于从青春期向成年期转变的重要时期，由于身心发育不断的成熟，生活环境、社会角色和社会地位的变化，大学生们开始把眼光从外部世界转移到自己的内心世界，由被动接受转向主动尝试解决自己的内心矛盾和冲突。

对于处在成长期的大学生而言，培养健全的自我意识，是其健康成长的重要前提。

一、大学生自我意识的特征

自我意识的发展是一个漫长的过程，大学阶段是自我意识发展的重要阶段。大学生年龄一般为 18～23 岁，随着其学历的不断提高和经验的日益积累，自我评价能力和水平也相应提高。明确自我意识的特点，对于大学生全面认识自我、积极悦纳自我、努力完善自我都具有重要意义。

与同龄群体相比，大学生的自我意识具有其独特性，主要表现为以下几个方面。

1. 关注自我形象与未来发展

中学时期，学生还不太关注自己的内心世界和外在形象，进入大学以后，他们的思想发生了较明显的变化。处于这个时期的大学生能够积极、主动地探索自我，开始强烈关注自我形象。不仅开始注意自己的外在形象，例如穿着和服饰等，而且更加关注自己内心的感受，关注周围的人对自己的评价等。例如他们经常会从个人发展、个人与社会的关系等方面反省和思考这样一些问题：我聪明吗？我的性格怎样？我的能力如何？他人怎么看我？我将来会怎样？等。他们能够把外在的我与内在的我，自己心中的我与他人眼中的我，现实的我与理想的我放在一起进行分析、比较，而且能够把自我的发展与国家、集体的需要结合起来，自我意识趋于客观和理性。

2. 自我认识和评价能力增强

大学生入学以后，伴随着各类知识的增多、生活范围的扩大、生活经验的丰富，他们的自我认识和评价能力也逐步提高。与中学时期相比，大学生的自我认识更为主动、自觉，他们对自我的认识也逐渐变得客观、全面，其自我意识日渐趋于成熟和理性。

据调查显示，大多数大学生对自我的认识和评价与外界的认识和评价基本一致，并且能够自觉地根据社会发展的要求来评价和设计自己。但由于大学生独立生活的能力较差，社会阅历较浅，生活经验还不丰富，心理发展还不稳定等多种因素的影响，部分大学生的自我认识和评价还不能达到主观与客观的完美统一，如有的学生自我评价过高，有的学生自我评价过低，表现出大学生自我评价能力发展的不均衡性。

3. 自我体验丰富而复杂

与直接进入社会的普通青年相比，大学生的自我体验既丰富又复杂，处于一生中“最善感”的阶段。总体来说，他们自我体验的基调是积极的、健康的，倾向于热情、奔放和自信等。大学生的自我体验比较细腻、敏感、深刻，伴有强烈的自我保护意识。大学生的自我体验更多地与自己的个性品质、集体荣誉、自我在社会中的发展前途等联系起来。因此，凡是涉及“我”及与

“我”相联系的事物，常常会引起大学生的情绪、情感反应，而且他们的内心体验起伏较大，有明显的两极波动性。例如他们取得成绩时容易产生积极、肯定的体验，甚至骄傲自满、沾沾自喜；遇到挫折时又容易产生消极、否定的情感体验，甚至悲观失望、自暴自弃。

据有关研究表明，在大学生的自我体验中，自尊心占据突出的地位，表现为自尊心十分强烈，好胜、好强、不甘落后于人，要求获得他人的尊重。正是这种强烈的自尊心激励着他们积极向上，以极其饱满的热情投入到学习、生活及社会实践活动中，以此赢得他人的认可和尊重。

4. 自我控制能力提高

与中学生相比，大学生的自我控制能力有了很大提高，自觉性、坚持性、独立性和稳定性显著发展。他们能够自主安排学习和生活，解决面临的各种问题；能够制订相应的活动计划并自觉付诸实施；能够在学习、生活及社会实践活动中调控自己的情绪和情感；能够正确分析生活中的顺境与逆境，正确对待生活中遇到的成功与挫折；能够识别真善美、假恶丑，使自己的思想和行为更趋于理性和成熟，避免情绪的大起大落。大学生能够对自我进行反省、探究，以他人的言行、表现和评价作为借鉴，对自己的行为进行调节和监控，使自己的思想和行为不断得到修正，成为学习、工作和生活中的强者。

5. 自立或反抗意识强烈

走进大学校门后，生活环境发生了很大的变化，耳边不再有中学老师那样的叮嘱，不再有父母的唠叨，大学生的自立意识增强了。在他们心目中，自己已不再是“儿时的娃娃”“父母眼中的孩子”，而是一个肩负历史使命，又有一定知识和才能的大学生，是同龄人中的佼佼者。在这种优越感和荣誉感地驱使下，他们的自尊心和自信心明显增强，强烈地要求独立和自制，摆脱依赖和管束。

二、大学生自我意识发展的规律

大学生正处于“心理自我”的发展阶段，渴望能够认识自我、肯定自我、发展自我和完善自我。这一时期，大学生的自我意识得到了迅速发展，并在发展过程中经历了从分化到矛盾，再达到新的统一的过程，其自我认识、自我体验、自我控制逐步协调一致。但从整体上说，大学生的自我意识尚未完全定型，还需要不断完善，才能最终走向成熟。

1. 自我意识的分化

大学生自我意识的发展是从明显的自我分化开始的。进入青年期，打破了儿童时期所形成的完整而笼统的“我”，此时出现了主体我与客体我的分化，现实我和理想我的分化。

自我意识分化是自我意识开始走向成熟的标志。由于自我意识的分化，促使大学生主动、积极地关注自己的内心世界，自我内心活动变得矛盾而复杂，自我内心体验丰富、细腻而深刻，由此带来的种种情绪如焦虑、不安、喜悦和激动等逐渐增多。大学生希望有自己独立的空间，渴望沟通和被理解、被关怀，喜欢与自己信赖和仰慕的人交流。

2. 自我意识的矛盾

自我意识的分化，使大学生开始关注以往被自己忽略的许多问题，同时也意味着自我矛盾的加剧，使得自我不能统一，自我形象不能确立，也正是因为这种矛盾，促使大学生实现自我意识的统一，推动自我意识向着成熟发展。

当代大学生自我意识的矛盾、冲突主要表现在以下几方面。

(1)主观我与客观我的矛盾　主观我,是自己所认识和评价的“我”;客观我,是自己所意识到的他人对自己的认识。因为大学生对自己的认识和评价总是被个人背景、经历、受教育程度和个人社会地位制约,而他人却可能从不同视角对其进行审视和评价,因此,主观我和客观我是难以统一的。例如,一向对自己评价很高的学生,认为自己一定能评上“三好学生”或“优秀学生干部”等,而自己在同学和老师心目中的真实形象与自我形象大相径庭,结果连提名都没有获得,这类学生受到的挫折就是由主观我与客观我的矛盾引起的。

(2)理想自我与现实自我的矛盾　理想自我与现实自我的矛盾在大学生自我意识中表现得最为突出。大学生有理想、有抱负,渴望获得成功,对自己充满信心。然而,由于他们经验较少,很难把理想和现实结合起来,理想自我中包含着许多无法实现的成分。因此,理想自我不可避免地与现实自我发生矛盾和冲突。如果理想自我和现实自我迟迟不能趋近统一,就会引发一系列心理问题。

案例导入

某同学,男,大学二年级。该同学来自农村,其哥哥、姐姐都没有读过高中,村里也只有几个人上大学,而他却考入了名牌大学。因此,家里甚至全村的人都对他寄予了厚望,并给予他很高的评价。但他进入大学后,学习成绩却不理想,在班里属于中下水平。于是,他开始经常感到压抑,不仅在学习不顺利时如此,在与同学关系出现不愉快时也如此,渐渐的,他的睡眠也受到了很大的影响。

很明显,这位同学把家里人对自己的期望当成理想自我,他觉得自己各方面都应该很优秀,而大学里却是高手如云,因此,他很难实现自己的愿望。而他又不能降低对自己的要求,使理想自我和现实自我相统一,难免会引发心理问题。

(3)独立与依附的矛盾　独立性是指个体摆脱监督和支配的一种自我意识倾向。进入大学后,大学生独立意识迅速增强,他们希望能实现真正意义上的“自我独立”,经济、学习、生活、思想和世界观等不受他人的监督和控制。但由于他们的独立性还不够完善,加之刚脱离家庭,面对复杂的生活和许多实际问题他们束手无策,缺乏独立解决问题的能力,因而还无法摆脱对家长和老师等的心理依赖,无法实现人格的独立,即产生了主观要求独立和客观上不能完全独立的矛盾。

案例导入

某同学,女,大学一年级,来自南方某城市。该生是家中的独生女,从小在父母的关爱与呵护下长大。在家中,生活琐事均由父母料理,父母只要求她努力学习,不让她做任何家务,甚至连衣服鞋袜也不用自己洗。高考填报志愿的时候,她下定决心选择了一个离家较远的城市,希望从此能够摆脱父母的管束,过自己想要的生活。可是进入大学后,面对陌生的校园和同学,她特别想家,后悔不该选择一个离家这么远的城市。每当听到广播里播放有关“妈妈”的歌曲时,她就忍不住痛哭,班上组织活动外出游玩,她也高兴不起来。晚上熄灯后她总是躲在被窝里哭。周末,看见同寝室的本地同学回家了,她就觉得更加悲伤和难过。

出现在这位同学身上的关于独立与依附的矛盾,集中表现在她对大学新环境的不适应上。她在思想上渴望独立,但在实际中却又困难重重。从而表现出既想独立,却又不得不依附他人的矛盾心理。

(4)交往需要与自我闭锁的矛盾　由于自我的分化，大学生迫切需要友谊、渴望被理解、需要归属和爱。他们有强烈的交往需求，希望得到他人的支持和帮助。然而，大学生同时存在自我封闭的倾向，他们担心他人对自己有过多的了解，会影响自身的形象，会影响和限制自身的发展。因此，大学生很少向他人真正敞开心扉，在与他人交往时，有意无意地与他人保持一定的距离。这也是大学生常常感到“大学中的人际交往不如在中学中的那么自如真诚”的原因。

(5)追求上进与自我消沉的矛盾　多数大学生都有较强的上进心，希望通过努力实现自身的价值。但大学生在追求自己目标的过程中遇到困难和挫折在所难免，有的学生自我控制力较差，在困难面前望而生畏、消极退缩但又不甘心，心中依然想奋进，因而内心产生矛盾，烦躁、焦虑也由此而生。

3. 自我意识的统一

自我意识分化、矛盾所带来的不安、痛苦、焦虑促使大学生不断寻求方法，摆脱这种矛盾状态，使自我意识再度统一起来，即主观我与客观我、理想自我与现实自我的统一。

自我意识的统一是在自我评价和他人评价的过程中逐步实现的。由于个人生活经验、智力水平、追求目标和意志品质等方面存在差异，大学生自我意识分化、矛盾、统一的途径不同，其结果也不同。

从理想自我和现实自我的统一过程来看，通常有以下几种途径：一是坚持理想的自我标准，努力改进现实中的自我，使现实自我和理想自我相一致；二是修正理想自我中某些不切实际的过高标准，使其与现实自我趋近；三是放弃理想自我的标准，自暴自弃，得过且过，放纵现实自我。

大学生自我意识统一的结果和类型主要有以下几种。

(1)积极的统一　自我肯定是大学生自我意识统一过程中的积极类型，是朝着有利于自身健康成长方向发展的统一。其特点是：对现实自我的认识比较清晰、全面、客观、深刻，既肯定自己的优势，又承认自己的不足；正确的理想自我占优势，理想自我符合客观实际、符合客观需求，通过努力可以实现，能够合理地确定个人的奋斗目标和社会地位。换言之，正确的理想自我和客观的现实自我可以通过积极的矛盾斗争达到统一，统一后的自我更完善，既适应社会发展的需求，又有助于大学生的自身成长。例如，一位学生这样分析自己：“我既向往能干一番轰轰烈烈的事业，但我也明白成功要受许多条件的限制，我不能苛求社会来满足我的要求。踏踏实实地奋斗，静静地体会，勇敢地把握现在才是生活的真谛。”

(2)消极的统一　消极的统一包括自我否定与自我扩张两种类型，它们共同的特点是个体对自我的评估不正确，理想自我不健全，缺乏实现理想自我的手段，形成后的自我不完整，是一种不健康的统一。

自我否定的大学生对现实自我的评价过低，使理想自我远远高于现实自我。如有的学生觉得理想自我与现实自我差距太大，他们主观上缺乏自我驾驭能力，不能肯定自己的价值，看不到自己的长处，没有信心去实现自己的目标。

自我扩张的大学生对现实自我评价过高，形成错误的、不切实际的理想自我，并认为理想自我可以轻易实现，从而使得理想自我和现实自我形成一种虚假的统一。这种大学生往往盲目乐观，喜欢自吹自擂，在虚幻中度日，常以自我为中心，自以为是。但是，他们所追求的学业、事业、友谊和爱情与客观事实相去甚远。因此,自我扩张极易引发失败和内心冲突,使大学生产生严重的情感挫折,导致苦闷、自卑和自我放弃,有时也会引发过激行为甚至反社会行为。

(3)难以统一　由于理想自我和现实自我无法协调,因而自我意识难以达到统一。其发展结果有两种:自我萎缩型和自我矛盾型。

自我萎缩型是自我意识统一过程中带有危害性的一种消极类型。其特点是:理想自我极度缺乏或丧失,对现实自我又深感不满,自卑心理非常严重,以至于产生自我拒绝的心理,从对自己不满开始到自轻、自怨、自恨、自弃。这种类型的人是极少数,但严重的会患上神经衰弱、精神分裂等心理疾病。

自我矛盾型是理想自我与现实自我无法协调,因而自我意识难以统一,无法转化出一个新的自我的一种类型。这种类型的学生自我意识冲突强度大,持续时间长,新的自我无法确立,积极的自我难以产生,内心始终充满矛盾和冲突,自我认识、自我体验、自我控制缺乏稳定性和确定性。

应该指出的是,以上只是大学生自我意识发展的一般趋势,具体到每一位大学生,由于身心发展水平、经历不同,自我分化的早晚、特点及矛盾斗争强度和倾向不同,统一的早晚、模式也有差异。此外,人的自我意识的发展是终身的,只不过青年期以后的发展比较平稳。人的自我意识的发展永远遵循分化→矛盾→统一→再矛盾→再统一的规律,我们的任务是使每一次统一都能让自我发生一次飞跃,而不是退行。因此,认识自己是人生永恒的主题。

知识链接

埃里克森(E. H. Erikson)是美国著名精神病医师,新精神分析派的代表人物。他认为人的自我意识发展持续一生,他把自我意识的形成和发展过程划分为八个阶段。

(1)婴儿前期(0～1.5 岁):基本信任和不信任的冲突　这是获得信任感,克服不信任感的阶段。此阶段当婴儿哭闹或饥饿时,父母是否出现是建立信任感的关键。具有信任感的儿童敢于希望,富于理想,具有强烈的未来定向。反之,则不敢希望,时时担忧自己的需要得不到满足。

(2)婴儿后期(1.5～3 岁):自主、害羞和怀疑的冲突　这一时期,儿童开始有了独立自主的要求,如想要自己穿衣、吃饭、走路、拿玩具等,他们开始去探索周围的世界。此时父母必须承担控制儿童行为使之符合社会规范的任务。但若过于严厉,又会伤害儿童的自主感和自我控制能力。因此,把握好“度”将有利于儿童形成良好的意志品质。

(3)幼儿期(3～5 岁):主动和内疚的冲突　这一阶段如果幼儿表现出的主动探究行为受到鼓励,幼儿就会形成主动性,表现出很大的积极性和强烈的进取心。如果成年人讥笑幼儿的独创行为和想象力,会导致幼儿产生失败感和内疚感,更倾向于生活在他人为他们安排好的狭窄圈子里,缺乏创新意识。

(4)儿童期(6～12 岁):勤奋和自卑的冲突　这一阶段儿童开始接受学校教育,掌握今后生活所必需的知识和技能。如果他们能顺利地完成课程学习,他们就会获得勤奋感,并对未来的工作和生活充满信心。反之,就会产生自卑。

(5)青春期(12～18 岁):自我同一性和角色混乱的冲突　这一阶段的核心问题是自我意识的确立和自我角色的形成。个体开始关注自己的内心世界,经常考虑自己到底是一个怎样的人,个体从他人对自己的态度和自己扮演的各种社会角色中,逐渐认清自己。

(6)成年早期(18～25岁):亲密和孤独的冲突　这是获得亲密感、避免孤独感的阶段。只有具有牢固自我同一性的青年人,才敢于冒与他人发生亲密关系的风险。如果个体不能与他人分享快乐与痛苦,不能与他人进行思想情感的交流,不能与他人相互关心与帮助,就会陷入孤独寂寞的苦恼之中。

(7)成年中期(25～65岁):繁衍和停滞的冲突　在这一时期,个体会生儿育女,关心后代的繁殖和养育,同时要承担社会工作,这是个体对下一代的关心和创造力最旺盛的时期。在这一时期,个体将获得关心他人和富有创造力的品质。如果没有经历这些,个体的人格是贫乏和停滞的。

(8)成年晚期(65岁以上):自我调整和绝望期的冲突　由于衰老过程,个体的体力、心力和健康每况愈下,对此个体必须做出相应的调整。当个体回顾过去时,可能怀着充实的感情与世告别,也可能怀着绝望走向死亡。自我调整是一种接受自我、承认现实的感受;一种超脱的智慧之感。如果个体的自我调整大于绝望将获得智慧的品质。

三、常见的大学生自我意识偏差及其调节

由于大学生心理的成熟远不如其生理的成熟那样迅速和稳定,加上其他客观环境的影响,在大学生意识的发展过程中容易出现各种偏差,从而引发各种问题。

总体来说,大学生自我意识偏差概括为以下几种类型。

1. 过于自尊

自尊是指一个人尊重自己,对自己持肯定态度的情绪体验,它是一种要求尊重自己的言行和人格,维护一定荣誉与社会地位的自我意识倾向。每个大学生都有强烈的自尊心,都有对平等、尊重的需要。积极的自尊有助于调动和激发人的内在潜能,是促使人奋发向上的直接动力。但过分的自尊则会把大学生带入唯我独尊、以自我为中心的误区。这样的大学生缺乏自我批评,也不接受他人的批评,在与他人的交往中表现得盛气凌人,喜欢把自己的意志强加于他人,无法形成良好的人际交往。同时,过度的自尊会使人变得特别敏感,因而也更容易受到伤害。

案例导入

某同学,女,23岁,大学三年级。该同学性格内向,由于家庭经济贫困,她在饮食等方面非常节省。为了减轻家庭负担,增加收入,她经常旷课到校外做兼职来赚钱,为此耽误了许多课程,期末考试两门功课不及格。虽然学校每学期都有贫困学生助学金,但她因为怕其他同学知道自己家的经济条件,所以她从来都没有申请过。有一次,宿舍的一位同学知道了她的家庭情况,建议她申请助学金,她为此与这位同学争吵起来,认为这位同学瞧不起她,嫌她的家穷。平时,她很少主动和同学交流,同学们总认为她很"清高"。父母反映该同学从小自尊心就很强,家里人都不敢说她。

这位同学的主要问题就是自尊心过强,咨询师建议这位同学首先要从认识上改变,要认识到一个人的出身不是由自己决定的,这是一个不可改变的事实,但我们可以通过后天的努力来改变家庭条件。当然了,这也包括接受来自各方面的资助与帮助,因为有时候一个人的力量远远不够,所以,适当接受他人的帮助是非常必要的;其次,增加和同学们的接触和交流,这样内

心压抑的不良情绪会得到适当缓解;最后,建议这位同学多从学习或其他活动中逐步增加自信。

2. 过于自卑

自卑就是自己瞧不起自己,是指个体对自己不满,对自己持否定态度的情绪体验。个体心理学家认为,人类普遍存在着自卑感,只是程度不同而已,因为每一个人都有不如他人的一面。大学校园里,人才济济,大学生有某些方面的自卑倾向和感受是正常的现象,但是过分的自卑会使人丧失信心,降低人生追求,忽视自己的优势,怀疑自己的能力,限制潜能的发挥,甚至还会导致自我封闭。一位大学生这样描述自己:"在我的记忆中根本搜索不出一件令自己满意的事。我找不出自己有什么值得他人欣赏的地方。"这个同学表现出的就是极度的自卑心理。

个体自卑感形成的原因比较复杂,一般引起大学生自卑的原因主要有以下几点。

(1)偏低的自我评价　这类学生喜欢拿自己的短处与他人的长处相比,越比越泄气。

(2)消极的自我暗示　这类学生喜欢从悲观角度思考问题,总觉得"我不行""我根本没有这方面的天赋""我天生就不是做这事的料儿"等。这种消极的自我暗示,使自信心逐渐丧失,加重了自己的心理负担。越觉得自己不行,对自己越缺乏信心,自卑感也就越强烈。

(3)过低的期望　这类学生对自己缺乏正确的认识,不相信自己的能力,对自己的期望不高,在行动中缺乏积极主动性,过低的期望又限制了自己潜能的正常发挥,最终造成了活动的失败。失败的结果反过来又验证了自己的认识和期望,进一步强化了自卑。

故事链接

美国著名心理学家基恩在小时候亲历过一件让他终生难忘的事。

有一次,他躲在公园的角落里偷偷看几个白人小孩在快乐地玩耍,他羡慕他们,很想加入他们,但他不敢,因为自己是一个黑人小孩,心里很自卑。这时,一位卖气球的老人举着一大把气球进了公园,白人孩子一窝蜂地跑了过去,每人买了一个,高高兴兴地把气球放飞到空中去。白人小孩走了以后,他才胆怯地走到老人面前,买了一个黑色的气球,他接过气球后,把它放飞到空中。老人一边眯着眼睛看着气球上升,一边用手轻轻拍拍他的后脑勺说:"记住,气球能不能升起来,不是因为它的颜色……"

3. 过分的逆反心理

逆反心理也是大学生自我意识发展过程中的一种产物,是指客观环境与主体需要不相符时产生的具有强烈抵触情绪的社会态度,是一种反控制的逆向思维。它是大学生展示自我形象、强调个人意志的一种手段,其实质是为了寻求独立与自我肯定,为保护正在逐渐形成的、还比较脆弱的自我,为了抵抗和排除在他们看来压抑自己的那种外部力量,它是青年阶段心理发展的必然要求。

逆反心理反映了青年人不畏权威的反抗精神和独立意识,但过度的逆反心理则会导致非理性的反应方式,不分正确与否、精华与糟粕全盘否定,一概排斥。他们否定家长、社会宣传的观念和典型人物等外界权威,如消极抵抗舆论与规范、无端否定先进人物,其结果是阻碍了其对正确经验的学习,阻碍了其健康发展。

4. 过于以自我为中心

大学阶段是自我意识发展最强烈的时期，大学生把更多的注意力投向自我。当过多地从自我角度和标准去评价、认识事物与行为时，就会出现以自我为中心的倾向。以自我为中心的人凡事喜欢从自身出发，以自己的意志为转移，很少站在他人的角度思考问题，不能设身处地的为他人着想，习惯于让他人服从自己、迁就自己，而自己却不肯为他人考虑。

案例导入

李某是一个非常优秀的女生，人长得漂亮，有一双会说话的大眼睛，能歌善舞，才能发展比较全面，在大学是个受欢迎的学生。班主任老师更是将她视为不可多得的班级骨干成员，一直都很重视她，凡事都让她管理。在家里，父母又把她视为掌上明珠，宠爱有加。可是渐渐地，李某越来越自命不凡，和同学之间的矛盾也越来越大了。这个学期初，她的班级重新成立班委会，班主任征求她的意见，她不是说这个同学"太笨"，就是说那个同学"不会说话"，不是摇头就是撇嘴，意思十分明显：全班除了她没人能当班干部了！也许正是她的这种态度，引起了同学们的普遍不满，班干部竞选时，她以11票之差落选了。

此案例所反映出的李某的主要问题就是以自我为中心，自以为是，导致不被周围环境和他人所接受与认可，进而引起他人的反感与不满。因此，建议李某应该在重新自我认知的前提下尽快进行自我调节，多听取他人对自己的评价和看法。只有这样，她才能再次得到大家的认可，重新回到班集体中。

5. 过度的从众心理

从众是指在群体的影响和压力下，个体放弃自己的意见而采取与多数人一致意见的自我保护行为。平时所说的"随大流"就是一种从众心理的表现。从众是日常生活和工作中常见的一种社会心理现象，人皆有之，但是从众心理过强则会影响个人的发展。有过强从众心理的学生往往缺乏主见和独立意识，自己不思考问题或懒于思考问题，常常是人云亦云或遇到困难束手无策，它抑制了大学生自主性和创造性地发挥。例如，有一则笑话这样说道：一日闲逛街头，忽见一长队，赶紧站到队后排队，唯恐错过购买紧缺物品的机会。等到队伍拐过墙角，发现大家原来是排队上厕所，不禁哑然失笑。

造成从众心理的原因是多方面的，一是害怕孤独。为了求得他人的认可，避免被孤立而放弃自己的主见，随大流，以求得并无实际意义的"合群"；二是缺乏自信。有些学生不相信自己的能力，遇事不敢自己做主，只好随大流；三是由家庭和学校教育方式不当造成的。目前有的家长和老师奉行的是一味要求"听话""服从"的教育，使得学生形成了惰性，泯灭了他们独立思考的精神。

大学生自我意识发展过程中出现的上述偏差，并非是个别学生的缺点，而是在大学生中普遍存在的、无法回避的正常现象，也是大学生心理发展不成熟的表现。

第三节　大学生应如何正确认识自我

大学生的心理发展正处于迅速走向成熟而又未完全成熟的阶段，大学生在自我意识发展过程中出现种种偏差是正常的，是其心理发展尚未成熟的表现。但是，无论是从大学生的身心发展状况出发,还是从当今社会的时代特点考虑,都应该加强对大学生自我意识的培养,促进大学生自我意识的完善和统一,使大学生心理的发展趋于成熟。

一、什么是正确的自我意识

健全而正确的自我意识是大学生心理健康的重要标志。培养大学生健全的自我意识对大学生的成长至关重要,它在大学生人格的形成、发展和优化中,始终发挥着强大的推动作用。

什么是健全而正确的自我意识?评价个体自我意识是否健全的标准是什么?目前心理学家对于健全自我意识的标准大致归结为以下四条。

- 自我意识健全的人,应该是一个有自知之明的人,既知道自己的优势,又知道自己的劣势,能正确评价自我和发展自我。
- 自我意识健全的人,应该是自我认识、自我体验和自我控制协调一致的人。
- 自我意识健全的人,应该是积极自我肯定的、独立的并与外界保持一致的人。
- 自我意识健全的人,应该是理想自我与现实自我统一的人,是有积极目标意识和内省意识的人,是积极进取的人。

二、培养大学生正确自我意识的途径和方法

大学生健全自我意识的培养,是引导大学生按照社会要求自觉地对主体进行自我意识的教育,是大学生完善个性、实现自我价值的重要途径。

培养大学生健全的自我意识应从以下几个方面进行。

(一)正确认识自我

正确地认识自我是培养健全自我意识的基础。俗语说:“人贵有自知之明”,一个人真正的伟大之处,就在于他能够科学地认识自我。如果一个人能够全面正确地认识自我,客观准确地评价自我,他就能够量力而行,确立恰当的奋斗目标,并为实现这一目标而不懈努力。

大学生要从价值观、愿望、动机、兴趣、爱好和个性特征等多方面、多角度全面地认识自我,做到既不妄自尊大,也不妄自菲薄,获得客观而准确的自我评价。这样才能充分发挥自己的长处和优势,克服自己的不足和劣势,有效调控自我,提高自己参与社会的能力,协调自己与他人、与社会的关系,积极发展自我和完善自我,实现自己的人生价值。

具体地说,大学生可以通过以下几种途径来正确认识自我,全面评价自我。

1. 通过自我反省来认识自我

孔子曰:“吾日三省吾身。”大学生已具备了一定的自我反省和自我评判能力,在自我意识的培养中,要引导、教育大学生学会自省,通过不断地对自己的心理活动进行反思来剖析和批评自己;经常检查自己的行为动机是否正确,行为过程中有什么不足,行为结果有哪些收获和缺憾等。

通过自我剖析和自我批评,大学生能够逐步加深对自己的认识,并在此基础上有的放矢地进行自我调整,增进大学生自我心理发展的成熟性。

大学生可以从以下几个“我”中认识自己。

自己眼中的“我”，这是自己眼中实际观察到的客观存在的“我”，是对自己的客观认识，包括“我”的身体、容貌、性别、年龄、性格、气质和能力等。值得注意的是，客观存在的“我”既有确定因素，如身材高矮胖瘦、容貌美丑以及性别等；也有不确定因素，如能力、气质和脾气等。这就要求大学生要用客观的和发展的观点去获取“自己眼中的我”，反对用僵化停滞的观点认识自我。

他人眼中的“我”，这是指在个体与他人交往时，通过他人对自己的反应和评价而觉察到的“我”。需要指出的是，由于人际交往中有亲疏远近，不同关系的人对自己的反应和评价不同。而且，由于社会经验、认识能力和个性特征等多种因素的差异，自己意识到的“他人眼中的我”与客观存在的“他人眼中的我”未必完全一致，大学生在认识他人眼中的“我”时，要力求客观，避免主观臆断。

2. 通过他人评价来认识自我

任何人关于自我的认识都不是与生俱来的，也不是凭空产生的，而是在社会交往中逐步获得的。个体只有在社会交往中，才能充分表现自我、展示自我和认识自我。离开了社会交往，个体就难以获得关于自我的全面认识。

正确地认识他人对自己的评价，是自我认识的一条重要途径。大学生应积极主动地投身于认识世界、改造世界的社会实践活动中去，通过分析、综合和比较他人对自己的态度、期望和评价等信息，进一步认识自己。

因此，大学生应学会分析他人对自己的评价，这样才能更好地认识自我，不因过高的评价而飘飘然，也不为过低的评价而失去信心。

故事链接

一个替人割草的孩子打电话给一位姓陈的太太说：“您需不需要割草？”陈太太回答说：“不需要了，我已有了割草工。”这个孩子又说：“我会帮您拔掉花丛中的杂草。”陈太太回答：“我的割草工已经做了。”这孩子又说：“我会帮您把草与走道的四周割齐。”陈太太说：“我请的工人也已经做了，谢谢你，我不需要新的割草工人。”孩子便挂了电话。孩子的哥哥在一旁问他：“你不是就在陈太太那割草吗？为什么还要打这电话？”孩子带着得意的笑容说：“我只是想知道我做得有多好！”这个孩子可以说是十分关心收集自己的信息。因此，可以预见他的未来成长以及可能取得的成就，绝非一般孩子能比。

3. 通过比较法来认识自我

比较法包括通过与他人的比较来认识自我的横向比较法，和通过与自己过去的比较来认识自我的纵向比较法。

个体在认识自我的过程中，总是不由自主地将自己与他人进行比较，他人是反映自我的一面镜子，与他人比较是客观、全面认识自我的重要方式。有比较才有鉴别，有自知之明的人能够在比较中发现自己的优势，明确自己的不足，认识自己能力的高低、道德品质的好坏、追求目标是否恰当等。

通过和他人比较认识自己，应该注意比较的合理性和科学性，要选择恰当的比较对象、比较内容和比较方法，如是与自己条件相类似的人比，还是与不如自己或强于自己的人比；是比可变的因素还是比不变的因素；是运用停滞不变的观点去比较，还是用发展的眼光、辩证的方法去分析等。

需要指出的是，引导大学生运用纵向比较法培养正确的自我意识，要注意以下两个方面的问题：一方面应鼓励学生勇于超越自我，不要满足于现有的成绩；另一方面也要引导学生确立适当的目标，目标的确立不要过高，也不要过低，从自己的发展历程中进行比较，从比较中认识自我。

4. 通过社会实践认识自我

社会实践是人的自我意识产生和发展的重要条件，大学生在参加各种活动时可以充分展示自己的聪明才智、情感取向、意志特征和道德品质。通过对活动及其结果的分析来认识自己，用实践来检验自己。

因此，在培养大学生形成正确自我意识的过程中，要引导大学生正确分析自己的活动表现和结果，特别是通过在活动中的成功和失败，客观地认识自己的知识才能和兴趣爱好，进一步发挥自己的长处，弥补自己的不足。

(二)积极接纳自我

俗语说："金无足赤，人无完人。"每个人都有自己的优点和缺点、长处和短处，对自己的长处要充分发展，对自己的短处也要正确对待。在正确认识自我的基础上积极接受自我和悦纳自我，是发展健全自我的核心和关键。

接纳自我，首先，要无条件地接受自己的一切，包括优点和缺点、成功和失败；其次，要欣赏自我的优点，肯定自己的价值，对自己有自豪感、愉快感、满足感和成就感；再次，要正确分析自己的缺点和不足，这是完善自我的起点，也是充满自信的表现。

通常情况下，人的缺点有两种：一种是可以改变的，如缺乏毅力、脾气暴躁、情绪波动性较大等，对此要积极主动地完善；另一种是无法补救的，如身材矮小、相貌丑陋、四肢残疾等，对此要面对现实，勇于接纳自己的缺憾。同时要注意提高自己的学识水平和内在修养，以"内秀"补偿"外丑"，相信"我很丑，但是我很温柔"的道理。最后要经常总结和反省自己的长处和短处，建立自我意识发展的动态平衡。

故事链接

一天，一群动物聚在一起，彼此羡慕对方的优点，抱怨自己的缺点。于是，大家决定成立一所学校，希望通过训练，使自己成为一个通才。它们设计了一套课程，包括：奔跑、游泳、飞翔和攀登。所有动物都报了名，选修了所有的科目。最后的结果是：小白兔在奔跑课的成绩名列前茅，但是一到游泳课的时候，就浑身发抖；小鸭子的游泳课成绩优秀，飞翔也还能勉强通过，但奔跑和攀登的成绩却糟糕透顶；小麻雀对于飞翔驾轻就熟但就是不能正常奔跑，尤其是碰到水就几乎精神崩溃；至于小松鼠，爬树的本领固然高人一筹，奔跑的成绩也还不错，却在飞翔课中学会了逃课。

大家越学越迷惑，越学越痛苦，终于决定停止盲目学习他人，好好发挥自己的长处。他们不再埋怨自己，羡慕他人。大家又恢复了往日的活泼和快乐。

(三)有效控制自我

自我控制是人主动地改变自己的心理品质、特征及行为的心理过程，是大学生形成健全自我意识、完善自我的根本途径。很多大学生的自我期望较高，但由于主客观各种条件的限制，特别是缺乏足够的自制力和较强的意志力，经常遭受挫折和打击，无法实现预期的目标。大学生应根据自己的实际情况和社会发展的需要，确立适合自己的目标，对理想自我实现过程中遇到的身心矛盾和困扰进行合理的控制与调节，通过努力奋斗，最终实现理想自我。

大学生在进行自我控制时，要处理好以下三个环节。

(1)确立合理的目标　合理的目标是人生发展的源动力，它能强化个体的行为，帮助个体挖掘自身的潜力，并促使其指向预定的方向。合理目标的确立，要坚持"立足社会，发展自我"的原则。只有使自己的发展规划及行为符合社会准则和需求，将自身努力与社会发展保持一致，才能得到社会的认同。

确立合理的目标，不要对自己过分苛求，而是做到从个人实际出发。有的人做事力求完美，把自己的目标定得过高，不符合自己的实际能力，结果根本无力达到，整日过分自责与痛苦。如果把自己的目标和要求确立在自己的能力范围之内，并且通过努力不断地使目标得以实现，自然就会心情舒畅。

(2)制订行动计划，学会管理自我　这是大学生进行自我控制的核心内容。许多大学生都有使自我良好发展的愿望，但却不能根据发展目标，制订完善的行动计划和实施程序。也有一些学生制订了切合自己发展的行动方案，但未能贯彻实施，这些都表明大学生缺乏科学管理自我的能力。

提高自我管理能力是锻炼和培养大学生自我控制能力的重要环节，它注重培养学生主动的、内在的、自我实施管理活动的能力，它包括学生合理规划自己人生的能力、制订行动计划与实施的能力、科学安排时间的能力、控制自己情感情绪的能力等，培养和提高自我管理能力对大学生具有十分重要的意义。

(3)提高自制力和意志力，培养健全的意志品质　大学生对自我的监督与修正，需要以自制力和意志力作为保障。因为在实现人生目标的旅途中，既有各种本能欲望的干扰，又有各种外部诱惑的侵袭，这就决定了个体要想成就一番事业，必然要经历许多坎坷和挫折，甚至有时还要经历大风大浪的严峻考验。大学生只有提高自制力，培养健全的意志品质，才能够抵御各种诱惑，主宰自己的行为，做到对自我进行强有力的调节与控制，以保证理智地约束自己的情感与行为，把握好自我前进的方向。

知识链接

21天效应——习惯的养成

在行为心理学中，人们把一个人的新习惯或理念的形成并得以巩固至少需要21天的现象，称之为21天效应。也就是说，一个人的动作或行为，如果重复21天就会变成一个习惯性的动作或想法。

根据我国成功学专家易发久的研究，习惯的形成大致分为三个阶段。

第一阶段：1～7天　此阶段的特征是"刻意，不自然"。你需要十分刻意地提醒自己改变，而你也会觉得有些不自然,不舒服。

第二阶段:7～21 天　此阶段的特征是“刻意,自然”。你已经觉得比较自然,比较舒服了,但是一不留神,你还会恢复到之前的状态。你仍然需要刻意地提醒自己改变。

第三阶段:21～90 天　此阶段的特征是“不经意,自然”。无须意识控制。一旦跨入此阶段,你已经完成了自我改造,这项习惯已成为你生命中的一个有机组成部分,它会像你早上起床要刷牙和洗脸一样自然。

(四)不断完善和超越自我

自我完善是个体在认识自我、认可自我的基础上,自觉规划行为目标,主动调节自身行为,积极改造自己的个性,使个性发展适应社会要求的过程。

大学生自我完善与自我超越的过程,实质上就是大学生寻求“自我同一性”的过程,是实现现实自我与理想自我积极统一的过程。因此,大学生在不断完善和超越自我的过程中,关键要处理好以下三个环节。首先,要确立一个正确的理想自我目标;其次,努力提高现实自我,重塑自我;再次,进行自我探究,逐步获得积极的自我统一。

(1)确立正确的理想自我　确立正确的理想自我,是不断完善自我和超越自我的前提条件。正确的理想自我是在自我认识、自我认可的基础上,按照社会需要和个人特点确立的自我发展的目标。

大学生要积极探索人生,思考人生,树立正确的世界观、人生观、价值观和道德观,为理想自我的确立寻找合适的人生坐标和支点,从自己与他人、个体与社会的关系中认识有限人生的真正意义和价值,并通过实现这一目标而努力地完善自我和提升自我。

(2)努力提高现实自我　努力提高现实自我,是不断完善自我和超越自我的重要途径。现实自我是一个矛盾复杂的统一体,其中有进步与落后的矛盾,创新与保守的矛盾,肯定与否定的矛盾等。大学生提高现实自我,就是要勇于挑战自我、剖析自我,改变现实自我中不完善、不成熟和保守、落后的一面,发扬创新与进步的一面,从而不断战胜旧的自我,塑造新的自我。

当然提高现实自我是一个长期的过程,必须坚持不懈,持之以恒,付出一定的艰辛与努力,才能使现实自我不断地向理想自我靠拢,并最终实现自己的人生目标。

(3)认真进行自我探究,逐步获得积极的自我统一　通过探究逐步实现现实自我与理想自我的统一,是不断完善自我与超越自我的最高境界。自我统一意味着“主体我”与“客体我”的统一,自我认识、自我体验和自我调控的统一。大学生在探索人生的过程中,逐步获得积极的自我统一,不仅要实现自我价值,而且更要服务他人,服务社会,实现自身的社会价值。

大学生在获取自我统一的过程中,首先要分析和确认“理想自我”的正确性和可行性,然后再与现实自我相对照,分析二者之间存在的差距,最后有针对性地、有计划地解决二者之间的矛盾,缩小“理想自我”与“现实自我”之间的距离,最终使“现实自我”逐步趋近于“理想自我”,达到二者之间相对完美的统一。

总之,塑造健全的自我意识关系到大学生的健康成长,关系到大学生人格的成熟。由于个体的发展是没有止境的,培养健全的自我意识也必将是一个循环往复、永无止境的过程。因此,大学生要在成长过程中不断进行自我探究,不断完善自我、发展自我、超越自我,追求一个独立的、完整的自我,从而迈上成功之路。

心理测试

你自卑吗？

(1)你是否对他人对你的看法感到担忧？

(2)假如走进商店逛一圈后却不买东西，你会感到不好意思吗？

(3)你是否总是尽量不做使别人感到不安的事情？

(4)假如有人偶然地看见你赤裸着身体，你会感到羞耻与不安吗？

(5)星期天早晨你是否不愿意躺在床上睡懒觉？

(6)你觉得自己内心总是本能地拒绝与外界接触吗？

(7)你是否会违心地给你并不太喜欢的人赠送贺卡或生日礼物？

(8)你是否会依据别人的好恶来选择自己的服装？

(9)假如你使别人难堪，会不会感到内心不安？

(10)你是不是常常花很多时间去做自己并不喜欢做的事情？

(11)如果你明知不是你的过错时，你会不会仍然向别人道歉？

(12)你认为自己使父母失望了吗？

(13)你是否犯过不可原谅、无法弥补的过失？

(14)你经常觉得自己的表现不如别人吗？

(15)当你做错事之后，很久都不能忘记吗？

(16)当与别人闹了矛盾后，你通常会责怪自己吗？

(17)你是否有终身的憾事？

(18)你是否愿意为自己的过失而受任何惩罚？

(19)你是否有时会对别人的恋情感到嫉妒？

(20)你是否有时会对自己的性冲动感到厌恶？

(21)你听到色情故事时，是否会感到羞耻？

(22)你是否经常祈祷上天降福保佑你？

(23)你的老师对你的学习成绩感到失望吗？

(24)你是否经常回忆并检讨自己过去曾有的错误或不良行为？

(25)你觉得和周围人相比，你显得微不足道吗？

(26)你是否曾受到良心的谴责？

(27)你是否认为失败总是跟随着你，你总是碰不上好运气？

(28)你是否曾有过令人难以接受的不良习惯？

(29)你是否认为自己所得到的爱与感情，比自己应该得到的要少得多？

(30)你是否经常花时间回想过去？

评析：

如果回答“是”计1分，回答“否”计0分。

15～30分：你常常感到愧疚、自卑，并常将自己的感情世界封闭起来，还习惯于不切实际地否定自己，夸大自己的过失与弱点。请你尝试将自己看成一位成功者，消除内心深处的无能感与内疚感。积极地自我评价能避免很多身心疾病。当然，对自身的缺点亦应正视，但别让思想走极端，因为如果把自己的价值和某一件事的成败画上等号，那会无形中增加心理压力。

8～14分：你基本上是自信的，但过失感在你的生活中扮演着重要的角色。其实，自卑心理人人都有，只不过程度不一样，自省程度亦不同罢了。有自卑心理并不可怕，关键是怎样看待它，又如何将之转化为财富。因此，应学会清醒、客观、全面地看待自己，经常鼓励、嘉奖自己。

7分以下，你对自己充满了自信。自信是你生命中的阳光，自卑在你的心中无处可藏。

心理训练游戏

20个我是谁

(1)目的：强化自我认识，促进自我接纳。

(2)操作：

① 写出20句“我是怎样的人”，要求尽量选择一些能反映个人风格的语句，避免出现类似“我是一个男生”这样的句子：

我是一个______________________________的人。

我是一个______________________________的人。

……

② 将陈述的20项内容作下列归类：

A. 身体状况(你的体貌特征，如：年龄、身高、体形、是否健康等)。

编号：______________

B. 情绪状况(你常有的情绪情感，如：乐观开朗、振奋人心、烦恼沮丧等)。

编号：______________

C. 才智状况(你的智力、能力情况，如：聪明、灵活、迟钝、能干等)。

编号：______________

D. 社会关系状况(与他人的关系、对他人常持有的态度、原则，如乐于助人的、爱交朋友的、坦诚的、孤独的等)。

编号：______________

E. 其他。

编号：______________

分类是为了了解自己对自己各方面的关注和了解程度，某一类项目多，说明你对这方面关注和了解多；某一类项目少或没有，说明你对这方面关注和了解少或根本就没关注、不了解。健全的自我意识应能较为全面地关注和了解自己。

③ 评估你对自己的陈述是积极的还是消极的。在你列出的每句话的后面加上正号(＋)或负号(－)。正号表示“这句话表达了你对自己肯定满意的态度”，负号的意义则相反，表示“这句话表达了你对自己不满意、否定的态度”。看看你的正号与负号的数量各是多少。

如果正号的数量大于负号的，说明你的自我接纳状况良好。相反，负号将近一半甚至超过一半，这就显示你不能很好地接纳自己，你的自尊程度较低，这时你需要内省一番，寻找问题的根源，比如是否过低地评价了自己？是什么原因使你成为这样？有没有改善的可能？

思考题

(1)大学生自我意识的发展具有哪些特征?

(2)大学生应如何培养和塑造良好的自我意识?

参考文献

[1] 王淑兰. 大学生心理健康教育教程[M]. 北京:世界图书出版公司,2008.
[2] 尹忠凯,肖文学. 大学生心理健康教育[M]. 北京:清华大学出版社,2012.
[3] 彭聃龄. 普通心理学[M]. 北京:北京师范大学出版社,2004.
[4] 林崇德. 发展心理学[M]. 北京:人民教育出版社,2009.
[5] 樊富珉,王建中. 当代大学生心理健康教程[M]. 武汉:武汉大学出版社,2010.
[6] 叶琳琳. 大学生心理健康教育与心理素质训练[M]. 北京:北京师范大学出版社,2013.
[7] 仲少华,蒋南牧. 新编大学生心理健康教程[M]. 上海:上海交通大学出版社,2012.
[8] 杨兢,周婧. 大学生心理健康导读[M]. 北京:首都师范大学出版社,2012.

(苏晓奇　任延平　郝雁　张瑜　陈南征　罗兴育)

第四章

情绪管理——快乐与你同行

人非草木，孰能无情？ 快乐、幸福的生活，愉悦、无忧无虑的心情是每个人的期盼。 然而现实并非如此，面对强大的生存压力，以及父母和社会过高的期望，使得大学生易受紧张情绪的困扰。 因此，学会正确认知与调适自己的情绪，对提高大学生心理素质，促进其身心健康发展具有十分重要的意义。

案例导入

小雨出生在一个知识分子家庭，父母都是教师，从小对她各方面的管教都很严格，希望将来她能出人头地，有个好前程。但由于高考时过度紧张，影响了她的正常发挥，最终她仅被一所专科院校录取。因此，争强好胜的小雨感到非常的委屈，同时也暗下决心，一定要在大学中努力学习，出类拔萃。进入大学后，小雨和其他三个来自不同地方的女孩分到了一个宿舍。

起初，她看不起周围的同学，觉得自己和他们不是一个层次的人。因此，不屑与她们交往，时间长了，同学们都觉得小雨比较高傲，孤芳自赏，也渐渐地疏远她。后来，小雨发现同学们并不像她想的那样，大家都各有特长。比如舍友甲，从小学习舞蹈，在迎新晚会上的精彩表演，赢得了老师和同学们的阵阵掌声和喝彩；舍友乙，写得一手好字，有一次院里举行书法比赛，她还获得了一等奖。而自己呢？空有一肚子墨水，也没有其他特长。小雨越想越难受，觉得特别的孤独和无助，晚上总是一个人偷偷在被窝里流泪。她想与舍友交往，但总觉得和舍友格格不入。她最近参加一次学校电台的竞选，也被淘汰了。

渐渐地，小雨的脾气越来越大，变得特别的烦躁、敏感和多疑，一件小事都能让她暴跳如雷。有一次，舍友看她换下来的衣服已经放了好几天了，善意地提醒她该洗了，她却说："谁看不过眼，谁去洗啊"。慢慢地，大家都不愿和她说话，还给她送了一个外号叫"吵架大王"。小雨知道后，特别伤心，她很想控制自己的情绪，却总也做不到。为此小雨感到很痛苦，前来寻求心理老师的帮助。

小雨的个性形成与其生活的家庭、学校和社会环境等因素有很大的关系。首先，由于小雨的爸爸妈妈都是学校老师，从小对她要求严格，让她阅读了很多书籍，内心情感体验丰富，细腻。但是她缺少与他人交往的经验，导致她无法与同学和谐相处。其次，从咨询中了解到，小雨的妈妈也是一个争强好胜的人，事事都要求自己比他人强，一旦有不尽如人意的地方，情绪波动就会很大，有时还会把气撒在小雨身上。小雨在这种家庭氛围中成长，她的个性就不可能健全、健康地形成与发展。而这种不良的个性也是她无法控制自己情绪的原因之一。最后，小雨自身也未能很好地适应大学生活，面对不理想的学校，认为自己屈才，总感到不满，感到压抑，但又缺乏有效的心理疏导方式，选择通过发脾气来引起他人的关注或排解自己心中的烦恼，结果导致心情越来越糟糕。

第一节 情绪的概述

在日常生活中，人们无时无刻不在体验着各种各样的情绪，或快乐、或悲伤、或恐惧、或愤怒……这些情绪既为我们的生活增添了许多色彩，也带来了诸多烦恼与不快。现代科学研究结果表明，个体的情绪与其身心健康有着十分密切的关系。良好、愉快的情绪有利于个体的身心健康，而消极、不良的情绪会降低个体的学习和工作效率，甚至影响个体的身心健康。

处于青春期的大学生，具有情绪反应强度大、情绪变化快、情绪调控能力相对较弱的特点，这些特点决定了大学生常常会被各种情绪困扰，如果不能及时帮助大学生解决这些困扰，不仅会影响大学生正常的学习和生活，甚至会引发严重的心理问题。

一、情绪的概念

著名情绪专家丹尼尔·戈尔曼认为“情绪是感觉及其特有的思想、心理和生理状态及行动的倾向性”。苏联心理学家认为：“情绪是人对事物的关系或主观状态的体验”。人们经常说的情绪是就主观体验而言的，认为情绪是个体对客观事物的体验及相应的行为反应。但实际上，完整地理解情绪应该从三个维度来考察和定义，即主观体验、生理唤醒和外显行为。

1. 主观体验

情绪是人的一种内心感受和主观体验。情绪的主观体验是人的一种自我觉察。人有许多主观感受，如人在受到伤害的时候，会感到痛苦；当自己的某些需要得到满足时，会感到幸福愉快；在遭遇欺辱时，会感到愤怒；在失去亲人时，会感到悲伤。

面对同样的客观事物，不同的个体有不同的主观感受，因为情绪是以个体的愿望和需要为中介的。如对考试成绩特别关注的人，若成绩稍有下降或不如意就有可能给他带来非常大的打击；而对于一个不注重学习成绩的人来说，就不会有这么强烈的情绪反应。

2. 生理唤醒

情绪会引起一定生理上的变化，即生理唤醒。由于情绪体验需要神经系统、内分泌系统的参与，所以个体在情绪反应时，常常会伴随一定程度的生理唤醒，包括心律、血压、呼吸和血管容积上的变化。不同情绪的生理反应模式不同，如激动时血压升高，愤怒时浑身发抖，紧张时心跳加快，害羞时满脸通红。这些变化都是由人的神经支配的，不由人的意识所控制。因此，情绪状态下的这些变化，具有极大的不随意性和不可控制性，你很难去掩饰。

3. 外显行为

情绪有其外部表现形式，即外显行为。情绪不仅表现为内心的体验和生理上的反应，而且也会直接反映到个体的行为中，主要是表情行为。根据日常生活经验，我们可以看到当人们高兴时会手舞足蹈，生气时会捶胸顿足。我们可以从他人的外显行为上推测其情绪状态。表情行为可分为面部表情、姿态表情和言语表情。

面部表情是面部肌肉变化组成的模式而形成的，如高兴时眉头舒展、面颊上提、嘴角上翘；害怕时双目圆睁；郁闷时愁容满面。姿态表情是指面部表情以外，身体其他部分的表情动作，包括手势和身体姿势等。当我们放松时，喜欢把自己的身体靠在椅背上；当我们紧张时，会并拢双脚、坐姿僵硬。言语表情是指个体在与他人交流时声音的音调、音色和节奏等方面的表现。如人悲伤时会语调低沉、言语缓慢、语言断断续续，而兴奋时则会语调高昂、语速加快，声音抑扬顿挫、清晰有力。

总之，情绪是在特定的情境下，个体对客观事物所持态度的身心体验，伴随一定程度的生理唤醒和一定外显行为的综合心理过程。换言之，主观体验、生理唤醒和外显行为作为情绪的三个组成部分，只有三者同时活动、同时存在，才能构成一个完整的情绪过程。

二、情绪的分类

人类的情绪是复杂的，很难用统一的标准对其进行分类。不同的研究者提出了不同的情绪分类方法，其中最有代表性的有普拉奇克的情绪三维模型和谢弗的六种基本情绪。

著名的情绪心理学家普拉奇克根据情绪的强度、相似性和两极性，提出了一个情绪的三维模型，其中狂怒、警惕、狂喜、接受、惊奇、恐惧、悲痛和憎恨是八种基本情绪的最强形式。

谢弗将情绪划分为六种基本情绪：爱、喜悦、惊奇、愤怒、悲伤和恐惧。其他任何情绪都可以根据其自身的含义和性质归入这六种情绪之中。

综合国内外学者的研究，我们将情绪大致概括为以下几种类型。

1. 基本情绪和社会情绪

从情绪形成与发展的角度，可将情绪分为基本情绪和社会情绪。基本情绪主要是指与个体的生理需要相联系的内心体验，如恐惧、焦虑、满足和悲哀等。个体的基本情绪在个体的幼年时期就已经形成，带有先天遗传的因素。

社会情绪是指与个体的社会性需要相联系的情绪反应，表现为一种较为复杂而又稳定的态度体验，例如，善恶感、责任感、羞耻感、内疚感、荣誉感、美感和幸福感等。个体的社会情绪是后天随着个体的成长而逐步发展和形成的。

2. 正性情绪和负性情绪

根据情绪对个体的作用，可将情绪分为正性情绪和负性情绪，也有人将其分为积极情绪和消极情绪。愉快、欢乐、感激、乐观和自信等被视为正性情绪、积极情绪，这些情绪使个体愉快，可以源源不断地产生能量，推动个体的各种活动。而痛苦、烦恼、愤怒、悲伤、嫉妒和焦虑等被称为负性情绪、消极情绪，这些情绪使个体不愉快，甚至阻碍或干扰个体正在进行的活动。

有不少人认为负性情绪是不好的，不该出现的。其实情绪无对错之分，每一种情绪都有其功能。例如，当人处于危险中时，恐惧的情绪反应能促使人更快地脱离险境。在人被侮辱和伤害时，愤怒的情绪会促使人奋起反抗，自我保护。因此，很多情绪包括负性情绪在我们的生活中是必要的。但是，持续的消极情绪则有害于人的健康，如持久的心境低落、悲伤、消沉和悲观等，这些消极情绪如果长期积累，或不当宣泄，就会阻碍个体的健康发展，要及早察觉、及时求助。因此，培养积极健康的情绪，是心理健康的重要内容。

3. 心境、激情与应激

依据情绪发生的强度、速度、紧张度和持续性等指标，可将情绪分为心境、激情和应激。

心境是一种比较微弱、持久且具有渲染性的情绪状态，通常叫做心情。人逢喜事精神爽、遇到烦心事忧心忡忡等，均是心境的不同表现。心境具有渲染性和弥散性的特点。渲染性即当个体处于某种心境之中时，他的言行举止、心理活动都会具有相应的感情色彩。例如某大学生学习好，获得奖学金，表现好，得到教师夸奖，心里当然乐滋滋的。在这一心境下，该同学上课有精神、思维敏捷、反应快，做事也轻松麻利，与同学交谈兴致勃勃，进出宿舍、食堂都哼着小调，脸上带着笑容，生活中的一切对他来说都是那么美好。弥散性是指心境不具有特定的对象，蔓延的范围较广。如人伤感时，会见花落泪，对月伤怀，正如古人所说："忧者见之则忧，喜者见之则喜"。平稳的心境可持续几个小时、几周或几个月，甚至更长。

激情是一种强烈而短暂的、爆发式的情绪状态。例如欣喜若狂、悲痛欲绝、气急败坏和惊恐万分等均为激情的不同表现。和心境相比，激情在强度上更大，但持续的时间一般较短暂。由于激情多是由重大事件(巨大成功、严重挫折等)的强烈刺激所致，人的外部行为表现明显，生理唤醒的程度也较高，因而具有爆发性和冲动性的特点。因此，在激情状态下，要注意调整自己的情绪，以避免冲动性行为。

应激是出乎意料的紧迫情况引起的高度紧张的情绪状态。在应激状态下，个体可能有两种表现：一种是目瞪口呆，手忙脚乱，陷入窘境；一种是急中生智，及时行动，摆脱困境。应激状态的产生与个体对情景和个体对自己的能力判断有关。如果个体判断自己的能力不能应付当前的情景，就会感到紧张。个体如果长期或频繁地处于应激状态下，机体的适应能力将会受到损害，导致身心疾病和心理障碍。

三、什么是健康的情绪

健康的情绪，即良好的情绪状态。良好的情绪状态，首先是情绪上的成熟，指个体情绪的发展、反应水平和自我控制的能力与其年龄和社会对其的要求相适应，并为社会所接受。

美国心理学家马斯洛曾经提出健康情绪的六个特征：①平和、稳定、愉悦和接纳自己；②有清醒的理智；③有适度的欲望；④对人类有深刻、诚挚的情感；⑤富有哲理、善意的幽默感；⑥有丰富、深刻的自我情感体验。

我们认为健康的情绪表现如下。

(1)情绪引发有适当的原因，反应适时适度　情绪成熟的人所做出的情绪反应无论是积极的还是消极的，都应该能找到引起该情绪的原因。同时，该情绪反应的强度和持续时间应与引起情绪的情境相符合，没有过激的情绪反应。

(2)情绪表达准确、恰当　情绪健康的人能通过语言、神态和行为准确表达自己的情绪，并且能采用自己和社会都能接受的方式，合理宣泄情绪。

(3)正性情绪和负性情绪周期性变化　有些人可能会认为一个具有健康情绪的人应该每天都处于正性情绪中。其实，正常人的情绪都是波动的，周期性变化的。如一个月内总有几天心情会莫名其妙的低落。

(4)积极情绪多于消极情绪　情绪健康者应该是积极情绪多于消极情绪，而且所出现的消极情绪持续时间较短，反应的强度较轻，不会牵涉到与产生消极情绪无关的人和事，即对象明确。否则,情绪反应就是不健康的。

(5)积极适应环境,善于及时调整自己的不良情绪　情绪成熟的人敢于面对现实、接受现实,有良好的环境适应能力,能协调和控制情绪,能够使用有效的情绪调节方法保持自己良好的心态。

第二节　大学生的不良情绪

大学时期是青年人心理成熟的重要时期,面对学习、就业、人际交往等方面的压力,大学生常常会被愤怒、焦虑、抑郁、冷漠等负性情绪困扰。因此,了解大学生情绪发展的特点,学会科学、合理地调整负性情绪,有利于大学生的健康成长。

一、大学生的情绪特点

从人生发展阶段来看,大学生正处于人生发展的重要时期——青春期,其生理发育基本成熟,心理发展也趋于完善。除了具有青年人共有的情绪特征如热情、活泼,充满朝气和激情外,由于大学生这一群体独特的社会地位、知识水平、心理成熟度和生理发育状况,他们的情绪又具有自己鲜明的特点,总体表现为矛盾的情绪反应和强烈的情绪体验。

(1)稳定性与波动性并存　随着认知水平和个人修养水平的提高,大学生对自己情绪的认知更加深刻,对自己的情绪有了一定的调控能力。因此,相对于少年期,大学生情绪趋于稳定和成熟。但同成年人相比,大学生的情绪起伏较大,变化较快,甚至变化反复无常。

(2)外显性与内隐性并存　大学生对外界刺激反应迅速,喜怒哀乐常形之于色,但已经不像少年时期那样坦率、外露,外在的表现和内心体验并不总是一致。比如在某些场合和特定问题上,有些大学生会隐藏或抑制自己的真实情绪,表现出内隐、含蓄的特点。

(3)冲动性与理智性并存　随着大学生自我意识的发展与成熟,大学生的理智感也随之增强,面对外界的刺激能够理智地分析,采取适当的行为,做到三思而后行。同时大学生的情绪又具有强烈性、爆发性和易激动性的特点,对任何事都比较敏感,一旦情绪爆发,自己也难以控制,甚至表现出盲目狂热和冲动。

(4)层次性与复杂性并存　不同年级的大学生其情绪发展过程中既表现出明显的层次性,又表现出复杂性的特征。

层次性表现在不同年级的大学生情绪特征有差异。例如一年级新生自豪感和自卑感并存,放松感和压力感并存,新鲜感和恋旧感交替,情绪波动较大。二年级的学生经过了一年的适应过程,能够融入校园生活,情绪较为稳定。毕业班学生面临恋爱及就业等多方面的重大问题,情绪波动较大,消极情绪较多。

复杂性表现在不同个体在情感发展、情绪表现上呈现出一定的差异,男女大学生的情绪也呈现出不同的特征。例如男同学生气时,倾向于把愤怒转向外部,对抗他人或所处环境;而女同学则通常更倾向于把自己视为问题的根源,把愤怒转向内部,责备自己。

(5)两极性与矛盾性并存　青春期的大学生容易从一个极端走向另一个极端,用"非此即彼"式的思维认识判断外界事物,形成绝对的肯定或否定,从而导致情绪体验的两极性。大学生情绪的两极性特征正好说明了其内心存在的矛盾,比如现实自我和理想自我在实践中的矛盾，自我需要和社会需要之间的矛盾等，都会导致大学生矛盾情绪的产生。从大学生的情绪发展过程来看，大学生的情绪也是从两极性和矛盾性并存的情绪逐步走向成熟、稳定和适度的情绪。

二、大学生中常见的不良情绪

不良情绪又称为情绪困扰，有因情绪反应过度造成的情绪困扰，如愤怒、过度焦虑和过度应激状态；有因情绪反应不足造成的情绪困扰，如忧郁和冷漠；有因负性情绪泛化或持续时间过长引发的情绪困扰；以及不能接受或无法控制情绪引发的情绪困扰。大学生常见的情绪困扰包括焦虑、抑郁、冷漠、恐惧和愤怒等。

1. 焦虑

焦虑是一种伴随着某种不祥预感而产生的令人不愉快的情绪，是一种复杂的情绪状态。它包含紧张、不安、惧怕、愤怒、烦躁和压抑等情绪体验。

引起大学生焦虑的原因主要有以下几个方面。

（1）学习焦虑　面对社会、家庭、学校和个体对自身的过高期望，在大学中你追我赶的学习气氛中，有不少同学感到了巨大的压力，出现了学习焦虑。

此外有不少大学生习惯了高中被动的学习方式，上大学后对大学的学习方式不能很快适应，导致学习成绩下降，使这些大学生对今后的学习和前途感到忧虑不安，陷入焦虑状态之中。

（2）考试焦虑　考试焦虑是大学生中较常见、较特殊的焦虑情绪表现，即由于担心考试失败或渴望获得更好的分数而产生的一种忧虑、紧张的心理状态。考试焦虑在心理上表现为情绪失控、心理脆弱、沟通障碍、心神不定和注意力无法集中；在身体上出现恶心、发烧、胃部不适、腹痛、腹泻和失眠等症状。

（3）困难焦虑　困难焦虑是由于大学生对大学中新的生活环境、生活方式、生活习惯的不适应，不知道该如何做，以及遇到挫折，脆弱的心灵不知该如何承受和面对而产生的焦虑情绪。

（4）人际关系焦虑　人际关系焦虑是大学生常见的心理问题之一。远离家乡和亲人的大学生，心中十分渴望友谊。但是，由于缺乏人际沟通的技巧，出现人际交往障碍而产生的焦虑情绪。

（5）就业焦虑　当前，随着我国高校毕业生就业制度改革的深化，就业竞争压力增加，市场对人才素质的要求提高，就业问题成为大学生们担心的首要问题。许多学生原本希望分配到国家机关、国企和公立学校就业，而且工资、福利待遇要好，工作也要轻松些。当这种过高的期望和现实产生矛盾时，部分学生因没有做好相应的心理准备而整天处于焦虑之中，对未来产生恐惧。

案例导入

某同学，女，22岁，大学四年级学生。该同学临近毕业，还没有找到合适的工作，心中十分着急。她考上大学的时候，家在农村的父母喜出望外，庆幸女儿摆脱了面朝黄土背朝天的生活，希望她将来在城市里有一份安稳的工作。当看到班内许多同学都联系到单位，她更加紧张不安。参加了几次招聘会，结果都不太理想。尤其是用人单位对女生的冷漠态度，更增加了她的焦虑情绪。毕业的日子越来越近，她的焦虑情绪越来越严重，出现担忧、紧张、烦躁、易激动、注意力不集中、身心疲惫、心悸、头痛和失眠等症状。

针对这位同学的焦虑情绪,心理咨询师对该生提出咨询方案:①认知疗法,本着先就业后择业的原则,分析目前的就业形势和自身特点,选择合适的工作范围;②放松疗法;③积极的自我暗示。

(6)情感焦虑　摆脱了中学阶段的重负,走进大学校园的青年男女,猛然间觉得身心都得到了解放,渴望爱和被异性关注的情感难以遏制地在胸中涌动。但是,恋爱对大学生的冲击,异性选择过程中双方感情发展的变幻起伏,以及同性之间的竞争与挑战,都会给恋爱中的大学生带来一系列的心理冲突。这些内心冲突导致情感焦虑,一旦失控,就会以病态的、极端的方式爆发出来。

应当指出,并非所有的焦虑都是病理性的,适度的焦虑反而有益于个人潜能的开发,可以起到提高警醒度、使精神亢奋的作用,有助于提高学习和工作效率。如果个体没有焦虑或是焦虑不足,就会导致注意力涣散,工作、学习效率下降。不适当或过度的焦虑,可使个体心情过度紧张,情绪不稳定,不能正确地推理判断,记忆力减退,以致对学习和生活造成不良的影响或干扰。

克服焦虑的方法有很多,主要有放松训练方法、改变认知方法和角色训练方法等。

2. 抑郁

抑郁是大学生中常见的情绪困扰,它是个体感到无力应付外界压力而产生的一种消极情绪,常常伴有厌恶、羞愧和自卑等情绪体验。对大多数人来说,抑郁情绪持续时间较短,但也有少数人长期处于抑郁状态而导致抑郁症。

抑郁情绪主要是由于遇到了这样或那样的不顺心、不顺利的负性生活事件而引起的,例如学习成绩差、失恋和人际关系紧张等。但关键是由大学生不能正确认识这些负性事件及对自我评价的不合理造成的。

抑郁情绪的主要表现是:情绪低落、思维迟缓、自卑自责、郁郁寡欢、闷闷不乐,干什么都没精神,不愿社交,故意回避熟人,对生活没信心、没兴趣,并伴有食欲减退、失眠等情况。长期抑郁会严重损害个体的身心健康,使个体无法有效地学习、工作和生活。

案例导入

某同学,男,21岁,大学二年级。该同学从小到大,学习成绩一直名列前茅,高考时,他以十分优异的成绩考取了全国著名学府的热门专业。然而,该同学在步入大学后,却并没有众人想象中那么开心自在。事实上,从大学一年级开始,他就对自己所处的新环境感到不适应。一向积极上进的他开始出现厌学情绪,每天不想上课,觉得生活完全没有目标,最后每天郁郁寡欢、闷闷不乐,对什么都失去了兴趣。

很明显,这位同学是由于对新环境的不适应而产生了抑郁情绪,针对这位同学目前的情绪状态,咨询师的建议为:①正确地认识自我,合理地评价自我,评价自己的优缺点,长短处;②积极地适应环境,树立新的人生目标和短期目标;③学会与他人交往,建立和谐的人际关系,一旦产生抑郁情绪,可以及时寻求他人的帮助,快速调适自己的情绪,避免长期压抑自己的消极情绪;④如果自己不能调节,要积极寻求学校心理咨询师的帮助。

需要强调的是,抑郁情绪并不等同于抑郁症。之所以特别强调,是因为现在的媒体大力宣传抑郁症的知识,有时反而给人一种感觉,认为抑郁症无处不在,造成一种谈“郁”色变的恐慌,稍有消沉就疑神疑鬼,反而无助于日常生活的维持。

抑郁症作为心理疾病的一种,有严格的诊断标准,并非完全如我们的想象。虽然抑郁情绪不等于抑郁症,但是抑郁也不是一种愉快的情绪体验,并且有进一步损害身心的可能。所以,当我们感到心情低落时,要及时地调整自己的情绪。抑郁的产生主要是由于不合理的认知和观念,所以对于负性生活事件要有恰当的认识,要以积极的、建设性的认知取代消极的认知,这是改善抑郁情绪最有效的方法。如果自己无力改变抑郁情绪状态,可以寻求心理老师的帮助。当我们发现周围同学心情低落时,应主动接近、倾听并关心他们,为他们提供一定的社会支持,帮助他们宣泄痛苦,让他们感受到有人关心、有人理解。另外,如果感觉有人有自杀的可能,要及时向老师汇报。

3. 冷漠

冷漠是种情绪反应强度不足,对人和对事不关心的消极情绪体验。正处于青春期的大学生,情绪内容丰富,情绪体验强烈,但有的大学生却表现出对一切都不关心,对生活没有热情和兴趣,对学习漠然置之,对成绩好坏满不在乎,对周围的同学冷漠无情,对环境无动于衷,对集体活动漠不关心、麻木不仁。日本心理学家松原达哉教授将处于此种情绪状态的学生归为无欲望、无关心、无气力的"三无"学生。

案例导入

H 同学,男,19 岁,大一新生。H 同学来到大学后,感觉自己与周围环境格格不入,和宿舍同学总有矛盾。渐渐地,H 同学开始变得对同学熟视无睹,对周围所发生的事漠不关心;并且他也逐渐地失去了学习、生活的目标,整天在宿舍打游戏、看小说,其余大部分时间都是在床上度过。他很少出宿舍门,几乎不与周围同学交流,同学们都感觉他很自闭。

案例中提到的同学就是典型的"三无学生",咨询师给出以下建议:①培养对他人、对自己的责任感,学会去主动关心、帮助同学;②树立生活、学习目标,可以先从短期目标开始;③鼓励这位同学积极主动地与同学交流,掌握一些基本的人际交往技巧;④逐渐增加户外活动,比如进行乒乓球、篮球、跑步等活动;⑤建议周围同学尽可能多地给予 H 同学人文关怀。

心理卫生学家认为,冷漠是一种个体对挫折环境的自我逃避式的退缩心理反应,它带有一定的自我保护或自我防御的性质,但是会导致当事者萎靡不振、退缩躲避和自我封闭,并严重影响个体的身心健康。大学生形成冷漠的情绪通常还与其独特的个人经历和个性特征密切相关,同时还可能与其成长经历中缺乏关爱,缺乏沟通技巧等因素有关。

4. 愤怒

愤怒是个体遇到与愿望相违背的事情,或愿望不能实现并一再受到挫折,致使紧张状态逐渐积累而产生的敌意情绪。愤怒从程度上可分为不满、气恼、生气、愤怒、暴怒、狂怒等。

大学生正处在热情高涨、激情澎湃的青年时期,有时候情绪激发起来难以控制。容易发火是年轻人常见的一种不良情绪,有的学生因为一句不顺耳的话、一件不顺心的事,就激动得暴跳如雷,或出口伤人,或挥拳相向,盛怒之后却后悔不已。正如古希腊学者毕达哥拉斯所言:"愤怒以愚蠢开始,以后悔告终。"

愤怒对个体的身心健康有明显的伤害作用。当人愤怒时,心跳加速、心律紊乱,严重的可导致心搏骤停,甚至猝死。由于愤怒而导致心悸、失眠、高血压、胃溃疡以致心脏病的例子不在少数。此外,愤怒会降低个体的理智水平、阻碍个体的正常思维、导致损物伤人,甚至违法犯罪。大学生中一些违法违纪事件,大多是在愤怒失控的情况下发生的。

古希腊哲学家亚里士多德说过:"任何人都可以发火,这不难。但要做到为正当的目的,以适宜的方式,对适当的对象、适时适度地发火,这可不易。"这句话告诉我们应该学会有效地控制自己的愤怒,学会艺术地"发火",避免"乱发火"。

第三节 大学生的情绪管理及调节方法

法国作家蒙田说过:"恰如其分的感情才最容易为人们所接受和珍惜。"对大学生而言,培养管理自己情绪的能力无疑是十分重要的。管理情绪,一方面,是要控制好自己的情绪,不能毫无节制地表达;另一方面,则要学会调节情绪,使自己能很快地从负面情绪中恢复过来。

一、情绪管理的意义

大学生正处于心理急剧变化的时期,心理状态和情绪起伏较大。如果能科学、合理地管理好情绪,将会促进大学生的成长成才。

1. 情商是成功的决定因素之一

在现代社会,情商(emotional quotient,EQ)的重要性绝不亚于智商(intelligence quotient,IQ)。诸多证据显示,情商较高的人获得成功的几率较大。著名心理学家哈佛大学教授丹尼尔·戈尔曼认为情商是个体重要的生存能力,是一种发掘情感潜能、运用情感能力影响生活各个层面和人生未来的关键品质因素。简单地说,EQ是个体自我情绪管理以及管理他人情绪的能力指数。戈尔曼认为,在个体成功的要素中,智力因素是重要的,但更为重要的是情感因素,即情商。情商大致可以概括为五个方面:①自我认知能力;②自我控制能力;③自我激励能力;④认知他人的能力;⑤人际管理能力。

认知行为治疗领域的循证研究表明,在EQ提高项目中纳入自我监控、自我调节、沟通和问题解决技巧的训练是很有益的。下面通过表格的形式,将具体的训练策略做一介绍,同学们不妨可以亲自实践,以此提高自身的EQ水平(表4-1)。

表4-1 提高情商的策略

领 域	策 略
自我监控	·写心情日记,记下导致情绪变化的活动和信念,在一个10点量表上描述情绪的变化情况。
自我调节	·对于抑郁,要回避让你痛苦的情境,把注意力集中到情境中不令你痛苦的方面,严正请求那些让你痛苦的人改变行为方式,挑战那些悲观主义和完美主义想法,让自己变得活跃一些,寻求社会支持。 ·对于焦虑,要挑战那些杞人忧天的想法,进入令你害怕的情境以锻炼勇气,运用应对技巧减轻焦虑。 ·对于愤怒,要回避让你生气的情境,把注意力集中到情境中不让你讨厌的方面,严正请求那些惹你生气的人改变行为方式,自己退一步,尝试换位思考。

续表 4-1

领域	策略
沟通	·听的时候，只倾听不判断。 ·保留自己的观点和情绪。 ·总结一下自己听到的内容。 ·检查总结是否准确。 ·说之前，想清楚自己想表达什么。 ·将观点条理化。 ·将观点清楚地表达出来。 ·确定对方已经听明白自己的观点。 ·不带情绪，不加指责，准确、清楚地阐明自己的意见。 ·必要的时候重复一遍
问题解决	·把模糊的大问题分解成很多明确的小问题。 ·用有利于问题解决的方式定义问题。 ·对事不对人。 ·提出各种可能的解决方案，越多越好，不加评判。 ·分析每个解决方案的利与弊、成本与收益。 ·选择一个最好的解决方案。 ·执行解决方案。 ·评估进展情况。 ·必要的时候重复以上过程。 ·庆祝成功。

2. 情绪管理是良好人际关系的"润滑剂"

情绪作为一种人特有的心理活动，在人际关系中起着信号和表达的作用。情绪的信号作用有助于个体对自我情绪的认知、表达和调控和对他人情绪的觉察和把握。情绪表达则是人际沟通的重要方面，根据梅拉比的研究，在人际交往中情绪独特的表现形式——表情，与言语相比更具信息冲击力。在交往时个体通过表情，不断向与自己交往的人提供着刺激，反映着自己的意愿。同时，也可通过观察他人的表情，体验和了解他人的态度和意愿。一般来说，具有丰富的情绪并能很好地管理情绪的人，能拥有稳定可靠的人际关系。

3. 情绪管理是身心健康的"保健品"

俗话说："情极百病生，情舒百病除。"中国古代著作《黄帝内经》告诉我们："喜伤心，悲伤肺，怒伤肝，思伤脾，恐伤肾"。

美国生理学家艾尔马曾做过这样一个实验，他将人在不同情绪状态下呼出的气体收集在玻璃试管中，冷却后变成水，他发现：人在心平气和的状态下呼出的气体冷却生成的水是澄清透明的；在悲伤状态下呼出的气体冷却生成的水中有白色沉淀；将人在愤怒、生气状态下呼出的气体冷却生成的水注射到大白鼠身上，几分钟后大白鼠死亡。由此，艾尔马认为人生气 10 分钟就会耗费大量的人体精力，其程度不亚于参加一次 3000 米赛跑。人生气时的生理反应非常剧烈，此时机体会分泌出许多有毒性的物质，严重影响个体的身体健康。

情绪与人们的身心健康有着密切的关系。一方面，不良情绪会造成生理机制的紊乱，从而导致各种躯体疾病。如强烈或持久的消极情绪会造成心血管机能受损,引发高血压和冠心病,严重时还会导致脑血栓或心肌梗死;另一方面,不良情绪会抑制大脑皮层的高级心智活动,使个体的意识范围变得狭窄,判断力减弱,甚至使个体精神错乱,神志不清,导致各种神经症和精神病。

相反的,良好的情绪可以直接作用于脑垂体,使机体的内分泌保持平衡,使全身各系统、器官的功能更加协调、健全,有利于身体健康。

良好、愉快的情绪有助于大学生更好地与他人相处,使大学生对学习、工作和生活更富有激情和创造力,更有力量去克服挫折与困难,增进心理健康。情绪管理则恰恰能使大学生通过对自己情绪的认知、调控来保持良好的情绪,促进其身心健康。

知识链接

调适情绪助胃康

情绪对胃的影响是非常大的。当人处在积极情绪状态下,人体副交感神经的功能处于相对亢进的状态,使消化液分泌增加,胃肠运动加强,食欲大增,胃口极好;当人处于消极情绪状态下,可使胃液酸度和胃蛋白酶含量增高,胃黏膜充血、糜烂,形成溃疡对胃肠功能危害极大;当人在悲痛恐惧时,胃黏膜变白,胃液分泌量减少,胃液酸度和胃蛋白酶含量下降,常导致消化不良。

有的学者用动物实验的方法也证明了紧张的情绪在胃及十二指肠溃疡发病中起着重要的致病作用。实验者在鼠的尾巴上装一个电极,鼠因受到电击而产生疼痛,造成情绪紧张。实验结果显示,未接受电击的鼠,没有发生胃溃疡,而接受电击的鼠均发生胃肠溃疡。因此,我们应学会调适自己的情绪以保持胃肠的健康。

4. 情绪管理是潜能开发的"催化剂"

潜能的开发和利用必须有情绪的参与和支持。在个体进行思维活动时,情绪管理对其有重要的促进作用。首先,情绪管理对思维活动具有选择和引导功能。其次,情绪管理对思维活动具有促进和支持功能。心理学家认为,一般情况下,愉快而稳定的情绪,有利于调节脑细胞的兴奋和血液循环,能使人的大脑处于最佳的活动状态;有利于个体思路的开阔,促使个体从多个角度进行思考,灵活性增强;有利于个体记忆和判断能力提高;有利于个体打破思维定势,灵感也容易出现;有利于个体的潜能得到发挥,智力活动效率提高,有利于创造性思维的发展。而在消极情绪状态下,则会使个体思路狭窄,判断力、理解力降低,甚至出现思维阻塞或思维中断。

5. 情绪管理是健全人格的"塑造者"

人格是个人素质的重要组成部分,是其行为的倾向性,是个体在社会化过程中形成的具有个人特色的身心组织。情绪控制性是个体人格的主要组成部分之一。健全人格的情绪控制性特征表现为:情绪理性化、冷静、脾气温和、有满足感,与他人相处愉快。这不仅体现了情绪与人格密切相关,亦隐含着提高情绪管理能力对人格发展的重要意义。

许多研究表明,对情绪的有效调节和控制能使个体保持良好、积极、稳定的情绪,有助于大学生培养乐观向上、积极进取、百折不挠的良好品质。对自己和他人情绪的认知和理解则又有助于大学生培养真诚友好、宽厚大度、善解人意等良好的性格品质。如果任由不良情绪泛滥,则会导致个体人格出现缺陷和障碍。

二、情绪管理与调节的有效方式

大学生情绪管理中情绪调控贯穿教育的全过程。情绪调控是在情绪发生偏离或出现不良状况时予以调整和纠正，以保持良好的状态。以下介绍几种常见的情绪调适方法。

（一）合理情绪疗法

为了解释个体为什么会产生不良情绪，美国著名心理学家艾利斯提出了ABC理论。其中A(activating events)指诱发性事件；B(beliefs)代表个体持有的信念，即个体对诱发性事件的看法、解释和评价；C(consequences)指在特定情境下，个体的情绪反应或行为结果，这种情绪反应可能是正性的（积极的），也可能是负性的（消极的）。

艾利斯指出，事件本身（A）并不是情绪反应或行为结果（C）产生的直接原因，个体对事件的信念（B）才是导致情绪反应（C）的真正原因，B决定了C的性质。如果B是合理的、现实的，由此产生的C也就会是适应的，否则会产生情绪困扰和不适应行为。例如有一位男大学生，在失恋（A）后，变得消沉抑郁（C）。虽然失恋本身给他带来痛苦，但这种负性情绪的根源可能是他完全自我否定的态度（B）。在他看来，女友离开他和他人好，表明自己不如他人，注定自己在这方面永远是个失败者，因此才会变得消沉抑郁。同样的事情如果发生在其他人身上，也许就不会有这样强烈的负性情绪反应，因为他们可能有不同的看法，如“没有证据表明我注定失败，如果是失败，那也只是这一次，它不能表明我以后会怎样。”这种信念是合理的，它会保护个体避免陷入不良的情绪困扰中。

故事链接

狐狸与葡萄

盛夏酷暑，几只口干舌燥的狐狸来到一片葡萄园，一串串又大又紫、晶莹剔透的葡萄挂满枝头。众狐狸垂涎欲滴，急不可耐地竞相跳跃。无奈葡萄架太高，几只狐狸使出浑身解数，依然没能吃到葡萄。

第一只狐狸在葡萄架下，不断地跳跃，累得满头大汗，还是够不到葡萄，于是在一旁摇摇头，自言自语：“这葡萄一定是酸的”，咽了咽口水，哼着小曲走开了。第二只狐狸心气很高，心想：“吃不到葡萄，我就死不瞑目”。于是在葡萄架下一下接一下，跳个没完，真可谓“迎来朝阳，送走晚霞”，夜以继日地跳跃着，终因劳累过度，瞪圆双眼，死在了葡萄架下。第三只狐狸吃不上葡萄，怒火中烧，于是便嚷嚷道：“谁把葡萄架栽得那么高，诚心和老子过不去，真该死！”葡萄的主人听到狐狸的骂声，一锄头将其打死，第三只狐狸最终含恨而死。第四只狐狸也没办法吃到葡萄，闷闷不乐地回到家，把未吃到葡萄的苦闷憋在心里，整天郁郁寡欢，愁眉苦脸，唉声叹气，最终抑郁成疾，患病而死。第五只狐狸愤愤不平地离开葡萄架，心想：“连葡萄都吃不上，活着还有什么意思呢？”于是，一路上就在想一个问题：“死还是不死？”结果越想越绝望，干脆找了根绳子，上吊而死。第六只狐狸一气之下精神失常，蓬头垢面，满大街乱跑，口中念念有词：“吃葡萄不吐葡萄皮，不吃葡萄倒吐葡萄皮。”

面对同样的情景，为什么狐狸们的结果各不相同呢？

合理情绪疗法强调情绪困扰来源于个体不合理的信念。不合理的信念一般具有以下三个特点。

● 绝对化要求　绝对化要求指个体以自己的意愿为出发点,对某一事物怀有其必定会发生或必定不会发生这样的信念,它常常与"应该""必须""一定"等词语联系一起。例如只要我付出了努力,我就应该获得成功。我那么喜欢他,他就应该用同样的爱来回报我。他是我最好的朋友,现在我遇到麻烦了,他理所应当帮助我。

● 过分概括化　过分概括化是一种以偏概全,以一概十的不合理信念。过分概括化的个体在看问题时容易走极端,往往导致对自己或他人不合理的评价。如一遇到失败便认为自己"没用""非常笨""不可救药",或他人稍有过失就认为这个人无一可取,全面否定。持有这种信念的人,要么会导致盲目自责自罪、自卑自弃,要么会一味地责备他人或外在环境,产生敌意、愤怒等不良情绪。

● 糟糕透顶　这是指对事情的可能后果做出非常可怕、非常糟糕甚至是一种灾难性的设想。如果个体坚持这样的信念,那么他就会陷入极度不良的负性情绪体验中,难以自拔。

要如何改变这些不合理的信念呢?艾利斯提出了合理情绪疗法,也称之为ABCDE模式。其基本程序是:

(1)找出使自己产生异常紧张情绪的诱发事件(A);

(2)分析由诱发性事件引起的信念(B),从理性的角度去审视这些信念,并且探讨这些信念与所产生的紧张情绪(C)之间的关系;

(3)扩展自己的思维角度,与自己的不合理信念进行辩论(Dispute),学会用合理的信念代替不合理的信念;

(4)随着不合理信念的消除,异常的紧张情绪开始减少,并产生更为合理、积极的行为方式,行为所带来的积极效果又促使合理信念的巩固与情绪的轻松愉快;

(5)最后,个体通过情绪与行为的成功转变,从根本上树立起合理的信念,从此不再受异常紧张情绪的困扰,即达到了治疗的效果(Effects)。

在这里,我们用情绪ABCDE模式来调整大学生常见的10种非理性认知(表4-2)。

表4-2　常见的非理性认知与调适方法

常见的非理性认知	理性认知	积极的心理反应
人应该得到所有人的喜爱和赞许	人不可能得到所有人的喜爱和赞许	尽力去做,不把他人的评价作为自己最终的目标和自我评价的标准
有价值的人应该是全能的,应在各方面都比他人强	全能的人是没有的,人各有所长	发挥自己的长处,弥补短处,让优点闪光
任何问题都能找到正确完善的答案,如果不能找到,那是难以容忍的事	世界上并没有完美或绝对的事,凡事以不同的角度观察便会得出不同的结论	多角度看问题,多方式解决问题,即使无法解决问题也不感到沮丧

续表 4-2

常见的非理性认知	理性认知	积极的心理反应
不愉快的情绪是由外界引起的，自己无法控制	人的情绪大多是由自己的知觉、评价引起的	通过调整认知而改变和改善情绪
对于危险或可怕的事，个体应该非常小心，而且应该随时顾虑到它可能发生	有些危险是无法预知的，既要有心理准备，又应保持乐观的态度	积极地、有准备地面对危险，度过危险
逃避困难、挑战与责任要比面对它们容易得多	面对问题、困难与挑战，往往使个体在行动中获得信心	面对困难，相信总有克服困难的办法，即使十分困难也不退缩
人应该依赖他人，并且依赖比自己强的人	社会中人是相互依赖的，但又是互相独立的	相信自己也相信他人，凡事有独立的见解与行为，善于听取他人的意见
过去的历史是现在的主宰，过去的影响是无法消除的	过去是现在的基础，把握现在方能把握未来，现在是过去的延续，但在延续中可以改变、改善过去造成的影响	人无法改变过去，但可以改变现在，创造未来，相信可以用现在的努力减少或消除过去的影响
对于他人的处境，应予以非常的关切	适度地关心他人，帮助他人，又不至于过分关心而使对方不能接受	理解他人、尊重他人、关心他人，在他人能接受的范围内适度地帮助他人
对于有错误的人应该给予严厉的惩罚与制裁	努力地理解他，在可能的情况下阻止他继续犯错，学会宽容	视当时的情况采取措施，处理问题宽严相济

(二)放松训练

放松训练是用于克服紧张、焦虑的方法，目的是使身心放松，使生理与心理活动趋于平静，使个体从烦恼、愤恨、紧张和忧愁等不良情绪中解脱出来，从而达到内心的平静与安宁。

放松的具体方法有深度呼吸训练、静坐与冥想、想象放松法和肌肉放松训练等。

1. 深呼吸训练

这种训练方法简单易行，不受场所、时间等条件的限制，行、站、坐、卧时都可以进行。其目的是通过深度呼吸，使身体各组织和器官与呼吸节律发生共振，从而达到身心放松的效果。绝大多数人用胸腔而不是腹腔呼吸，胸腔呼吸量小，腹部呼吸则要借助横膈膜的作用，因而呼吸深且能产生放松效果。

深呼吸训练的程序如下。

(1)选择一个舒适的坐姿，闭上眼睛，注意自己是用嘴还是用鼻子呼吸的，呼吸频率如何。

(2)尽力用鼻呼吸,这时横膈膜扩大,腹部收紧;用嘴吐气,这时腹部肌肉放松,横膈膜自然收缩。体会一下全身的感受,连续做几分钟。

(3)用鼻深吸一口气,想象“空气从口腔顺着气管进入到腹部”,腹部随着吸入的空气的不断扩大,慢慢地鼓起来,吸足空气后,稍微屏息一下,憋气默念四下,想象“吸入的氧气与血管里的浊气进行交换”,然后用口和鼻同时将气从腹中慢慢地自然吐出,腹部慢慢地瘪下去。自然呼吸几次后,继续做深呼吸,如此反复,持续几分钟。

(4)睁眼,恢复原状。

2. 肌肉放松训练

肌肉放松训练是通过从头到脚一步一步地放松,并结合自我暗示,来达到消除紧张、调节精神状态的目的。这个练习的特点是先做肌肉拉紧的动作,再做放松的动作,然后去感受由紧到松的过程,再持续保持这种放松的感觉。肌肉放松法很多种,以下介绍一种最常用的肌肉放松法。

(1)头部放松　用力皱紧眉头,保持 10 秒钟,然后放松;用力闭紧双眼,保持 10 秒钟,然后放松;皱起鼻子和脸颊部肌肉,保持 10 秒钟,然后放松;用舌头抵住上腭,使舌头前部紧张,保持 10 秒钟后放松。

(2)颈部肌肉放松　将头用力下弯,努力使下巴抵达胸部,保持 10 秒钟,然后放松。

(3)肩部肌肉放松　将双臂平放体侧,尽量提升双肩向上,保持 10 秒钟,然后放松。

(4)臂部肌肉放松　将双手掌心向上平放在坐椅扶手上,握紧拳头,使双手及前臂肌肉保持紧张 10 秒钟,然后放松;侧平举张开双臂做扩胸状,体会臂部的紧张感 10 秒钟,然后放松。

(5)胸部肌肉放松　将双肩向前收,使胸部四周的肌肉紧张,保持 10 秒钟,然后放松。

(6)背部肌肉放松　将双肩用力往后扩,体会背部肌肉的紧张感 10 秒钟,然后放松;向后用力弯曲背部,努力使胸部弓起,挤压背部肌肉 10 秒钟,然后放松。

(7)腹部肌肉放松　尽量收紧腹部,好像他人向你的腹部打来一拳,你在收腹躲避,保持收腹 10 秒钟,然后放松。

(8)臀部肌肉放松　夹紧臀部肌肉,收紧肛门,使之保持紧张 10 秒钟,然后放松。

(9)腿部肌肉放松　绷紧双腿,腰伸直上抬,好像两膝盖间夹着一枚硬币,保持 10 秒钟,然后放松;将双脚向前绷紧,体会小腿部的紧张感 10 秒钟,然后放松;将双脚向膝盖方向用力弯曲,保持 10 秒钟,然后放松。

(10)脚趾肌肉放松　将脚趾慢慢向下弯曲,仿佛用力抓地,保持 10 秒钟,然后放松;将脚趾慢慢向上弯曲,而脚和脚踝不动,保持紧张 10 秒钟,然后放松。

以上从头到脚十部分的肌肉放松连续完成,每次可用 15～20 秒钟体会放松感。

3. 想象放松法

想象放松法是通过想象某一种让人身心得以放松的情境,使个体似是身临其境,进而身心得以放松。在此为大学生呈现一个美国心理学家 Robert N. Portnoy 提供的放松训练指导语:选择一个舒服的坐姿,闭上你的眼睛,仔细聆听我下面的话语,并且随着话语开始展开想象。你身体上许多你从未留意过的感觉将一一出现,比如一种微微发麻的感觉,又比如手指肌肉细微的颤动感,再比如将身体的全部重量透过手掌置于椅子的感觉,亦或者脉搏在你某根手指上清晰跳动的感受,将要发生的一切对你来说都会是新奇的,请敞开胸怀接受这次奇妙的旅程。

现在，请将注意力集中在你的左手，你会有一种轻松的感觉，这种感觉是愉快的，你感到越来越轻，越来越轻，越来越轻。好的，请连续做三次深呼吸，让这种轻盈感从你的左手传遍全身。

现在，我将从 1 数到 10，在我数数的过程中，请再度放松你的身体，使你飘起来，飘得越来越高，越来越高，越来越高……

1——放松你的手和小臂……

2——将轻松感传递给你的大臂……

3——放松你的颈部、肩膀所有的肌肉，你感到越来越舒适，越来越放松……

4——使轻松感达到你的头皮和前额……

5——现在，让这种感觉遍布你的脸，眼睛、鼻子、嘴巴、下巴、舌头……

6——深深地放松你胸部和背部的上半部分……

7——深深地放松你背部的下半部分和腹部……

8——让这种轻松感从你的大腿传向你的膝盖……

9——继续让这种感觉向你的小腿蔓延，直至双脚，直至脚趾……

10——如果你的身体还有哪个部分感到紧张，请放松这个部分，请让你的整个身体陷入一种深深的、完全的、平衡的松弛感中……

你已经处于放松的、愉快的状态中了，你依然可以清楚地听到我的声音，并且做出回应。你将会记住此刻的感受，在任何你需要的时候，你将有能力回想起此刻的感受。

现在，请想象你身处一个海滩，一个你曾经去过或一直向往的海滩，它很美、很安全、很温暖。你非常舒适地坐着或者躺着，在你的头顶，天空清澈且碧蓝，几朵白云飘在空中…… 你的前方是大海，你能看到潮起潮落，远处还有几只小小的帆船。你能听到海浪的声音，那样地有规律，那样地让你安心。空气中弥漫着清新和新鲜的味道，阳光暖暖地、舒适地照在你身上。你的视觉、听觉、味觉、嗅觉和感觉都能体会到这份美好，身体的每一个部分都感到极其的轻松和快乐。这是美妙的一天，你的内心非常宁静和舒适……请你尽情地享受吧。

现在，我将从 5 倒数回 1，当我数到 2 时，请你睁开双眼，当我数到 1 时，请你让自己清醒过来。开始……

5——你开始变得清醒了……

4——这种感觉更加强烈……

3——你感觉不错……

2——请睁开双眼……

1——你已经完全清醒了……

（三）自我暗示

使用自我暗示是运用内心语言或书面语言的形式来调节自我情绪的方法。这种方法既可用来松弛过分紧张的情绪，使心情平静，也可以用来调节身体局部或全身各部位的紧张状态。

使用自我暗示调节情绪的具体方法是：首先要发现自己紧张或不舒服的身体部位，确定紧张或不舒服的症状反应；然后针对症状反应发出良好的信息，如“放松”“安静”“别发火”“我能行”等，每次重复 3～5 遍。如果经过一段时间还感觉到紧张或不舒服，就再重复第二步的过程。

采用自我暗示的方法应注意以下几个问题。

(1)始终要用现在时态而不是将来时态进行暗示,如我们应该说“我现在获得了幸福的爱情”而不说“我将来会得到幸福的爱情”。

(2)暗示的语言要简洁有力,如“我很棒!”“我很自信!”

(3)暗示的语言要积极、肯定,千万不要采用消极、否定的暗示语言。如不能说“我再也不偷懒了”,而是要说“我越来越勤奋,越来越能干”,这样做可以保证我们总是创造最积极的思想形象。

(4)在一段时间内,最好只用一种暗示语或某一特定暗示语。

故事链接

神奇的暗示

有一个王子,长得十分英俊,但却是一个驼背,他请了许多名医来医治自己的病,但却没有治好。这使王子非常自卑,不愿意在众人面前露面。国王见到这种情况非常着急,专程去请教国内一位有名的智者,智者帮他出了个主意。回来后,国王请了全国最好的雕刻家,刻了一座王子的雕像。刻出的雕像没有驼背,后背挺得笔直,脸上充满了自信,让人一见就觉得王子风度翩翩。国王将此雕像竖立在王子的宫前。当王子看到这座雕像时,他心中似乎被大锤撞击了一下,心里产生一种强烈的震撼,竟流下了眼泪。国王对他说:“只要你愿意,你就能成为这个样子”。从此,王子时时注意挺直后背。几个月后,见到王子的人都说:“王子的驼背比以前好多了”。王子听到这些话,更有信心了,以后更注意时时保持后背的挺直。最终奇迹出现了,当王子站立时,他的后背是笔直的,与雕像一模一样。

(四)音乐调节

音乐作为一种艺术是人情绪和情感的一种表现方式,曲调与节奏不同的音乐,可以使人产生不同的情绪体验,因而具有良好的情绪调节功能。在国外,音乐调节已应用到外科手术和精神病、抑郁症、焦虑症的治疗上。如忧郁烦恼时,可以听《蓝色多瑙河》《卡门》《渔舟唱晚》等意境广阔、充满活力、轻松愉快的音乐;失眠时可以听莫扎特优雅宁静的《摇篮曲》、门德尔松的《仲夏夜之梦》等乐曲;情绪烦躁时可以听《小夜曲》等宁静清爽的乐曲,能让人快乐的音乐,如莫扎特的《第二十五号交响乐》、施特劳斯的《华尔兹》、斯特拉夫斯基的《受难者的赞美诗》、维尔瓦第《四季》中的《春》、贝多芬的《第三号英雄交响曲》《第六号英雄交响曲》;愤怒的时候,你不妨听听德彪西的《月光曲》、贝多芬的《月光奏鸣曲》、勃拉姆斯的《催眠曲》;焦虑的时候可以听听肖邦的《前奏曲》、舒伯特的《歌曲集》、施特劳斯的《华尔兹》;疲倦的时候建议听法雅的《西班牙花园之夜》、亨德尔的《水上音乐组曲》、巴赫的《咖啡清唱剧》;要想心情平和可以听莫扎特的《钢琴奏鸣曲》、德沃夏克的《弦乐小夜曲》、贝多芬的《第七号奏鸣曲》。神经衰弱者可以选取马思聪的《思乡曲》、沙汉昆的《牧歌》、贺绿汀的《摇篮曲》、舒曼的《梦幻曲》、舒伯特的《小夜曲》;抑郁症患者可以听《姑苏行》《彩云追月》《汉宫秋月》《翠湖春晓》等。

每个人都可以根据自己的情绪状态选择曲调适合的乐曲来调节自己的情绪情感状态。除了听以外,自己唱也能起到同样的作用。

（五）宣泄法

所谓宣泄，是指个体通过能够采取的行为，将郁积于个体内部的受压抑的能量引导出来并消耗掉，借此使个体获得平静的过程。如果负性情绪得不到适当宣泄，日积月累，就会造成身心紧张状态，甚至引发疾病。

宣泄法最早来源于日本企业的管理策略。日本的许多工厂都设有“泄气室”，屋内除了与老板酷似的橡皮人外空无一物，心中有气的工人关上门便可以对着老板橡皮人或骂或打，直到筋疲力尽为止，这时气也消了大半。日本企业通过这种方法调节工人的情绪，结果工人的工作效率大大提高。后来，心理学家把这种调节情绪的方法运用到心理学中。

宣泄的方法很多，如运动宣泄法、倾诉宣泄法、娱乐宣泄法和眼泪缓解法等。

(1)运动宣泄法　有关研究表明，体育运动能使学生的不良情绪得到合理形式的宣泄。通过体育运动可以使人的注意力发生转移、情感得以发泄、紧张程度得到松弛、情绪趋向稳定，可以为郁积的情绪提供一个合理的发泄口，从而消除情绪障碍，达到心理平衡。所以，当你处于不良情绪状态时，可以通过参加体育锻炼来调节和控制情绪。

(2)倾诉宣泄法　著名哲学家培根说过，“如果你把快乐告诉一个朋友，你将得到两份快乐，如果你把忧愁向一个朋友倾吐，你将分掉一半忧愁。”当遇到不愉快的事时，不要自己生闷气，把不良心境压抑在内心，而应当学会倾诉。既可以向师长、同学和亲人诉说心中的烦恼和忧虑，也可以用写日记和写信的方式倾诉不快，以宣泄自己的烦恼和不快，调节自己的情绪。

故事链接

永不寄出的信

一次，林肯的一位朋友愤愤不平地向林肯诉说了另一位朋友的无理。林肯听后不平地说：“你马上写信去痛骂他，往后不要再与他来往。”信写好后，却被林肯拿过来撕了，林肯笑着说：“我写过不少这样的信，但从来没有也永远不会寄出去，我们可以尽情地倾诉心中的不快，但是没有理由去伤害他人。”这位朋友通过写信，烦恼与怒气已消除了大半，听了林肯的话也是感慨不已。

(3)娱乐宣泄法　当情绪不佳时，可以通过听音乐、看电影、看电视、读小说、散步等娱乐活动宣泄不良的情绪。

(4)眼泪缓解法　哭是人的一种本能，是个体不愉快情绪的直接外在流露。美国专家威费雷认为，眼泪能把有机体在应激反应过程中产生的某种毒素排出去。从这个角度讲，遇到该哭的事情忍住不哭就意味着慢性中毒。很多人欣赏“男儿有泪不轻弹”，把眼泪当作软弱的表现，从心理健康的角度考虑，就会发现这种观念是不可取的。在悲痛欲绝时大哭一场可以使情绪平静，哭过后心情就好多了。因此，短时间内的痛哭是释放不良情绪最好的方法，是心理保健的有效措施。

宣泄的方式尽管多种多样，但若方式选择不当，不但不能促进心理健康，反而会带来新的情绪困扰。因此，要注意选择正确的宣泄方式，应以不妨碍他人和社会的利益为前提，同时宣泄时也要注意不伤害自己。

心理测试

情绪稳定性测试

情绪是身心健康的重要标志。一个人的情绪是否稳定反映了其身心健康状况。以下是一个情绪稳定性测试,每题均有三种答案,请你从中选出与自己的实际情况最接近的一种答案。

(1)看到自己最近一次拍摄的照片,你有何想法?

A. 觉得不称心　　B. 觉得很好　　C. 觉得可以

(2)你是否想到若干年后会有什么使自己极为不安的事?

A. 经常想到　　B. 从来没想到　　C. 偶尔想到

(3)你是否被朋友、同事、同学起过绰号、挖苦过?

A. 这是常有的事　　B. 从来没有　　C. 偶尔有过

(4)你上床以后,是否经常再起来一次,看看门窗是否关好、天然气开关是否关上等?

A. 经常如此　　B. 从不如此　　C. 偶尔如此

(5)你对与你关系最密切的人是否满意?

A. 不满意　　B. 非常满意　　C. 基本满意

(6)在半夜的时候,你是否经常觉得有什么让你害怕的事?

A. 经常　　B. 从来没有　　C. 极少有这种情况

(7)你是否经常因梦见一些可怕的事而被惊醒?

A. 经常　　B. 从没有　　C. 极不

(8)你是否曾经有多次做同一个梦的情况?

A. 有　　B. 没有　　C. 记不清

(9)有没有一种食物使你吃过后呕吐?

A. 有　　B. 没有　　C. 偶尔有

(10)除去看见的世界外,你心里有没有另外一个世界?

A. 有　　B. 没有　　C. 说不清

(11)你心里是否时常觉得你不是现在的父母所生?

A. 时常　　B. 没有　　C. 偶尔有

(12)你是否曾经觉得有一个人爱你或尊重你?

A. 是　　B. 否　　C. 说不清

(13)你是否常常觉得你的家庭对你不好,但是你又确知他们的确对你好?

A. 是　　B. 否　　C. 偶尔

(14)你是否觉得没有人了解你?

A. 是　　B. 否　　C. 说不清楚

(15)你在早晨起来的时候最经常的感觉是什么?

A. 秋雨霏霏或枯叶遍地　　B. 秋高气爽或艳阳天　　C. 不清楚

(16)你在高处的时候,是否觉得站不稳?

A. 是　　B. 否　　C. 有时是这样

(17)你平时是否觉得自己很强健?

A. 是　　B. 否　　C. 不清楚

(18)你是否一回家就把房门关上?

A. 是　　B. 否　　C. 不清楚

(19)坐在小房间里把门关上后,你是否觉得心里不安?

A. 是　　B. 否　　C. 偶尔是

(20)当一件事需要你做出决定时,你是否觉得很难?

A. 是　　B. 否　　C. 偶尔是

(21)你是否常常用抛硬币、玩纸牌、抽签之类的游戏来测凶吉?

A. 是　　B. 否　　C. 偶尔

(22)你是否常常因为碰到东西而跌倒?

A. 是　　B. 否　　C. 偶尔

(23)你是否需用一个多小时才能入睡,或醒得比你希望的早一个小时?

A. 经常这样　　B. 从不这样　　C. 偶尔这样

(24)你是否曾看到、听到或感觉到别人觉察不到的东西?

A. 经常这样　　B. 从不这样　　C. 偶尔这样

(25)你是否觉得自己有超越常人的能力?

A. 是　　B. 否　　C. 不清楚

(26)你是否曾因觉得有人跟你走而心里不安?

A. 是　　B. 否　　C. 不清楚

(27)你是否觉得有人在注意你的言行?

A. 是　　B. 否　　C. 不清楚

(28)当你一个人走夜路时,是否觉得前面潜藏着危险?

A. 是　　B. 否　　C. 不清楚

(29)你对别人自杀有什么想法?

A. 可以理解　　B. 不可思议　　C. 不清楚

以上各题的答案,选 A 得 2 分,选 B 得 0 分,选 C 得 1 分。请将你的得分统计一下,算出总分。得分越少,说明你的情绪越佳,反之越差。

总分 0～20 分,表明你的情绪基本稳定,自信心强,具有较强的美感、道德感和理智感。你有一定的社会活动能力,能理解周围人们的心情,顾全大局。你是一个性情爽朗、受人欢迎的人。

总分 21～40 分,说明你情绪基本稳定,但较为深沉,对事情的考虑过于冷静,处事淡漠消极,不善于发挥自己的个性。你的自信心受到压抑,办事热情忽高忽低,瞻前顾后,踌躇不前。

总分在 41 分以上,说明你的情绪极不稳定,日常烦恼太多,使自己的心情处于紧张和矛盾中。如果你得分在 50 分以上,则是一种危险信号,请务必请心理医生进一步诊断。

故事链接

夫妻俩的故事

一对夫妻有两个儿子,夫妻对两兄弟不偏不倚,十分疼爱,将他们视为自己的命根子。两个儿子长大后,各谋生路,老大开了一个制伞店,专做卖伞的营生;老二办了一家轧面坊,靠出售面条过日子。父母总为儿子的生意牵肠挂肚,因为两兄弟的生计与天气有很大关系,所以老俩口便时常因为天气或忧或喜。

每天起床,两位老人的第一件事便是开门望天,不管是晴是雨,总会引发他们各不相同的感叹。如果是晴天,老太太就唉声叹气:“唉,今天大儿子的伞肯定卖不出去了,真是天不遂人愿啊。”如遇下雨,老太太又一筹莫展:“唉,老二的面条今天又晒不干了,要是发霉了怎么办?真是天不作美啊。”老太太就这样天天担忧,日日犯愁,总是心情郁闷,没过过一天快活日子。

老头却恰恰相反。天晴时,老头欣喜万分,乐道:“好啊,老二的面条今天一定干得快。”如遇下雨,老头依然满心欢喜,笑道:“好啊,老大的伞今天一定卖得多。”年年岁岁,老头总是豁达乐观,气顺心爽。

在老太太眼里,天气不管是晴是雨都毁了一个儿子的生意,也毁了当妈的心情;在老头眼里,天气无论是晴是雨都成全了一个儿子的生意,也成全了当爸的快乐。后来,老太太在一天天的忧虑中,早早地郁郁寡欢而逝;而老头在日日的快乐中,精神爽朗,健康长寿。

思考题

(1)大学生常见的不良情绪有哪些?

(2)如何保持良好的情绪状态?

参考文献

[1] 张厚粲.大学心理学[M].北京:北京师范大学出版社,2001.

[2] 〔美〕查尔斯·莫里斯,阿尔伯特·梅斯托.心理学导论[M].张继明,王蕾,童永胜,等译.北京:北京大学出版社,2007.

[3] 樊富珉,费俊峰.青年心理健康十五讲[M].北京:北京大学出版社,2006.

[4] 尹忠凯,肖文学.大学生心理健康教育[M].北京:清华大学出版社,2012.

[5] 彭聃龄.普通心理学[M].北京:北京师范大学出版社,2004.

[6] 林崇德.发展心理学[M].北京:人民教育出版社,2009.

[7] 樊富珉,王建中.当代大学生心理健康教程[M].武汉:武汉大学出版社,2010.

[8] 叶琳琳.大学生心理健康教育与心理素质训练[M].北京:北京师范大学出版社,2013.

[9] 仲少华,蒋南牧.新编大学生心理健康教程[M].上海:上海交通大学出版社,2012.

[10] 〔美〕理查德·格里格,菲利普·津巴多.心理学与生活[M].王垒,王甦,译.北京:高等教育出版社,2009.

[11] 〔爱尔兰〕Carr A. 积极心理学:有关幸福和人类优势的科学[M].丁丹,译.北京:中国轻工业出版社,2013.

(任秋爱 殷艳蓉 王毅 吴迪 高渊 任予)

第五章

学习心理 —— 腹有诗书气自华

随着学习生活由基础教育向高等教育转变，发展方向由升学为主向就业为主转变，大学生在学习方面必然会面临新的挑战，产生新的问题。每位大学生都可能遇到不同的学习心理问题，而这正是“成长的烦恼”之一。如何面对和解决这些问题应引起大学生的重视。大学生只有解决好学习心理问题，才能不断提高学习效率，成为具有创新精神和实践能力的高素质人才。

案例导入

肖某是一名来自山区，家庭经济困难的大学生。高中时她富有“笨鸟先飞”的精神，整天按照老师的安排埋头苦读，成绩还说得过去。刚进入大学时她仍很用功，可很快在学习上遇到了困难。大学课程门类多、专业性强，实训时间长、实验难度大……但是她还是依靠死记硬背来学习，几乎吃饭都拿着书背，可是物理、制图听不懂，甚至连原先学得不错的外语也跟不上了。第一学期考试前的几个晚上她紧张得睡不着，每天开夜车，结果还是有三门课不及格。

肖某思想压力很大，产生了“是不是无论我怎么努力都没有用”的疑问。在学习方面越来越找不到感觉，逐渐放弃了努力，变得不愿意去上课，即使去上课也不注意听讲，玩手机、走神或睡觉，不做笔记；课后不复习、抄袭作业；课外经常上网聊天、打游戏。考试前临时抱佛脚，考试中能抄则抄，奉行“60分万岁，多一分浪费”的信条。现在她最大的学习目标就是“混张文凭”，终日无所事事，感觉自己在浪费生命。

肖某进入大学后未能适应大学学习环境的变化，仍然使用高中阶段的学习方法学习，学习方法的不当又进一步引发了肖某考试焦虑、学习意志薄弱、学习动机不足等一系列的问题。如果肖某掌握了学习心理的相关知识，就能够调整自己的不良状态，改变自己的大学生活。

第一节　学习心理概述

作为大学生，怎样才能更好地学习呢？认识大学学习是第一步。大学学习有其自身的特点，如果不了解这一点，就会像案例中的肖某一样，在学习上碰到许多困难。

“学习”，是日常生活中最常用的词语之一，似乎人人都懂它的意思。学习包含的范围十分广泛。我们都知道读书、做题、写作业是学习，但事实上唱歌、打球、看电视、逛街、聊天也可能包含学习。心理学中，一般将学习定义为主体在与环境的相互作用中获得经验，并导致行为或行为潜能发生相对持久变化的过程。

一、大学生学习的特点

对大学生个体而言，通过学习，可以掌握相应的知识、经验和客观规律，使他们更加深入地认识与了解外部世界，同时通过学习还促使他们的身心获得发展，体现了自我意识的完善并完成自我超越。

概括说来，大学生学习具有以下特点。

(1)专业性　中学生的学习以基础知识为主，而大学生的学习则以专业知识为主。大学生有自己的专业方向，大学生的学习是为将来从事专业工作做准备，需要在掌握相关基础知识的前提下，学习专业知识与专业技能，并不断拓展自己的知识面。

(2)实践性　大学生的学习不仅关注专业基础知识的学习，而且更加关注技能的培养与能力的形成，这就使得大学生的学习具有明显的实践性。学习过程中，要做到理论联系实际，将知识转化为方法、技能，并能够运用自如，解决专业实际问题。这就要求每位大学生重视实践环节，抓住到实验室、实训基地、生产基地等处实地学习的机会，提高动手操作能力。

(3)自主性　自主性是指大学生在学习过程中能充分发挥主观能动作用。自觉、积极、主动地学习是大学生学习活动的核心。培养和提高主动学习的能力，是大学生必须完成的一项重要任务。在大学里，没有人强迫你学习，学不学是你的自由。教师也不会规定该用什么方法进行课内学习和课外阅读，往往直接提出学习的目标和要求，至于用什么方法，则由学生自主选择。此外，大学生还需要自己合理安排时间学习一些自己感兴趣的内容，如参加讨论交流，听学术讲座，参加社会实践活动等。

(4)探索性　爱因斯坦说过："高校教育必须重视培养学生具备思考、探索问题的本领。"大学生独立思考的能力在不断发展。大学生喜欢怀疑和争论，要求有说服力的逻辑论证，对于自己经过深思熟虑的看法不会轻易放弃。这种独立思考的能力使大学生在学习中能够更深入地掌握知识，同时也是发现新事物和提出新思想、新观点、新理论的基础。大学生的学习还具有一定的探索成分，大学生已不满足采用简单的、与任务一致的、人所共知的方法解决问题，而是寻求变异，探索创新，在学习和科研活动中表现出创造性解决问题的能力。

二、大学生中常见的学习问题

为了培养大学生健康的学习心理，必须对大学生中常见的学习问题进行梳理，以便"对症下药"。

(一)学习动机不足

学习动机是直接推动大学生学习活动的一种内部动力，学习动机不足是指大学生缺乏学习动力。进入大学后，多数大学生会有一种从过于繁忙劳累的高中学习中获得解脱的感觉，加上远离师长的管束，缺少外部学习压力，缺乏引发学习动力的强化物的刺激，使大学生产生懈怠、惰性的心理，而难以产生继续学习的需要。

学习动机不足集中表现为"60分万岁，多一分浪费"——为学习而学习，做一天和尚撞一天钟，得过且过；三分钟热度，学习兴趣不断转移，三天打鱼两天晒网；想学习却不能集中精力，经常出现倦怠或者厌恶感，注意力涣散，人在课堂心不知在何方；对学习敷衍了事，甚至不愿意学习，不愿上课、做作业；对学习漠不关心，只专注网游、时尚或其他与学习无关的事物。

导致大学生学习动机缺乏的原因主要为以下几点。

(1)学习环境变化　进入大学后，学习方式同中学时期比有较大差异，大学学习需要学生由高中的被动学习转变为主动学习，但部分大学生自我控制能力较差，在缺少教师监管的情况下容易放纵自我，并且易受他人影响，如“他们玩我也玩”，沉溺于玩乐中；还有部分大学生在中学时期成绩一直很好，颇受大家的关注与推崇，进入大学之后，在众多“天之骄子”中不再受宠而感到失落，情绪低迷，丧失了学习的动力。遇到这些问题后，有的同学不是积极去战胜、克服，让自己尽快适应新环境，迎接新挑战，而是消极怠工，知难而退。他们因此意志消沉，丧失了一个大学生应有的斗志和锐气，严重地影响了学习的积极性。

(2)就业压力过大　就业压力过大对大学生的学习动机产生了负面影响。处于“精英化教育”时代的大学毕业生一般都能找到比较满意的工作，而在“大众化教育”背景下，大学生毕业后有可能找不到理想的工作，但是家长和学生对教育投资预期回报过高，这种投入预期和现实结果间的巨大落差对大学生造成极大的冲击，使他们觉得学习无意义。他们对未来充满迷茫，眼下不知从何下手，找不到方向。

(3)价值观异化　在市场经济的冲击下，人们的商品意识、竞争意识不断增强，这也不可避免地影响了部分大学生的人生观和价值观，使他们把自己的价值观定位在以利己主义为目的的实用主义的“坐标”上。这些大学生贪图享受，不思进取，一切以自我为中心，热衷于实惠和名利，“金钱”是指挥棒，忘记了自己的责任和义务，早把学习抛之脑后。他们忘记了自己肩负的使命，把美好的大学生活当成自己享乐的天堂。

(二)学习方法不当

大学的学习在内容、方法和要求上，比中学的学习发生了很大变化。要想真正学到知识和本领，除了继续发扬勤奋刻苦的精神外，还要适应大学的教学规律，掌握大学学习的特点，选择适合自己的学习方法。但许多大学生仍习惯于中学阶段的学习策略和方法，对不同学科、不同任务所采用的学习方法趋同，不会调动自己学习的主动性、积极性和创造性，导致学习效果不佳。

具体来说，大学生在学习方法上的问题主要表现在以下几个方面。

(1)学习缺乏计划性　学习计划是实现学习目标的重要保证。进入大学后，学习任务加重，要学的知识明显增多，除了公共课和专业课之外，还有各种选修和辅修课，各种社团活动和社会活动。在这样的学习环境下，有些大学生没有发挥主观能动性，对自己的学习毫无计划，看什么、做什么、学什么都心中无数，结果只能是整天忙于被动地应付各种课程和考试，知识和能力水平自然也没能得到提高。

(2)不会自学　大学学习中，知识的深度和广度比中学学习要大为扩展。大学的课堂教学往往是提纲挈领式的，教师在课堂上只讲难点、疑点、重点或者是教师最有心得的一部分，其余部分要由学生自己去研读、理解和掌握。大部分时间是留给学生自学的。培养良好的自学能力，是适应大学学习自主性特点的一个重要途径，每个大学生都要养成自学的习惯，但许多大学生却不知道怎么自学，有的大学生看专业书就像看小说一样，蜻蜓点水、追求情节、不求甚解，停留于“字面意义”，难以深入“字里行间”，摄取精华。有的大学生自学时不善于抓住重点和难点,找不到学习上的突破口,眉毛胡子一把抓,学完看后不知所云。有的大学生迷信书本,不思不问,人云亦云,轻信盲从,成为书本的奴隶。有的大学生死记硬背,食而不化。

(3)理论脱离实际　有的大学生重理论轻实践,一心埋头读书,却忽视了技能的掌握和能力的培养。有的大学生不会利用图书馆查阅图书、文献资料,不会利用互联网获取有用的知识和信息。有的大学生虽然满腹经纶,但遇到实际问题却束手无策。

(三)学习意志薄弱

学习意志是指学习者自觉地确定学习目的，有意识地控制和及时调节学习行为,努力地克服学习困难,以实现预定学习目的的心理过程。学习意志是个体实现学习目标的重要的主观条件。

一般地说,在学习过程中良好的意志品质主要包括:学习自觉性、学习自制力和学习坚持性。学习自觉性指学习者对自己的学习目的有明确而深刻的认识,能自觉地投入学习,以达到既定的学习目标。学习自制力是迫使自己去完成应当完成的学习任务,时常提醒自己去执行已经做出的决定,并善于抑制干扰学习的欲望、情感的能力。学习坚持性是指不断坚持同学习上的种种困难作斗争的能力,即学习的毅力。

愉快学习只是一种理想状态,学习是一个艰苦与快乐并存的过程,这就要求大学生必须具有良好的学习意志，自觉地克服学习中遇到的困难，坚持完成学习任务，才有可能取得好的学习效果。但许多大学生却不能承受学习的艰苦,学习意志力非常薄弱。具体表现为:有的大学生缺乏学习的自觉性,没有明确的学习目标和计划,惰性十足;有的大学生难以坚持执行学习计划,知难而退;有的大学生缺乏自制力,难以自觉灵活地去除干扰学习的不利因素;有的大学生缺乏坚持性,缺乏学习的决心和恒心,在学习过程中难以保持充沛的精力和毅力。

(四)考试焦虑

考试焦虑是指在一定应试情境的激发下,受个体认知评价能力、人格倾向与其他身心因素的制约,以担忧为基本特征,以防御或逃避为行为方式,通过不同程度的情绪反应所表现出来的一种心理状态。许多大学生在临近考试时都会出现考试焦虑的现象。具体表现为情绪紧张不安,认为自己对考试的准备不足,对考试结果过分在意,过度担心考试成绩不佳,或者是不适应考试的环境和气氛,考前忧心忡忡,考中无法正常发挥,严重时还会带来其他心理问题。

大学生的考试焦虑主要是受到了内部因素与外部因素两个方面的影响。

1. 内部因素

(1)学习态度与知识储备　大学生对学科知识的掌握程度,和能否在时间有限的应试情境下很快地从大脑中提取需要的信息,对考试结果必然会有所影响,因此也在一定程度上影响大学生的考试焦虑的程度。

部分大学生持有积极的学习态度,他们对学科知识掌握较好，并在考试前的较长时间便开始复习,准备考试,自信心也较好,在考试过程中保持适当的焦虑水平,往往能够取得好的成绩。而另一部分同学学习态度不认真,知识储备较差,对考试没有信心,一般会有较高程度的考试焦虑。

(2)人格因素　大学生的个性特征不同,对各种考试的看法也就不同,继而产生不同水平的情绪反应。如性格内向的大学生缺乏自信心,过度关注自己在各种事件中不恰当的反应,在考试问题上他们更多地关注考试的结果及他人对自己的评价，于是容易产生较高水平的考试焦虑。

(3)休息不足　有些学生，考试之前拼命复习功课，以致睡眠不足。如果再不注意营养的补给，身心需要的能量得不到及时的补充，同样也会使自己陷入焦虑之中。

2. 外部因素

(1)家庭　有些家长认为好的考试成绩代表了子女好的人格品质，甚至将子女全部的人生价值都与考试成绩联系在一起。有的家长由于自身文化水平的限制，更加希望子女能够取得好的成绩，他们可能无意识地将自己未实现的人生价值附加在子女身上，从而给子女带来很大的压力。

(2)学校　近年来高校连续扩招，在校大学生数量也不断增长，使得目前在校大学生的整体质量已与精英教育时期有了一定程度的差距。为督促大学生认真学习，许多大学采用多种方式进行鼓励，并将考试成绩与评优、入学和评奖学金紧密联系在了一起，这也无形中加剧了大学生考试焦虑的程度。

第二节　解决大学生学习问题的策略

在这一部分，我们主要针对上一节中提到的各种学习问题，来谈一谈当大学生遇到上述问题时应该怎么办。

一、提升学习动机

大学生可以尝试从以下几个方面改善学习动机不强的现状。

1. 改变对学习的看法

学习真的那么无趣吗？恰恰相反，学习能带给你无穷的快乐和无比的幸福。学习是个体实现自身价值的必需。不管在哪个时代，都有人为了得到学习机会克服重重困难、甘冒风险，甚至不惜献出生命，他们把学习看成生命的一部分。教育家苏霍姆林斯基曾说过："在绝大多数情况下，我们的学生在学校学习的知识之所以必需，并不是为了直接劳动，而是为了使一个人在接受文化财富之后，感到自己是一个真正的人，使他体验到一个聪明的、天才的劳动者的尊严感，使他感到自己的生活并不是为了挣得一块糊口的面包，从而感到幸福。"因此，每位大学生都要树立这样一个信念：眼前的学习机会失而不返，必须珍惜。学习完全是自己的事，"要我学"只会徒增烦恼，"我要学"才能使自己体会到无穷的快乐。

2. 提升内部学习动机

内部动机是对学习活动本身的兴趣和动力，一旦形成，就会对学习产生一种持久而稳定的推动力，并且不易受外界因素干扰。很多大学生的学习动机都指向学习活动之外即外部动机，需要学习情境以外的诱因加以维持。因为外部学习动机依赖于外物，所以一旦外物缺失，动机就会减弱或消失。有相当一部分大学生在中学时的外部学习动机就是"考大学"，考入大学了，目标实现了，其学习的推动力也就不复存在了。而大学阶段新的目标还没有形成，学习的意义不明确，于是就产生厌倦、逃避等心理，造成了学习障碍。这时，大学生应学会在所学内容中寻找乐趣,发现学习本身的意义。如通过阅读课本中自己认为有用的、切合实际的、易与现实联系的部分,激发自己的学习兴趣。组织一些第二课堂活动,运用所学的知识解决实际问题,并从中体验成功的喜悦和学习的快乐,从而提高学习动机。

3. 增强自我效能感

自我效能感是动机模式中的核心成分,指对自己是否能成功完成任务能力的判断。要激发大学生的学习动机,就要让大学生觉得自己有能力完成学习任务,认为自己的能力可以提高。为此,应该做到以下几点。

首先,体验成功的喜悦。在学习过程中,大学生要结合自己的实际情况,给自己确立一个恰当的目标,即通过老师的讲解和自己查阅资料,能够成功解决问题。要让自己在各种不同的学习中都有可能获得这种成功的机会,在学习过程中看到自己的成功,从而认识自己的能力。

其次,树立成功的榜样。这里的榜样示范不是以学习最优的学生为榜样,而是观察与自己能力相近的同学获得成功的事实,以此激发自信心,增强自我信念。

最后,确立自我参照标准。将当前的自己与以往的自己比较,看到自己的成长与进步,从自身变化中认识自己的能力,从而建立自信。

4. 学会正确归因

归因即个体对自己行为的解释。将成功归因为自身能力等内部原因的人会提升自己的信心,而将失败归为运气不好等外部原因的人,即使失败也不会降低其对自己的评价。将成功归因为天赋这个稳定因素的人,对未来的成功就会报有期待;将失败归因于努力不够等不稳定因素的人,他的坚持性就会提高。

大学生应学会用正确的方式归因,把取得好成绩归结为自己足够的能力和适当努力的结果,而不要归结为运气;当取得不好的成绩时,要尽量认真分析自身原因,将失败归因于暂时缺乏对任务的了解或缺乏努力,避免对自己丧失信心,降低对自身的评价。正确的归因方式,不但促进学习的进步,对未来的成功也很有意义。

二、采用科学的学习方法

学习方法是提高学习效率,达到学习目的的手段。在大学里,学生除了要有刻苦钻研、坚忍不拔的治学精神外,还需掌握科学的学习方法。钱伟长曾对大学生说过:“一个青年人不但要用功学习,而且要有好的、科学的学习方法。要勤于思考,多想问题,不要靠死记硬背。学习方法对头,往往能收到事半功倍的效果”。

1. 制订科学的学习规划和计划

大学学习单凭勤奋和刻苦是远远不够的,只有掌握了学习规律,制订出相应的学习规划和计划,才能有计划地逐步完成预定的学习目标。严密的学习规划是完成学习任务的保证。首先,从个人的实际出发,根据总目标的要求,制订出基本规划,如设想在大学自己要达到什么样的目标,建立什么样的知识结构,学完哪些科目,培养哪些能力等。大学生制订整体计划是困难的,最好请教本专业的教师和高年级同学。先制订好一年级的学习计划,经过一年的实践,待熟悉了大学学习的特点之后,再完善四年的整体规划。其次,要制订阶段性的具体计划,如一个学期、一个月或一周的安排,这种计划主要是根据入学后自己的学习情况、适应程度,确定学习的重点、学习时间的分配、学习方法如何调整、选择和使用什么教科书和参考书等。这种计划的制订要遵循符合实际、切实可行、不断总结和适当调整的原则。

2. 讲究读书的方法和艺术

大学学习不光是完成课堂教学任务，更重要的是如何发挥自学能力，在有限的时间里充实自己，选择与专业及自己的兴趣有关的书籍来阅读是最好的办法。莎士比亚说："书籍是全世界的营养品"，培根也说："书籍是在时代的波涛中航行的思想之船，它小心翼翼地把珍贵的货物送给一代又一代。"

要在浩如烟海的书籍中选取自己的必读之书，就需要有读书的艺术。首先是根据自己所学的专业和自己的兴趣确定读什么书，其次对确定要读的书进行分类，一般来讲可分为三类：第一类是浏览；第二类是通读；第三类是精读。正如"知识就是力量"的提出者培根所说："有些书可供一赏，有些书可以吞下，不多的几部书应当咀嚼消化。"浏览可粗，通读要快，精读要细。这样就能在较短的时间里读很多书，既能广泛地了解最新的科学文化信息，又能深入研究重要的理论知识，这是一种较好的读书方法。读书时还要做到以下两点：一是读思结合，读书要深入思考，不能浮光掠影，不求甚解；二是读书不唯书，不读死书，这样才能获得真知。

知识链接

SQ4R阅读法

SQ4R阅读法认为阅读活动的五个步骤分别是：①概览(survey)，阅读时首先概览大小标题、框架，注意黑体字或加着重号的内容、图片，以及首尾两段，以粗略了解文章的内容，形成总体印象，这样就可以明确阅读的任务目标；②提问(question)，针对文章内容提出一系列的问题，特别把大小标题转换为问题，这样可以激发自己的求知欲与学习兴趣，注意提问要围绕阅读的目的与任务进行；③细读(read)，把自己提出的问题带到阅读过程中，并试图在阅读过程中逐一解答这些问题；④复述(recite)，在细读之后，用自己的话对问题进行解答，通过这种方式复述文章中的重要观点、主要事实和原理，必要的时候可重读不了解或没记住的部分，直到能对文章的主要内容进行回忆为止；⑤复习(review)，要能回忆出尽可能多的信息，特别要根据自己的提问来复习学习内容，确认自己已经牢固地记住了这些问题的答案；⑥反思(refract)，对所读文章进行思考，它与自己已有的知识有何联系？标题与主题词之间的关系如何？我能用新知识去解决相关的问题吗？我是否达到了阅读目的？

3. 充分利用时间

大学期间，除了上课、睡觉和集体活动之外，其余的时间自由度很大，科学地安排时间对成就学业是很重要的。吴晗在《学习集》中说："掌握所有空闲的时间加以妥善利用，一天即使学习一小时，一年就积累365小时，积零为整，时间就被征服了。"想成事业，必须珍惜时间。大学生首先要安排好每日的作息时间表。安排时要根据自己的身体和用脑习惯，在脑力最好的时候干什么，大脑疲惫时干什么，做到既放松大脑，又能搞一些其他的文体活动等。一旦安排好时间表，就要严格执行，切忌拖拉和随意改变，养成今日事今日做的习惯，千万不要等明日。"我生待明日，万事成蹉跎。"其次，要珍惜零星时间，大学生活越丰富多彩，时间切割得就越细，零星时间就越多。

4. 完善知识结构

所谓合理的知识结构,就是既有精深的专门知识,又有广博的知识面,具有事业发展实际需要的最合理、最优化的知识体系。大学生建立知识结构,一定要防止知识面过窄的偏向。当然,建立合理的知识结构是一个复杂长期的过程,大学生必须注意:①整体性原则,即专博相济,一专多能,广采百家为我所用;②层次性原则,即合理知识结构的建立必须从低到高,在纵向联系中划分基础层次、中间层次和最高层次,没有基础层次,较高层次就会成为空中楼阁,没有高层次,水平则得不到提高,任何层次都不能忽视;③比例性原则,即各种知识在知识体系中的数量和质量应有合理配比,比例的原则应根据培养的目标来制订,成才方向不同知识结构的组成就不同;④动态性原则,即所追求的知识结构绝不应当处于僵化状态,而必须是能够不断进行自我调节的动态结构,这是为了适应科技发展、知识更新、研究探索新的课题和领域、职业和工作变动等因素的需要,不然就会跟不上飞速发展的时代步伐。

5. 培养实践能力

实践是衔接大学生在校学习的知识和走出校园运用知识不可缺少的途径,个体的认识水平升华和动手能力的提高也离不开实践活动。

培养提高自身的实践能力,可以从以下几方面入手。

(1)接触社会媒介　报刊、杂志、互联网等传媒是社会的一个缩影。通过报刊、杂志和互联网收集信息并勤于思考,是吸收社会知识特别是吸收经验的良好途径。与这些社会媒介的深入接触与交流,为提高社会实践能力提供了一个非常好的契机。

(2)积极参与社会活动　大学生应在课余时间,积极参加各种社会实践活动。社会实践主要包括社会考察、科技文化服务、挂职锻炼、社会调查,到企业中进行职业实践等。通过这些社会实践活动,大学生能够接触校门外广阔的天地,增进对社会的了解,并能够在此过程中,运用自己在学校学到的专业知识,解决在社会实践活动中遇到的问题,真正做到学以致用。

(3)重视实践环节　大学教学均已安排了课程见习、生产实习和毕业实习等实践环节。大学生一定要充分利用这些机会,向有经验的人学习,汲取他们的实践经验来充实自己。通过这些环节,还可以对未来的工作环境、工作性质、工作要求及自己所学专业的应用范围进行全面了解,从而明确自己进一步学习的方向。

三、培养坚强的学习意志

无论对谁来说,学习都是一个艰苦并且需要细致、耐心的脑力活动过程,要求有坚强的意志和顽强的毅力。可以说,学习意志是大学生实现学习目标的重要的主观条件。

针对部分大学生学习意志薄弱的状况,可以尝试从以下几个方面着手培养学习意志。

1. 培养学习自觉性

(1)明确目标　有了目标,意志行为就有了具体指向,在努力的过程中个体就会产生"不达目的决不罢休"的意志。志向和目标是产生学习自觉性的前提,是意志行为的坚实基础。个体的志向愿望越是远大,他的意志行动就越持久。

培养大学生顽强的学习意志,要求大学生必须树立明确的学习目标。美国罗得艾兰大学心理学教授詹姆斯·普罗斯曾经研究过一组打算改变自己行为的实验对象,结果发现最成功的是那些目标最具体、最明确的人。其中一名男子决心每天做到对妻子和颜悦色、平等相待，后来，他果真办到了；而另一个人只是笼统地表示要对家里人更好一些，结果没几天又是老样子，照样吵架。因此，大学生在树立学习目标时，不要说诸如此类空洞的话："我打算多花些时间学习"，或"我计划多读一点书"。而应该具体、明确地计划——"我打算每天晚上去教室自习2小时"，或"我计划每六和周日晚上读一个小时的书"。

目标除了应明确之外，还需合理。具体来说就是目标既不能过高，丧失了实现的可能性，也不能过低，导致无需意志努力就能实现。具体操作时可以将单一的大目标分解为许多小目标，这也不失为一种好办法。

（2）权衡利弊　在明确了目标后，我们可以在一张纸上画好4个格子，以便填写短期和长期的损失和收获。假如你打算每晚自习，可以在顶上两格上填上短期损失："我一开始感到很痛苦"和短期收获："我可以完成老师布置的课程作业"；底下两格填上长期收获："我掌握了更多的专业知识"和长期损失："我上网聊天打游戏的时间少了"。通过这样的仔细比较，聚集起学习的意志力就更容易了。

2. 培养学习自制力

（1）改善学习环境　学习时，桌面上乱七八糟，或者学习环境喧闹、杂乱，都会导致心思不专。因此，在学习时，要将书桌收拾得干净、整洁，并尽量选择较为安静的学习环境，并尽力回避干扰源。良好的学习环境对学习自制力较差的大学生尤为重要。

（2）养成良好的学习习惯　学习习惯是指大学生在一定的情境中自动地去进行某种学习动作的需要或倾向。它的基本作用是实现学习行为程序化。习惯可以使学习行为进入到"无意识"控制的境界。因此，良好的学习习惯能够使大学生以动作技能与心智技能的操作为主体的学习动作趋于自动化，在学习活动中自动地按合适的方式行动，从而提高抵抗内外诱因干扰的能力，促进学习意志和自制力的提高。培养良好的学习习惯首先要建立一整套可以操作又行之有效的常规要求，如做作业独立思考，每晚看书一小时，每周参加一次有益的课外活动等。当自己依靠坚强的意志完成了常规要求的时候，大大地赞扬自己，激励自己再接再厉；如果未能完成常规要求，则应对自己进行一定的惩罚。

（3）树立榜样　大学生可以通过寻找自己身边真实可信、有血有肉、可学、可以达到的典型榜样，激发自己锻炼意志的愿望。还可以通过跟榜样共同活动，参照榜样的作息时间，以此来带动自己提高学习的自制力。

3. 培养学习坚韧性

（1）利用各种活动　对于学习坚韧性不足的大学生，首先应在日常生活中培养自己做任何事都要坚持到底的精神。此外，还可以在自己喜爱或擅长的活动中人为地营造一些逆境，在逆境中锻炼和磨炼自己的意志，提高自己的耐挫力和坚韧性。对于已经在体育或其他活动中表现出坚强意志和顽强毅力的大学生，可以尝试把自己在体育竞赛中或其他活动中对目标不懈追求的精神迁移到学习目标上，把坚韧和持久的自制力用在学习活动中。

（2）个性化锻炼　要针对大学生的个性特征采取相应的锻炼措施，以此增强大学生的毅力。例如害怕失败而不敢参与学习竞争的大学生，则应当经常提醒或要求自己将精力集中在学习活动的本身，不要过多考虑后果。对学习抱无所谓态度的大学生，则要提醒自己经常思考学习对自己未来的作用。在学习中易受外界影响而分心的大学生，就应训练自己的自控能力，可以调动五官或身体各部分参与到学习中,在阅读的时候,不仅用眼,也可用手指指、用笔写写或用口念念。在学习中冒失草率,马虎应付的大学生,则要培养自己沉着与耐心的品质。

(3)循序渐进　在意志锻炼中,大学生应根据现实可能性和自己的能力,从易到难逐步提高。不要一开始就要求自己连续学习几个小时,而是可以把单元时间分成若干段,段间休息几分钟,逐次逐步缩短间歇。在锻炼过程中,还可以记录下每次坚持学习的时间长度或学习量,让自己从记录或进展图中了解自己的成绩和进步,增强自己锻炼毅力的信心。

四、应对考试焦虑

过度的考试焦虑会严重影响大学生的考试成绩。下面给在考试中存在严重焦虑的大学生提出几点有效的建议。当出现考试焦虑时,可以运用这些方法进行自我调适。

(1)调整认识　考试是检查大学生学习效果的一种方式。通过考试,大学生对自我的认识将更加清晰、准确,在此基础上可以对自己进行积极的调整与完善。如考得好可以促进自己进一步努力学习,考得不好也可以促使自己认真分析原因,找出存在的问题,以便今后更有针对性地学习。因此,考试并不可怕,不应当产生畏考心理,造成情绪紧张,影响个人水平的正常发挥。

(2)规律作息　对大学生来说,考前心态和考场心态,已成为能否发挥自己能力最重要的因素。为了保持良好的身心状态,大学生应保持一颗平常心,每天的生活要有规律,按时起床按时就寝,该玩的时间玩,该学的时间学,学习的时候注意力应高度集中,休息的时候身体彻底放松,使生物钟有节律地运行。

(3)培养积极的学习情感　只有在情感上接受和喜爱学习,才能始终对学习保持稳定的热情,积极探索与发现,达到好的学习效果,就不会进入考试焦虑的误区。学习过程中,大学生必须要深化对大学学习的认识,明确学习的目的,确立合理的目标,培养学习上理智感、道德感、美感,保持和激发良好的应试情绪,以更加主动、理智的态度来对待大学中的考试。

(4)树立自信　大学生要建立对考试的自信最直接的方法就是平时认真学习,掌握好学科知识,考前再进行全面系统的复习。只有对考试准备得充分了,才能真正对它信心十足、无所畏惧。同时大学生还应能够正确应对考场里可能出现的各种对考试情绪有影响的因素。只有树立了积极自信的态度,变被动为主动,消除不必要的顾虑和困扰,才能降低考试焦虑的程度,取得更好的成绩。

(5)学会放松　放松的方法可以有效缓解大学生的考试焦虑。考试前,大学生如果出现了考试焦虑的现象,可以采用想象放松的方法。想象放松就是在头脑中想象一些广阔、宁静、舒缓的画面或场景,可配用一些放松音乐。这些画面可以是大海(包括海上慢慢地日出或日落,海潮慢慢地涨起、回落),滑雪(慢慢、潇洒地从山顶沿平缓的山坡向下滑落),在天空中飞翔、躺在小舟里在平静的湖面上飘荡,童年时美好的回忆等。总之,一切能让心灵平静愉悦的美好场景都可以。

在考场中,大学生如果没有足够的时间使用想象放松方法,可以使用最简便的深呼吸放松法,使自己镇定。具体做法是坐好、双肩下垂、闭上眼睛,然后慢慢地做深呼吸,并可配合自己的呼吸节奏给予如下指示语:“一呼——一吸——一呼——一吸——”或“深深地吸进来——慢慢地呼出去——深深地吸进来——慢慢地呼出去……”

（6）系统脱敏法　这种方法是由美国学者沃尔帕创立和发展的。系统脱敏法又被称为交互抑制法，其基本原理是当人暴露在导致焦虑的情境中时，通过心理放松训练来缓解这种焦虑反应，从而达到消除神经性焦虑的效果。

系统脱敏法的一般步骤为，首先根据自身的情况，将引起考试焦虑反应的原因或是情境一一列举出来，并排列焦虑等级。然后，运用想象的方法来进行脱敏练习。先对最轻程度的焦虑情境进行想象，尽可能逼真地想象当时的情境，然后通过放松训练消除对此情境产生的焦虑反应，依次逐步训练直到消除所有等级的焦虑反应。最后，当想象最高程度的焦虑情境都能很快消除紧张反应时，系统脱敏也就结束了。系统脱敏法花费的时间相对比较长。因此，大学生应该在平时就进行考试焦虑的系统脱敏训练，不能等到考试焦虑非常严重，考试迫在眉睫时，再进行训练。

第三节　网络成瘾综合征

一、概述

大学生网络成瘾综合征，是指在无成瘾物质作用下的上网行为冲动失控。

大学生在遇到挫折时，如学业上失败、班级工作上的失落、交往恐惧、失恋、家庭打击等，为了寻求解脱，而沉溺于网络之中。使用网络不当是网络成瘾的重要原因，网络自身的优势是大学生网络成瘾的客观原因。那些具有敏感内向、喜欢独处、稳定性差、不能严于律己、缺乏自信、沮丧悲观、受挫力低等人格特质的大学生，容易对网络产生依赖，造成网络成瘾。另外，青年人所处的外部环境也是一个不容忽视的重要因素。

案例导入

以下是一位大学生的自述。

我是从农村考上大学的，以前的主要生活就是学习，也没有什么机会接触网络。到了大学后，宿舍的同学经常在一起大谈时下流行的网络游戏，我感觉自己对此知之甚少，好像跟同学脱轨了似的，于是便开始接触各类游戏，以证明自己的全面发展。最初上网还有节制，只是周末玩1～2小时，学习、生活正常。两个月以后，上网逐渐失去节制，每天都要去一趟网吧，并开始间歇性地逃课，生活开始变得无规律，打篮球的爱好也放弃了。临近期末时，每天玩通宵，白天回寝室睡觉，基本放弃了学习。期末考试有五科亮红灯。寒假返校，仍然忍不住去泡网吧。现在我一离开网吧就烦燥不安，心里空荡荡的，没有精神，什么事也不想干，见人也不想搭理。吃饭没有胃口，肠胃不舒服。看不进去书，记忆力明显下降，思维和反应速度明显减慢。我内心痛苦，想尽快改变现状，可一次次努力都以失败告终。我已经网络成瘾了。由于挂科太多，我终于被校方勒令退学。

网络成瘾对大学生的身心健康和学业危害非常明显。近年来，网络成瘾导致学习成绩下降、退学，甚至犯罪、自杀、死亡的事件时有发生，其后果严重，已引起了社会和高校的普遍忧虑。

二、网络成瘾综合征的表现

网络成瘾综合征者与沉溺于酗酒、赌博、吸毒等上瘾者无异,网络成瘾综合征者对上网有一种心理上的依赖感,主要表现为网上聊天与交际成瘾、网络游戏成瘾、网上收集信息成瘾、网络色情成瘾等。过度沉迷于网络对大学生心理健康造成极大的危害。网络成瘾综合征有下述表现:

- 上网时全神贯注,下网后念念不忘"网事";
- 总嫌上网时间太少而不满足;
- 无法控制自己的上网行为;
- 一旦减少上网时间就会烦躁不安;
- 一上网就能消除种种不愉快情绪,精神亢奋;
- 为了上网而荒废学业和事业;
- 因上网放弃重要的人际交往、工作等;
- 不惜支付巨额上网费用;
- 对亲友掩盖自己频频上网的行为;
- 有孤寂失落感。

有些专家认为,上述10种情况,在1年间只要有过4种以上,便可诊断为网络成瘾综合征。

三、磁共振成像表现

磁共振成像(magnetic resonance imaging,MRI)研究发现,网络成瘾不仅影响青少年大脑结构发育,同时还影响脑功能。沉迷网络可能将神经纤维上的髓磷脂消耗殆尽,从而损伤发育中的大脑。

通过对青少年网络成瘾患者的脑扩散张量图像进行分析,研究人员发现患者大脑一些白质纤维束的微观结构有损伤,而且,左侧胼胝体膝部损伤程度与其焦虑程度显著相关。研究人员还运用基于体素的形态学方法分析了青少年网络成瘾患者大脑灰质体积的变化,发现其左侧舌回、后扣带皮质、前丘脑、左侧岛叶和前扣带皮质等区域体积减小。以上研究表明,青少年网络成瘾患者大脑结构存在异常。同时,对比以往的文献,该异常的损伤模式与酗酒、海洛因依赖或可卡因成瘾等其他形式的成瘾损伤模式相似。

有研究发现,网络成瘾青少年大脑静息态功能磁共振局部一致性发生变化,且与网络依赖程度相关。另有研究运用功能连接方法对青少年网络成瘾患者脑功能磁共振图像进行分析,发现患者皮层-纹状体神经环路存在功能连接异常,且异常程度与患者的网络成瘾程度和焦虑行为等显著相关。对比以往文献发现,青少年网络成瘾患者该环路的功能连接异常模式与鸦片等物质成瘾类似。

另有研究者运用MRI动脉自旋标记成像对青少年网络游戏瘾(IGA)患者的脑血流量改变进行研究,发现IGA作为一种行为成瘾,与物质成瘾可能具有相似的神经生物学机制。

以上研究不仅加深了对网络成瘾神经机制的理解,而且为发展科学有效的青少年网络成瘾的干预手段和治疗方式提供了依据。

四、干预措施

1. 程度较轻的网络成瘾

程度较轻的网络成瘾者可以通过自我调适摆脱网络成瘾的困扰，主要采用以下方法。

(1)合理利用互联网，科学安排上网时间。首先，大学生应明确上网的目标，上网之前应把具体要完成的工作列在纸上，有针对性地浏览信息，避免漫无目的上网，克服盲目性和随意性。大学生应将网络视为获取知识和信息的重要工具，而非娱乐的玩具或逃避现实的工具。其次，要严格控制上网时间。每次操作累积时间不应超过一个小时，连续操作一小时后休息30分钟左右；最后，应设定强制关机时间，准时下网。

(2)用转移和替代的方式摆脱网络成瘾，丰富业余生活。大学生应厘清虚拟世界和现实社会的界限，从现实中获得自身存在的价值和意义，用每个人所特有的其他爱好和休闲娱乐方式转移注意力，使其暂时忘记网络的诱惑。例如，可以通过唱歌、看书、游泳、慢跑、打球、下棋等方法有效地转移注意力，以减少对网络的依赖。

(3)培养健康、成熟的心理防御机制。研究表明，网络成瘾与人格因素(个性因素)有关，一定的人格倾向使个体易于成瘾，网络只是造成成瘾的外界刺激之一。因此，要不断完善自己的个性，培养广泛的兴趣爱好和较强的个人适应能力，学会合理宣泄，正确面对挫折，只有这样才会形成成熟的心理防御机制，而不会一味地躲在虚拟世界中逃避失败与挫折。

2. 程度较重的网络成瘾

程度较重的网络成瘾者可以通过以下方法达到治愈的目的。

(1)直接隔断与网络的联系。成瘾程度较重的人往往是在下意识的状态下上网的，对于那些明知过度上网只会加重症状而无法自制的成瘾者，可以在他们的亲戚、朋友的帮助下将其与电脑完全隔离一段时间，让他们在这段时间里培养其他的兴趣爱好或者重新安排紧张有序的生活，待到他们能够完全摆脱网络成瘾的困扰后，再针对性地帮助他们科学地安排上网时间。

(2)寻求心理医生的帮助。通过心理咨询，让心理医生与网络成瘾者之间建立良好的医患关系。这样做一方面可以从精神上给成瘾者理解和支持，调动他们的积极性，树立治愈的信心；另一方面，心理医生会根据成瘾者的痴迷程度，帮助成瘾者分析"电子海洛因"的危害、网络成瘾形成的原因，介绍治疗过程及治疗措施，逐步帮助患者摆脱网络成瘾综合征。

故事链接

26岁的万某某从包里掏出武汉大学录取通知书，通过"绿色通道"在武汉大学完成了新生报到注册，成为武汉大学今年录取的最大龄本科生。此时，离他从浙江大学退学已过去两年。那张"浙江大学退学证明书"，万某某一直随身带着，他说这能让自己不忘记几年来从一名浙江大学高材生到沉迷网络游戏而退学，再历经坎坷考入武汉大学的经历，"每次看到它就会激励我珍惜现在。"

弃清华上浙大只因家贫

万某某出生在江西抚州一个小镇，父母都已年过七旬，疾病缠身。家里就靠两亩薄田艰难度日,日子一直过得紧巴巴的。

但从小,万某某就是当地名人。“我从小学习成绩就非常突出,从小到大,都是年级前几名。”万某某说。

2004年,万某某第一次参加高考。因经常忍饥挨饿而出现营养不良,考最后一门课时,他晕倒在考场上。当年,他总分仍超过600分,但离清华大学、北京大学的录取线仍有距离。

2005年,万某某卷土重来考出了654分的高分。当清华大学招生人员与他联系时,万某某得知,自己这个分数无法享受清华大学的新生奖学金,于是他改报了浙江大学。

2005年,万某某成为浙江大学信息工程专业一名新生。校方为身无分文的万某某办理了助学代款,并提供8000元奖学金。

自卑心理作祟沉迷网游

从穷乡僻壤来到繁华的杭州,性格内向的万某某感到十分自卑,“我那时还穿着初中时的旧衣服,寝室里有条件好的同学,都带着电脑,那是我第一次见到电脑。”

大一下学期,万某某做了一个惊人的决定,用奖学金买了一台电脑。聪明的他很快就熟练掌握了电脑,并很快被游戏里的虚拟世界所吸引,“着魔一样,开始疯狂玩魔兽争霸。”

回忆那段不堪回首的经历,万某某恨不得扇自己两耳光,“不去上课,偶尔出去也是去买点馒头或方便面,然后回到寝室里通宵达旦打游戏。”

眼看他沉迷于游戏,同学和老师都来劝万某某,可收效甚微。“同学劝多了,我烦了就跟他们打一架,以后再没人敢劝我了。”万某某说,“辅导员也多次找我,总是老师前脚走,我后脚就打开电脑玩。”

彻底醒悟

玩游戏荒废了学业,大一下学期,万某某多门功课亮红灯。大二,万某某一门课也不上,最终全部挂科,学校也取消了奖学金。

他那从未走出过山区的双亲,也先后四次来到杭州,和校方一起做万某某的工作,辅导员甚至睡在寝室,对其进行监督。不过,他的网瘾并未就此戒掉。

熬到大三,长期迷恋网游终于导致万某某行为上出现异常。“那时,走在校园里,我会无缘无故地拳击大树或者用头撞墙。”

一天,万某某在电脑前鏖战正酣时,年迈的双亲出现在寝室门口。“儿啊,你就不能争气一点吗? 不图你为我们养老,但你自己要生存下去啊!”拄着拐杖的父亲,一下子跪在儿子面前。父亲这一跪,让万某某受到了极大的震撼。后在学校心理辅导老师耐心、热情的关怀和帮助下,他终于决心改过自新,重新学习。万某某把电脑从四楼的窗户扔了下去,“我要告别过去,重新做人!”

怀揣退学证明艰难求生

他开始夜以继日埋头学习,每天是图书馆自习室的第一批学生,也是最后一批离开的。

但一切似乎已经晚了。他用“积重难返”来形容自己当时的窘境,“落下的功课太多了,想赶起来谈何容易!”再加上长期沉迷虚幻的世界,万某某发现自己精神很难集中,学习起来十分吃力。为此,万某某陷入深深自责。

2008年冬天,万某某主动向学校提出退学申请。回到老家正值春节,万某某足不出户。“不敢出去,也不好意思出去。”万某某说,村里人知道他退学后,总有人指指点点,说他是神经病。

春节一过，万某某跟着村里一位老乡去厦门打工，后又辗转到洛阳、南昌等地，“连自己的温饱都解决不了”。

重燃读书信念考入武大

几番奔波再次回到老家后，万某某帮年迈的双亲种地。在劳作中万某某内心萌生了重读大学的欲望。2010年，没复习一天的他，高考考了500多分。随后，他选择了一家比较远的复读学校，潜心复习。“一是那所复读学校承诺只要考上一本线，就免我学费，再加上我想找一个没人知道我过去的地方，安心复习。”

一年苦学，万某某今年高考成绩611分，考入武汉大学电信工程专业。

因家境贫寒，他一个月前就来武汉的一家酒店里打杂，挣了800元工资。前日，带着800元工资，万某某来学校报到。可即便通过绿色通道，也要缴纳2000余元费用，这让万某某焦急万分。

万某某所在学院一位不愿意透露姓名的老师，资助了他1500元，他才得以成为武汉大学一名新生。“我想用两到三年的时间，修完自己的学分，申请提前毕业。”谈起未来的打算，万某某说：“我要把自己耽误的时间赶回来。”（文/荆楚网）

第四节 大学生的创造性学习

从人才成长的发展阶段看，大学生正处在从继承期向创造期飞跃的关键时期，也就是从接受高等教育，学习积累知识，为成才做准备的时期，向有所创新、创造，并被社会承认的时期转变。大学生能否很好地完成这个飞跃，使自己从潜人才向显人才转变，主要取决于大学生在大学中能否积极主动地进行创造性学习。

一、大学生创造性学习的特点

创造性学习是指大学生在学习过程中以一种创造性态度，充分调动自身的身心潜能，开展以提高创造力并在不同水平上取得富有创新意义的学习成果为目的的一系列学习活动。这种学习活动能够促使大学生破除对书本和权威的迷信，培养他们从已知发现未知的能力，提高他们揭露矛盾和解决矛盾的能力，还能养成他们创造性思维的习惯和创造性工作的习惯，为今后从事更复杂的创造性活动打下坚实的基础。

大学生创造性学习具有以下特点。

（1）自主性　创造性学习是大学生的自主学习活动，它强调大学生的主体地位，重视大学生在学习活动中积极主动的反应。它与传统的学习观——更多地强调教师的传授与学生的接受、降低或否定学生积极主动学习的能力、削弱学生在教育活动中的主体地位，截然不同。归根结底，创造性学习是大学生通过自己积极主动的认知去获取知识，大学生是学习的主体。

（2）创新性　创造性学习是指在学习活动中激发创新意识，培养创新思维，塑造创新品格，提高创新能力，不断推进知识的更新，选择最有用的知识。大学生要进行创造性学习，就必须培养创新的素质。一切创新活动，都起源于创新性的思考。因此，创新思维是创造性学习的核心，是创造性学习活动的开始，并贯穿其始终，也是培养创新型人才的关键。

（3）个性化　学习是大学生的个体行为，每个大学生的心理特征、已有的知识经验及解决问题的方式均有很大差异。创造性学习提倡大学生在学习中充分发挥自己的个性和特长。从个体发展的角度上说,人的一生就是充分展现自身特征和实现个人价值的过程。创造性学习正是学生通过个性化的学习来实现其自身价值与社会价值的一种方式。

二、大学生创造性学习的形式

大学生创造性学习的表现形式是极其复杂的,以下四种形式最富有特色。

1. 探究学习

探究学习,是使知识能够被大学生创造性地吸收和运用的最必要的方法。它可以在学习过程中最大限度地促成创造性活动特点的形成;同时,它也有助于引起大学生学习活动的兴趣和需要。归根结底,探究学习能使大学生充分获得创造性活动的经验。

探究学习不是一种可以被明确地描述成某种模式的学习。它既包括大学生可以自由选择思维和操作的各种极其生动活泼的学习方式,也是指大学生的一种学习态度。其实质是大学生通过自主地参与获得知识,掌握认识和实践所必需的多种能力,同时形成探索未知世界的积极态度。

探究学习的特点是:其一,大学生自主地感知自然事物和社会现象,通过个体的探究,获得正确的知识。它不以取得现成的结论性知识为结果,彻底摒弃死记硬背的做法;其二,大学生借助较低层次的探究能力,初步形成自己的科学知识体系,进而以培养高层次的探究能力为目标,并运用这种高层次的探究能力获得程度更高的科学知识。大学生通过探究能力的培养和科学知识体系的形成,最终掌握探索未知世界所必需的、科学的方法。

探究学习要求大学生经常接触具有研究性质并包含有探索知识任务的作业。这样的作业每次不一定需要很多,但要贯穿到学习过程的所有或大部分阶段之中。也就是说,要充分发挥探究学习的作用,大学生只参与带有研究性质的任务尚嫌不足,还必须使这些任务具有系统性。明智的做法是:这些任务应该组成一个具有一系列具体指标的体系。该体系应当包括某一知识领域特有的各种主要问题和基本的科学方法,同时还应该反映出创造性活动的基本程序。圆满地完成这样一个任务体系,是使探究学习成为创造性学习在一般学习过程中的表现形式的根本条件。

2. 问题意识

问题意识与探究学习密切相关,从某种意义上说,它是大学生进行创造性学习更为直接的表现。从心理学角度分析,所谓问题意识,指的是大学生在学习过程中表现出来的一种认识特征,是个体思维的问题性心理品质的体现。换言之,它是大学生在学习活动中始终意识到一些难以解决的、感到疑惑的实际问题或理论问题。这种意识驱使大学生不断地提出问题并解决问题,使大学生能够对学习对象保持高度的敏感性。问题意识既是创造性学习的起点,又是创造性学习的重要动力。如果说创造性的学习过程就是大学生不断提出问题、解决问题的过程,那么问题意识的重要作用就是它能够使大学生从疑到无疑再到有疑,并如此循环往复,从而推动学习过程的前进。

对于大学生来说,问题意识的形成首先源于自身对学习活动的一种经常性的检查。大学生每天都应该想想,哪些方面做得还不够好,有什么新的思想可以融入到自己的学习中去,要努力养成每天花点时间动脑筋想问题的习惯。对于有些大学生来说，其学习过程的低创造性是与一种被称为“木头脑袋”的心智活动密切相关的。“木头脑袋”式的学习只是用预先构想的、固定不变的概念去分析问题，从不理会甚至完全拒绝与其相反的任何表示。很显然，这是由于问题意识的缺乏而导致的一种心智活动方式。

爱因斯坦曾经说过，“研究室的真正价值不是为了产生主意，而是让人每天有考虑问题的时间”。可见，使自己的思维处于一种问题状态，是大学生发挥独创、治愈“不敏感症”的最好办法。大学生为了追求学习过程中的问题意识状态，可以规定自己每天都必须用一定的时间去思考，在适宜的环境中沉思默想，往往使他们产生各种有价值的想法。

另外，问题意识的形成，还要求大学生能够做到无顾虑地独立思考。通常，在学习的初始阶段，大学生提出的问题以及解决问题的方法往往会很幼稚，这种情况是正常的。随着问题意识的不断强化，大学生的思维能力必然会得到提高。总之，大学生应当自由地独立思考，不要因为缺乏巧妙高明的解决办法而抑制自己的问题意识，要把问题看成挑战，一个具有创造性的人每天都必须同问题打交道。

3. 面向过程

面向过程是创造性学习在现代学习过程中的又一重要表现形式，它是在现代科学知识飞速增长的背景下形成的。

虽然，现代学习最为直接的意义是使大学生取得令人满意的结论，然而这种学习结论的取得并不能成为现代学习的全部意义，因此，大学生不能仅满足于学习结论的取得，更应注重面向过程的学习。所谓面向过程，就是说大学生在学习活动中要重视对知识形成过程的理解，并在理解中仔细体验这一知识得以产生的基础及它与其他知识的相互联系等，从而进行一种综合的思考。

从知识的发展来看，知识的形成过程往往就是一个相对完整的创造过程。因此，大学生利用面向过程这一学习方式，必然能够在对理解知识的过程中提高自己学习活动的创造水平。

对于大学生来说，面向过程首先是要求他们不要被动地接受现成的知识和科学成就，而是要积极地开启自己的思维并充分地利用自己其他的各种认识能力，主动地参与到对知识的内容与形式的构造中去，设法从个体水平上去改造认识对象，努力赋予它一些独特的内容。简单地说就是不要简单地去认可，而是要有效地去构建。其次，大学生要学会在不同领域和不同学科间建立联系。当代科学的发展要求大学生能够打破科学与哲学、科学与艺术之间的界限，在接受自然界博大精深的感染的同时，也能认真体验哲学的深邃雄浑和艺术的崇高与优雅，反之亦然。只有这样，大学生才能形成一种整体的综合视野和发展的平衡观点，从而能更加自如地体验和习得知识的形成过程，提高自己分析问题和解决问题的能力。

从学习的未来发展来看，面向过程这一学习方式的价值将会表现得愈加明显，因为它可以使大学生在不断积累必要知识的同时，获得更强的灵活解决问题、应付多变世界与社会的能力。

4. 因材择学

因材择学最基本的含义是大学生在学习过程中能够选择适合自己心理能力与个性特征的一系列学习方式，使学习方式真正地成为一种个性化的方式。因材择学能够成为创造性学习在学习过程中的重要表现形式，是因为创造性学习是一种复杂的问题解决活动，是解决问题的最高级表现。

在解决问题时,大学生需要重新组织若干已知的规则,形成新的高级规则,并用以达到一定的目标。这就要求大学生能够选择独特的思维视角和心理活动方式,并长期积累,这种独特的思维视角和心理活动方式必然固化在个体身上,从而成为个体个性化的学习方式。

在具体的学习过程中,因材择学的范围可以涉及到个体学习活动的全部方面。从内容到形式,从过程到手段,从物质环境到心理环境等,大学生都可以按照自己独特的经验与个性去组织把握。在某种意义上,我们可以认为,因材择学的表现越丰富、越彻底,大学生的学习过程和结果就会具有更高的创造性。反之,如果大学生只知道一味承袭他人的学习方式与经验,而不注意揣摩自己的个性特征及需要,那么学习过程的创造性就必然会呈现不断下降的趋势。从哲学的角度来看,因材择学也是大学生对进入自己学习过程的各种方式、方法、手段等实现自由把握的一种标志。

三、大学生创造性学习必备的心理素质

大学生创造性学习是极其复杂的创新活动,它需要学生具备良好的心理素质。良好的心理素质在创造性学习过程中往往起着指向、激励、维持和强化等多种作用。了解大学生进行创造性学习必须具备的心理素质,可以使大学生在创造性学习中更好地施展创造才能,发挥创造力。

1. 创造性学习的意识

所谓创造性学习的意识,就是有没有创造性学习的欲求和愿望。人有各种欲求,但个体满足欲求的程度是不同的。有的人并不局限于已有的满足,而是不断地向更深层次递进,而有的人却不是这样,一旦某种欲求获得一定程度的满足,就不再深化、进取。可见欲求不满既是激起个体行为的普遍原因,又是产生行为的原动力。

对于大学生来说,有没有创造性学习的欲望是决定他们能否进行创造性学习的前提条件。一个大学生如果不思进取,主张“60 分万岁”,在学习上自然不会有问题意识和探究精神,往往只满足于了解课本上现成的结论,课后也不会进行广泛阅读,认真思考,对老师布置的学习任务,敷衍了事。

2. 创造性学习的兴趣

兴趣是个体积极探究某种事物的认识倾向。这种认识倾向使个体对某种事物给予优先地关注,并具有向往的心情,它使个体更加积极,是构成动机的成分之一。因此,大学生如果对创造性学习抱有浓厚的兴趣,就能激发学习热情,不易受到外界因素的干扰,保持良好的心境,增大创造性思维和认识活动的能量,增强创造意志,勇于克服困难,刻苦钻研而乐其所为。相反,如果对创造性学习提不起兴趣,大学生不仅不会积极主动地攻克学习上的一个个难点、疑点,反而会把学习当成沉重的负担,产生一种厌烦心理,这样也就根本不可能萌发创造性的思想和观点。

3. 创造性学习的信心

自信心是个体对待自身态度方面的一种性格特点,它是在个体的自我意识发展过程中,伴随着自我评价而产生和发展起来的。人的自信心主要有两种作用,一种是标志作用。自信心

主要建立在对自己思想品德和能力水平正确估价的基础上，一旦形成，就成为思想品德和能力水平的标志。二是动力作用，即自信心对于个体在思想品德和学习工作上的进步具有强有力的推动作用。因此，自信心是个体完成任何工作的心理保证。

对于创造性学习来说，它是对书本上现成的结论和教师传授的知识的突破或创新，它会遇到许多意想不到的困难，这就要求大学生首先要充分估价自己的能力和有利因素，从精神上树立取胜的信心。如果在开始创造性学习之前，就缺乏信心，就会造成过分的自我批判，以致自己框住自己，这往往会埋没个体的创造性能力。

4. 创造性学习的意志

学习从来不是一件轻松的事情，创造性学习更是如此。除了要克服认识本身和技术上的困难外，创造性学习还要克服许多意想不到的困难，包括要进行许多简单、枯燥和繁琐的工作，还要承受外在的压力及挫折、失败的风险等。因此，大学生在创造性学习的过程中如果受懒惰、胆怯、畏难和怕失败等心理的支配，是不可能取得很好的效果的。大学生只有培养起坚定、勇敢、执着、奋进、自制和果断等良好的意志品质，才能使自己长时间毫不懈怠地保持较高的创造性学习热情，不屈不挠地向着既定的目标前进。

5. 创造性学习的独立性

独立性是创造性学习活动必不可少的个性心理特点。它表现为独立思考、独立钻研和独立探索的精神，表现为一种科学的怀疑态度。独立性强的人，不会屈从于他人，不会盲目从众，不迷恋书本，不受传统观念的束缚，不会被权威所吓倒，敢于标新立异，别开生面，但也不是固执己见。有些大学生在中学时养成的一切依赖教师和其他同学的习惯，在大学里仍然只唯书，只唯上，不存怀疑，不去探索，过分谨慎小心，而不敢独树一帜，遇到疑难问题，也不敢大胆提问，生怕失面子。做作业时，总要参照其他同学的答案。复习迎考时，不是在理解的基础上消化、掌握，而是进行死记硬背。这些在学习上缺乏自主性、独创性的表现在某种程度上减弱了大学生创造性学习的动机，并且会成为束缚和障碍，使大学生囿于某种固定的反应倾向，跳不出框框，打不开思路，从而抹杀了创造性思维能力。

四、大学生创造性学习能力的培养

21 世纪要求大学生学会学习，而学会学习的核心问题是学会创造性学习。从社会意义与历史角度看，创造性的学习方法是最高的学习方法，只有不断创造，才能不断推进社会和历史的进步，大学生们具备了创造精神和能力，才能真正成为栋梁之才。

1. 树立创造性学习观念

学习观念指导着大学生的学习目标，影响着大学生的学习态度与方法，进而影响大学生的学习质量。随着现代创新型社会的不断发展，及时更新学习观念是当代大学生必须具备的素质之一，而树立创造性学习观念正符合我们所处的时代背景。大学学习是以学生自学为主的学习活动，学生应摈弃“死记硬背只为考试过关”的陈旧观念，加强自我识别与激励，根据自我提升的需要与时代发展的特点，为自己设定科学合理、与时俱进的学习目标，在创造性学习观念的指导下积极思考、主动参与，不断挖掘自身的学习潜力，迸发新的思维火花，创造新的财富。

2. 参与创造性学习活动

一般来说,大学生除了参与课堂学习外,还有另外三种重要的自学活动,即补充课堂学习的自学活动、独立钻研的创造性活动以及相互讨论、相互启发的学习活动。

补充课堂学习的自学活动主要是指课后复习。课后复习不是简单地阅读已经学过的内容,而是要达到进一步消化已学知识和发展思维能力的目的。

独立钻研的创造性活动是培养创造性人才的基础,它并非高不可攀,而就存在于大学生的日常学习与生活中。一个能够提高学习效率的小小改进都是一种创新活动。要做到创新并不难,关键是要善于观察与勤于思考。

大学生相互讨论与启发的学习活动,能够为大学生提供较为轻松、自由的环境,使得大学生在不同思想与知识的碰撞中,提高分析问题、解决问题的能力,并且培养敏锐的感知能力与发现新问题、找到新方法与途径的创造性学习能力。

3. 培养创造性学习习惯,掌握创造性学习方法

行为主义心理学家华生曾提出“学习的习惯化”这一学习理论,认为学习的过程就是习惯形成的过程。高效的创造性的学习方法,必须从认识不良学习习惯并将其打破开始,并且要养成创造性学习的习惯。久而久之,习惯成自然,就形成一种创造性的学习风格,即稳定的学习活动模式。进行创造性学习,要求大学生学会如何安排学习,如何科学有效地提高学习效率。创造型学生能够能动地安排学习,尤其是在大学生拥有充分的自主学习空间的条件下,这一点显得十分必要。例如大学生不应受制于固定的学习时间与学习内容,除了完成课内学习以外,还应自觉主动地从事各种课外学习与社会实践活动,从而捕捉到不同的知识与经验,建构自己的知识结构和认知体系。

创造型学生应该掌握较为系统而独创的学习方法。学习方法种类繁多,大学生应根据学习情境的不同特点和变化选用最为适当的学习方法,并在学习进程中灵活应用,不断改进。为了掌握创造性的学习方法,大学生应在强烈的好奇心与求知欲的驱动下,学会不断地向教师、同学和自己提问,发挥丰富的想象力,从不同角度看待事物,培养发散性思维,不盲目依赖群体公认的思想或观念,敢于探索与发现问题,善于将知识或经验概括化与系统化。这样不仅改善了学习的效果,而且也发展了创造能力。

另外,大学生在学习的过程中还应做到自我控制,适时调整学习状态,即根据自身的学习状况和学习要求及时地修正学习目标,明确学习方向,优化学习策略,改进学习方法,学会客观地自我评价,形成动态的创造性学习。

心理训练游戏

卖梳子

活动目的 培养学生发散思维,帮助其学会创新。

活动时间 1课时。

活动道具 无

活动场地 教室,分四小组围坐。

活动程序 活动分为五个部分,具体步骤如下。

(1)教师讲明游戏情境与规则　有一家效益相当好的大公司，为扩大经营规模，决定高薪招聘营销主管。广告一打出，报名者云集。面对众多应聘者，招聘工作的负责人说："相马不如赛马。为了选拔出高素质的人才，我们出一道实践性的试题，就是想办法将木梳尽量多地卖给和尚"。

绝大多数应聘者感到迷惑不解，甚至愤怒：和尚要木梳何用？这不明摆着拿人开涮吗？于是纷纷拂袖而去，最后只剩下四个应聘者：A、B、C和D。

负责人交待："以10日为限，届时向我汇报销售成果。"

假定我们四个小组的同学就分别是那四个幸运的应聘者。请同学们小组讨论"如何把梳子卖给和尚"，看哪个小组提出的方案卖出的梳子最多，并在实际生活中具有一定的可操作性。

(2)注意事项　①一定是将梳子卖给和尚；②梳子的形状、样式、颜色不限。

(3)小组讨论：主持人可以采取"头脑风暴"的做法，引导学生大胆说出一切可能的方法，然后再挑选出在实际中可操作性比较好的方案。

(4)推销梳子成果汇报。

(5)推销梳子的感受分享。

思考题

(1)大学生常见的学习问题有哪些？

(2)如何提升学习动机？如何应对考试焦虑？

(3)什么是创造性学习？

参考文献

[1]　沃建中.心理健康教育指导——学习篇[M].北京：科学出版社，2003.

[2]　刘惠军.当代学习动机的理论和应用研究进展[J].首都师范大学学报(社会科学版)，2002，148(5)：112-117.

[3]　钟丽萍，王燕.对大学生学习动机培养和激发的探讨[J].黄石理工学院学报，2006，22(5)：64-67.

[4]　布罗菲.激发学习动机[M].上海：华东师范大学出版社，2005.

[5]　黄希庭.大学生心理健康教育[M].上海：华东师范大学出版社，2004.

[6]　胡昌军，刘立亚，杨渊.大学新生考试焦虑影响因素调查[J].中国健康心理学杂志，2008，16(11)：1207-1209.

[7]　阮鹏.考试焦虑与临床治疗[J].临床心身疾病杂志，2005，11(1)：60.

[8]　黄瑜，孔维民.大学生考试焦虑与主观课业负担关系的调查[J].中国校医，2007，21(5)：499-501.

[9]　刘曼曼，徐琴美.大学生学业成就目标与考试焦虑的关系研究[J].中国健康心理学杂志，2009，17(10)：1241-1243.

[10]　林崇德.关于创造性学习的特征[J].北京师范大学学报(社会科学版)，2000，157(1)：56-63.

[11]　张和平.大学生进行创造性学习的条件[J].理工高教研究，2007，26(2)：48-49.

[12]　钟以俊.大学生的创造性学习及其基本模式[J].高等教育研究，1992，(3)：70-74.

[13] 杨敏毅,鞠瑞利.学校团体心理游戏教程与教案[M].上海:上海科学普及出版社,2006.

[14] 仪晓立,杨洋,白振华,等.网络成瘾青少年静息态功能 MRI 区域一致性研究[J].中华放射学杂志,2016,50(11):878-881.

[15] 李磊,陈雪,孙锦华,等.青少年网络游戏成瘾者脑灌注的改变[J].中国医学计算机成像杂志,2015,21(1):11-15.

[16] Lin F, Zhou Y, Du Y, et al. Abnormal white matter integrity in adolescents with internet addiction disorder: a tract-based spatial statistics study[J]. Plos One, 2012, 7(1):e30253.

[17] Zhou Y, Lin F C, Du Y S, et al. Gray matter abnormalities in internet addiction: A voxel-based morphometry study[J]. Eur J Radiol, 2011, 79(1):92-95.

[18] 叶宝娟,郑清.压力对大学生网络成瘾的影响机制[J].心理科学,2016,(3):621-627.

(达芳菊　王岚　舒娟　吴杰　吴萌　刘衡)

第六章

人际关系——相逢是首歌

每个人都希望自己的生活能充满阳光，友谊能天长地久，人情能温馨美好。但生活总是现实的，人与人的关系并非都如我们所愿是积极的、亲密的、和谐的，人与人的冲突也是在所难免的。如何建立良好的人际关系，妥善处理各种人际冲突，是困扰着每一个大学生的现实问题。

案例导入

张某是大一新生，性格较内向，从来没有住过校，在家他有属于自己的房间，进入大学后与七名同学同住一间寝室，在优越环境中成长的他，看不惯同寝室同学“不良”的卫生习惯，更不喜欢他们随意的作息习惯，尤其不喜欢他们的高谈阔论。总之，看谁都不顺眼。由于内向的他本来就不擅长与人沟通，加上看不起那些同学，于是他经常独来独往，时间一长，他发现同寝室同学说说笑笑，进进出出都结伴而行，只有他干什么都是一个人，他开始感到失落了，孤独感油然而生。他曾经多次萌发过主动与同寝室同学交往的念头，可都事与愿违。他回寝室时总觉得别人都在议论他，对他评头品足，还窃窃私语，一副嘲笑、鄙视的模样，他觉得受不了了，想换寝室，但没有得到学校的批准。为了尽量减少与同寝室同学接触，他很少回寝室，即使这样，似乎还是没有减少他们对自己的议论和不满，他开始失眠，食欲下降，精神状态越来越差，身体急剧消瘦，在寝室，话越来越少，甚至连笑声都很少听见，最后张某终于病倒了。

张某由于自己性格内向，又比较高傲，未能与同寝室同学建立起良好的人际关系。长期独来独往，加剧了张某的孤独感，孤独感又引发了张某的猜疑心理，最终导致张某出现了心身性疾病。

第一节 人际关系概述

人际关系是指人与人在交往中建立的直接心理联系。人际关系的好坏反映着人们心理距离的大小。人际关系是社会关系的一个侧面，它是以情感为纽带，以人们的需要为基础，以交往为手段，以自我暴露为标志的一种心理关系。

培养良好的人际关系在学校教育中是一个不被重视的课题。实际上，良好的人际关系对大学生今后的发展与成才具有十分重要的作用。如今的大学生多是独生子女，在家娇生惯养，而到学校后要过群体生活，必须学会处理好人际关系，才能愉快地生活和学习，并为今后的工作奠定良好的基础。

一、人际关系对大学生成长和发展的意义

大学生处于一种渴求交往、渴求理解的心理发展时期，良好的人际关系是其心理正常发展、个性保持健康和具有安全感、归属感、幸福感的必然要求。同时，大学阶段又是个性心理品质形成和发展极为重要的阶段，如果大学生能够与教师、同学、朋友和家人维持良好的人际互动，保持良好的人际关系，便会感到被人理解、被人接受，感到安全、温暖、有价值，心情会更加舒畅，性格会更加开朗，兴趣爱好会更加广泛，思维会更加活跃，逐渐形成和发展出良好的个性品质。与此同时，大学生能够通过人际交往获得身心发展所必需的资源，通过良性互动，在团结友爱、朝气蓬勃的环境中，促进自身素质的全面提高。

人际关系对于大学生的意义主要表现在以下几方面。

(1)有助于大学生的自我认识和自我完善　人的自我认知和自我完善是在一定的文化环境中，通过个人和他人的相互作用、相互认知进行的。具体地说，就是指从他人对自己的评价和态度，从与他人的关系中认识自我形象，从与别人的比较中认识自我，即我们常说的“以人为镜”。

正确认识自己和周围的环境，才能形成良好的自我形象，塑造完美的人格。同时，恰当的自我认知，既能使人避免“夜郎自大”，又能使人摆脱自卑感。

(2)有助于大学生的知识学习和智力开发　书本上的知识毕竟是有限的，人际交往是获取新知识的有效途径。同时，人际交往中的信息交流有利于启迪思维，开发智能。由于知识的局限，加上社会经验的不足，大学生看问题难免陷入僵局。而在与教师、同学的交往中，畅所欲言，思维撞击，就会产生新的思想火花，使自己茅塞顿开。英国大文学家萧伯纳说过：“你我是朋友，各拿一个苹果彼此交换，交换以后仍然各有一个苹果；倘若你有一个思想，我也有一个思想，互相交流，那么每人就有两个思想，甚至更多的思想。”著名华裔科学家、诺贝尔奖获得者李政道教授说过，他和杨振宁教授合作打破宇称不守恒定律，就是在一起吃饭交谈时解决的。由此可见，人际交往对大学生知识的学习和智力的开发何等重要。

(3)有助于大学生的社会化　人际交往是个人社会化的必经之路。个人社会化，即个人学习社会知识、技能和文化，从而取得社会生活的资格。如果没有其他个体的合作，个人便无法获得生活必需的知识技能。学会与人平等相处，才能自立于社会，取得社会认可，成为一个成熟的社会化的人。

(4)有利于大学生的心理健康　WHO对健康下的定义是：“健康，不仅是没有身体疾病，还要有完整的生理、心理状态和社会适应能力。”从这个定义中可以看到，心理健康是一个健康的人不可缺少的一部分。

人是有感情的动物，人的情绪体验往往会决定人的心理状态，而情绪的困状又大多表现在人际关系上。人有相互交往的需要，当一个人有了群体归属感才会有安全感，才会消除孤独感，形成愉悦的情绪体验。

大学生正处于自我与社会性发展的重要时期，这种群体感的获得显得尤为重要。而群体感的获得需要通过良好的人际交往和沟通，达到相互了解、理解和认同。因此，大学生健康的心理需要有良好的人际关系作为支持。

二、大学生人际关系的分类

根据大学生人际关系建立的动因，可将大学生人际关系划分为以下几种类型。

(1)血缘型　血缘关系指父母与子女的关系，兄弟姐妹之间的关系及由此衍生出的亲戚关系。由于家庭教育方式会对孩子产生重要影响，因此，家庭中的人际关系对大学生显得相当重要。

(2)地缘型　地缘型主要指大学生因地域相同的缘故而结成的人际关系。这种关系因共同的乡土观念、相似的生活方式、相同的语言文化带来更多的心理相容性，特别是大学新生初次离家求学，老乡在一定程度上起着心理稳定剂的作用。最为常见的一种形式是同乡会，它在刚入学新生中的作用尤为突出。每当新学年伊始，大学里的同乡会就十分活跃，老生们忙忙碌碌地查找新生同乡，往往是开学后几天就开始张贴海报，举行同乡聚会，所谓“三秦子弟”“江淮儿女”……济济一堂。同乡会总能使新生们在异地感到乡情的温暖。

(3)业缘型　业缘型指大学生以所学专业为纽带形成的人际关系。包括师生关系、同班同学关系、同系或同院同学关系、校友关系、同专业的校际同学关系等。同班同学关系是大学生业缘人际关系中最主要的部分。由于朝夕相处，他们不仅有认识上的深刻了解、情感上的深厚联系，也有专业上的合作与竞争。因此，这种关系大多都保持终生。

(4)趣缘型　趣缘型指大学生因为某些共同的兴趣而结成的人际关系，像诗社、剧团、球类的各种团队，棋类、武术的各种协会等。大学生对学业的追求、业余文体生活的爱好，都能导致相互之间的意气相投。从对政治的理解、对经济的看法到对绘画、音乐、电影和体育等各种爱好见解的相似性，都会使双方感到欣悦。尤其是在事关切身利益的重要问题上态度相同，则更是如此。观点、意见和态度的相似，不仅使自己的想法得到了赞同，自尊心也得到了满足，可以使交往双方进一步加深好感，相互欣赏，乐于与对方协调行为，进而倾心、深入地与其交往，使友谊加深。趣缘型的人际关系在大学生中是相当常见的交往类型。

三、大学生人际交往的特点

交往是人的心理需要之一。健康正常的交往如能得到满足，就会形成一种向心力，对工作和学习起促进作用。反之，就会产生空虚感和烦恼，甚至会影响个性的健康发展。很多大学生远离故土和亲人、老朋友，容易产生失落感、孤独感，渴望得到他人的关心体贴、爱护、信任和理解。因此，大学生渴望友谊，渴望结交更多的朋友，交流更多的信息，接受更多的新思想。可以说人际交往问题贯穿大学时代，并成为当代大学生人格发展的重要课题。

大学生的人际交往大多表现出以下特点。

(1)平等性　大学生身心发展水平相似，他们的年龄、经历、心理、知识结构和思想特点也相差无几，并且大学生追求平等、民主。因此，大学生的交往具有明显的人格平等、角色相同等特征。

(2)纯洁性　大学生承担的社会角色决定了他们的主要任务是学习，不存在由经济关系带来的利害冲突。大学生珍视友谊，把友谊作为重要的追求目标，而且大学生极富浪漫性，头脑中充满了对理想的憧憬和对生活的热爱，较少出现互相利用，富有功利色彩的人际关系。

(3)开放性　大学生的交往呈现出开放式的特点。首先表现为大学生交往的范围扩大。交往对象由以前的亲缘、朋辈交往转向更广泛的社会交往群体。同学交往不局限于同班同学，发展到同级、同系甚至是同校的同学，不仅包括同性交往，异性交往也是同学交往的重要方面。其次表现为大学生的交往频率提高。交往由偶尔的相聚、互访发展为经常性的聊天、社团活动、举行聚会、体育活动、娱乐、结伴出游以及其他一些集体活动。最后表现为大学生交往手段的多元化。电子网络的发展为大学生的交往提供了更加广阔的空间，交往手段的发展使大学生的人际交往变得更方便、更快捷，交往距离更远，交往范围更广。

(4)信息性　大学生应该重视交往的信息交流作用。在信息化的时代，每一个人几乎都是一个信息载体。人们只有在与他人的广泛交往中才能捕捉、筛选对自己的工作、学习及交往有价值的新信息，更新自己的知识贮存，打破自己的思维定势，变革自己陈旧的思想观念，改变自己过时的行为规范，在实践中完善、再造自己，提高与他人竞争的能力。

大学生作为中国社会对信息流动最为敏感的群体之一，他们普遍把社交能力作为自己必须具有的能力之一，他们与人交往的出发点和归宿点，也已经由聊天闲谈、访友叙旧，巩固和发展旧的友谊，逐渐向获取信息、更新知识、提高竞争能力等较高的层次发展。

四、大学生人际交往的影响因素

在大学生群体中，人与人的交往程度或深度往往有较大的差别。有的情同手足，你来我往，形影不离；有的时冷时热，表面应付，若即若离；有的隔阂颇深，视若仇敌。这些差异的产生是由各种因素共同影响的结果。

影响大学生人际关系的因素主要有以下几方面。

1. 时空接近性

“远亲不如近邻”，时空的接近是人与人之间建立密切关系的重要条件。大学生交往的对象往往都是同龄人，他们同时入学，同在一个班级，或同在一个宿舍，或是同乡，由于这些原因，他们经常接触，相互交往。交往的频率越高越容易形成共同的经验，产生共同的语言和感受，从而更容易建立和维持密切的人际关系。相反，原先关系亲密的两个人，后来由于交往少了，关系可能会淡薄下去。一般地说，人际关系的亲密程度是同交往水平成正比的，交往水平越高，人际关系就越易密切，反之亦然。

2. 交往的频率

所谓交往的频率因素是指人与人互相接触次数的多少，是人际关系建立的必备条件。虽然通过交往并不一定都能建立起良好的人际关系。但是，良好的人际关系必须建立在交往的基础上，没有彼此的交往，就没有人际关系可言。在一般情况下，人与人或由于空间位置的接近，或由于工作的需要，相互之间交往的频率就可能高，而交往的频率高，彼此增进了解的机会就多，也就容易产生共同的经验、感受、语言、兴趣等，就容易形成和谐的人际关系。同时，由于人们交往的频率高，朝夕相处，耳濡目染，也可以使人与人的态度趋于相似。因此，大学生只有在不断的交往中才能互相了解，增进友谊，建立起良好的人际关系。当然，交往的内容和方式对良好人际关系的建立也有重要的影响。真正的交往应该表现为，交往的内容是实质性的，而不是纯礼仪性的应付差事；交往的方式是文明真诚的，而不是粗野虚伪的；交往的频率是适中的，而不是过高或过低的。

知识链接

多看效应

在许多人眼中，喜新厌旧是人的天性。然而，事实果真是如此吗？

20 世纪 60 年代，心理学家查荣茨做过实验：向人们出示一些照片，这些照片中有的向人们展示了 20 多次，有的向人们展示了 10 多次，还有的只向人们展示了一两次，然后请人们评价对这些照片的喜爱程度。结果发现，人们更喜欢那些向他们展示了 20 多次的照片，即看的次数越多喜欢的程度越高。

这种对越熟悉的东西就越喜欢的现象，心理学上称为多看效应。在人际交往中，如果你仔细观察就会发现，那些人缘很好的人，往往将多看效应发挥得淋漓尽致：他们善于制造双方接触的机会，易提高彼此间的熟悉度，然后互相产生更强的吸引力。

3. 态度相似性

所谓态度的相似性就是人们对事情看法的一致性和采取行动的相似性。态度的相似性是建立良好人际关系的基础。大学生之间如果对某种事物或事件持有相同或相似的态度，具有共同的理想、信念和价值观以及共同的爱好和兴趣等，就容易产生共同语言，容易产生心理共鸣，感情也易于交流，相处也比较融洽。

相似性有助于交往，这是因为，其一，各种相似的因素使人具有较多参与相同社会活动的机会，接触越多，越容易熟悉和互相喜欢；其二，相似性可使交往双方在交往过程中得到互相肯定、互相激励，反之，如果双方态度差异大，则容易形成相互否定，增加心理压力，使交往出现不愉快，从而在心理上不愿与对方继续交往；其三，相似性因素可以使交往双方的意见容易沟通，从而减少误会、曲解和冲突，有利于形成良好的人际关系。

4. 需要互补性

需要和满足需要的期望是推动人们相互交往的根本原因，也是人际关系的动机和目的。大学生有各种心理需求，如果双方的基本需要都能在交往过程中得到满足，其人际关系就会密切、融洽。如果只有一方的需要能从交往过程中得到满足，其人际关系就难以持久。如果双方的需要均不能在交往过程中得到满足，人际关系就难以维持，双方对交往就会失去兴趣，如果双方的需要在交往的过程中受到了损害，彼此之间就会产生排斥和对抗，人际关系就会紧张。

总之，如果没有需要和满足需要的期望，空间距离再小，交往的频率再高，也有可能导致“鸡犬相闻，老死不相往来”。而一旦有了需要和满足需要的期望，空间距离即便大些，也可能是“天涯若比邻”。

5. 外貌

一个人的长相、穿着、仪表、容貌和体态是影响人际吸引与人际关系的重要条件之一。俊美漂亮的外表有令人不可抗拒的吸引力，正如古希腊哲学家亚里士多德所言：“美丽是比任何介绍信更为巨大的推荐书”。虽然“以貌取人，失之于人”的道理人人都懂。但是，外貌在人际交往，尤其是初次接触中，对人际吸引有着强烈的影响却是事实。随着交往的深入，就会由重视外表转向重视个性、品德等内在因素。

6. 个性特征

大学生在个体能力、性格和品德等方面的表现更能决定其是否被人喜欢,这些方面比外貌的作用要大得多。

(1)能力 大学生比较崇拜和羡慕有真才实学的人。一般说来,一个人的才能出众或有某方面的特长对别人就有一种吸引力,使他人产生一种敬佩感,使人喜欢与之接近。我们喜欢聪明、有能力的人,主要是因为跟有能力的人在一起,对我们比较有利。他们可能帮我们解决问题,想出新点子,让我们的生活变得更有趣、更容易等。有时完美的人并不一定都令人喜欢。阿仑森等人通过实验说明,一些小缺点或过错会使异常聪明能干的人更受人欢迎,如果一个人表现得完美无缺,反而会使人感到高不可攀、望而却步。

(2)个性 安德森要求受试者指出对具有几种品质的人的喜恶程度,结果发现最受喜欢的是具有诚实、热情品质的人,最不受喜欢的是具有虚伪、冷酷品质的人。人们喜欢真心待人的人,不喜欢富有心机、欺骗、算计别人的人。亲切、温和、面带微笑的人通常比冷淡、漠然、面无表情的人更让人乐于亲近。拥有开朗、善良、不自私、关怀体贴等特质的人也令人喜爱。

第二节 大学生人际交往的原则及其能力培养

大学时代是人际关系走向社会化的一个重要转折时期。踏入大学校门,就会遇到各种人际关系,如师生之间、同学之间、同乡之间,以及个人与班级、学校之间的关系等。面对如此多的人际关系,有的同学因为处理不当,整日郁郁寡欢,心情沮丧;有的同学因为人际关系紧张,精神压力很大,导致不同程度的心理病症;更多的同学则由于不知如何处理复杂的人际关系,经常被苦闷、烦恼的情绪所困扰。大学生要正确认识人际交往,针对交往方面存在的不足,掌握人际交往的原则及交往技巧,提高人际交往能力,营造和谐的人际关系。

一、大学生人际交往的原则

大学生只有进行积极的人际交往,才能在交往中收到良好的效果,从而建立良好的人际关系。要实现这一目标,就必须遵循人际交往的基本原则。

1. 真诚原则

真诚,是友好交往的基础,也是人际交往得以延续和深化的保证。只有彼此以心换心,才能相互理解、相互接纳、相互信任,所谓"精诚所至,金石为开",就是告诫我们用真诚去打开人际交往的心灵之门。

真诚地与人交往,就会充分认识、发掘他人的长处,不会计较他人的短处和不足,就能以公平的心去评价和判断事物,这有助于自己的发展和完善。我们把真诚赠予人,自己什么也没有失去,反而会得到别人的真诚。

在人际交往的实践中,人们还容易犯一个错误,就是希望他人真诚可信,但却常常忽视了自己也应该真诚待人。例如,有的大学生交朋友,常常要求朋友对自己坦诚相待,袒露心扉,否则就认为朋友不真诚,但是自己却从未向朋友打开过心灵之门。这样的交往关系,永远难以深入。又比如那种"逢人便说三分好,未可全抛一片心"的交往,必然侵蚀健康的交往关系。

当然，真诚不等于头脑简单、轻率从事、盲目冲动，真诚本身就是要求我们细致、谨慎和理智地去进行人际交往。

2. 平等原则

在人际交往中，平等待人是建立良好人际关系的前提，没有平等待人的观念，就不能与人建立密切的人际关系。心理学家研究表明：人都有交友和受人尊敬的需要，特别是青年人，交友和受尊重的愿望都非常强烈。他们渴望独立于父母成为家庭和社会中真正的一员。人的这种需要就是平等需要。可以说，只要是正常人都希望得到别人的平等对待。因此，平等原则是人际交往中最基本的原则之一。

社会中的人年龄悬殊，分工不同，经历各异，他们交往的原则和方式相对较复杂。但就大学生而言，年龄、经历和文化水平等都大体相似，无论来自城市还是农村，无论学文还是学理，并无尊卑贵贱之别。大学生人际交往应该是平等的。无论何时何地，无论年级高低，任何大学生都要自觉做到平等待人，绝不允许任何人自视特殊、居高临下、傲视他人，否则就会脱离集体，成为孤家寡人，造成心理上的孤独感。调查表明，那些优越感很强，喜欢显示个人特长或家庭背景的大学生多数人缘较差，即使他们的个人能力很强，也无法发挥，不坚持交往平等原则的人，是不会被他人欢迎和接纳的。

3. 尊重原则

尊重包括自尊和尊重他人。自尊就是在各种场合自尊自爱，维护自己的人格。尊重他人就是重视他人的人格、习惯与价值，不伤害他人的自尊，承认人际交往中双方的平等地位。

尊重是交友的重要保证，是达到交往效果的桥梁。在人际交往中，交往双方由于主客观的原因，在气质、性格、能力和知识等方面均存在差异，并因社会分工的不同而具有不同的身份，但交往双方在人格上则是平等的。

尊重他人和自尊是平等的基本要求，只有尊重他人，才能得到他人的尊重。尊重自己同时也体现了对他人的尊重，这二者是相辅相成的。所以古人说“敬人者，人恒敬之”。俄国大作家屠格涅夫有一天走在街上，一位年迈体弱的乞丐向他伸出发抖的双手，大作家找遍所有的衣袋，分文没有，他感到惶恐不安，只好上前握住乞丐那双脏手，深情地说道：“对不起，兄弟，我什么也没有，兄弟！”哪知，大作家这一声“兄弟”，却超过了钱币的作用，立刻使老乞丐为之动容，泪眼盈盈地说：“哪儿的话，我已经很感恩了，这也是恩惠啊！”这个故事说明，无论什么人，无论地位高低，渴求得到尊重的心情是一样的。所以大学生在人际交往中一定要学会尊重他人。

一个人如果损失了金钱，可以赚回来，但心灵受到了伤害，弥补起来就困难了。在交往中也许你并无伤友之意，但往往因为一句话一件事伤害了别人，甚至就可能为自己树起了一个敌人。所以，尊重他人，不伤害他人的自尊，是人际交往中的根本。现在的大学生，越来越强调自己的个性，好胜心极强，常常把事做“绝”，以证明自己的正确或是胜利，这就容易伤害朋友、同学的自尊。

在人际交往中，有的大学生往往要求他人尊重自己，自己却不懂得尊重他人。如教师在讲台上讲课，他却头戴耳机听音乐或英语。同学在课堂上讲演，他却在下面高声说笑等。这样做既伤害了他人的自尊，也是不尊重自己的表现。“生活中的陷阱和深渊中，最可怕的就是不懂得自尊，这种习惯是最难克服的。因为它是由我们自己亲手设计的深渊”。

要做到尊重他人和自尊，就应当平等待人，尊重他人的劳动，树立良好的人际形象，懂得欣赏他人,把他人当做有价值的人来对待,乐于与人相处,有责任感,懂得自我反思,不夸大自我,不自以为是。

4. 互利原则

人际交往是一种双向行为,故有"来而不往非礼也"之说,只有单方获得好处的人际交往是不能长久的。所以要双方都受益,不仅是物质的,还有精神的,所以交往双方都要付出和奉献。

当然互利并非等价交换,更不是庸俗的交易,而是一种自觉自愿的相互付出、相互奉献。交往双方应相互关心、相互帮助、相互支持。既要考虑双方的共同价值和共同利益,满足共同的心理需要,又要促进相互间的联系,深化双方感情,强调"相互"。这就要大学生破除极端个人主义,与人为善,乐于帮助别人。古人云:"投之以桃,报之以李。"只有在人际交往中,了解他人的价值观倾向,多关心、帮助他人,才能维持和发展与他人的良好关系。

大学生人际交往所遵循的互利原则主要是精神互利,如相互尊重、相互帮助、相互关心等,包括心理、情感、思想文化等方面的交流。

5. 宽容原则

宽容是一个有信心、有坚定意志、有远大目标和理想、开朗豁达的人应具备的品格。苏轼说得好:"匹夫见辱,拔剑而起,挺身而出,此不足为大勇也。天下有大勇者,猝然临之而不惊,无故加之而不怒,此其所挟持者甚大,而其志甚远也"。

在人际交往中由于性格、家庭、经历、文化和修养等差异的存在,出现认识上的不一致,或因误会、不理解而产生矛盾是不可避免的。大学生个性较强,接触又密切,更容易产生矛盾。如果他人伤害了你,你就耿耿于怀,以牙还牙,必然导致恶性循环。反之,如果大学生在交往中对非原则问题不斤斤计较,能够谦让大度、克制忍让,不计较对方的态度和言辞,并勇于承担自己的行为责任,做到"宰相肚里能撑船",他吵你不吵,他凶你不凶,他骂你不骂,发火的一方也会自觉无趣。宽容克制并不是软弱、怯懦的表现。相反,宽容是有度量的表现,是建立良好人际关系的润滑剂,能"化干戈为玉帛",赢得更多的朋友。

6. 信用原则

信用指一个人诚实、守诺言。在人际交往中,与守信用的人交往有一种安全感,与言而无信的人交往内心充满焦虑和怀疑。古人就有"一言既出,驷马难追"的格言。

在大学生的人际交往中,更要做到诚实、守信、遵守诺言,要做到有约按时到,借物按时还,不乱猜疑,不轻易许诺,不信口开河,不让人家空欢喜。这样才能使你的形象更添光彩,才能使你赢得他人的信任,这样交往的双方才能相互理解、接纳、信任,才会有感情上的共鸣,使交往关系巩固和发展。

二、大学生人际交往能力的培养

人类社会离不开人与人的交往,大学生进入大学的那一刻就已决定了其人际交往的需要,良好的人际交往能力及人际关系是生存的必要条件,是社会和谐及个人获得自由与发展的基础。因此,人际交往能力是现代大学生不可缺少的技能与素质。随着社会的发展,交往能力与人际关系受到越来越多大学生的重视,他们对人际交往有了更积极的看法和更迫切的需求。但良好的社交心理素质与人际交往能力不是与生俱来的,而是人在社会化过程中逐渐习得的。

维持良好的人际交往是一门艺术。掌握好这门艺术，对处理一些问题，搞好人际交往的作用很大。

实践证明，交往手段运用得正确、得当，可以满足对方的自尊需要，使交往双方相处得更加友好，有利于大学生形成良好的人际关系。就当代大学生而言，要不断提高自己的交往能力，就必须学习与提高人际交往的艺术与技巧。

1. 客观地认识自我

在社会生活中，我们要经常将自己与他人进行比较，检查自己的言行是否妥当。但在与他人做比较时，既不能以己之长去比他人之短，更不能以己之短去比他人之长，同时也不能以偏概全，自己某些方面不如别人就认为自己什么都不行，自己某些方面突出就认为自己什么都行。如果对自己的认识和评价不符合实际，夸大了自己的缺点短处，看不到自己的优点和长处，就只会使自己丧失信心，增加自己的自卑感。相反，夸大了自己的优点长处，看不到自己的缺点短处，也会使自己觉得高人一等，产生目中无人的感觉。

在人际交往中，大学生要善于发现自己的优点和长处，肯定自己的成绩，懂得欣赏自己；"金无足赤，人无完人"，要善于看到自己的短处和不足，明确自己的劣势，学会解剖自己。只有学会了客观公正地认识自己、评价自己，才能既增强自己的信心，克服自卑感，又避免狂妄自大，抑制自己的高傲感。

2. 培养良好的语言表达能力

语言是人与人之间沟通与交流的重要工具，在人际交往中起着重要作用。出色的语言表达能力是由多种内在素质综合决定的，它需要冷静的头脑、敏捷的思维、超人的智慧、渊博的知识及一定的文化修养。

大学生想要提高自己的语言表达能力，首先，应当通过"多看书，看好书"来提高自己的文学修养，积累广博的知识。其次，应当克服羞怯心理，积极参加演讲、对话和辩论活动，珍惜在公开场合发表见解的锻炼机会，临场经验多了，表达能力自然也就会好起来。另外，同学们在课堂讨论和分组讨论的活动中应踊跃发言，不要放弃锻炼的机会，只要持之以恒，刻苦训练，口头表达能力肯定会有所提高。

总之，如果大学生在日常生活中能运用清晰、简练、准确、生动、幽默的语言来表达自己的思想和感情，就可能使自己成为一个受欢迎的人。

3. 培养良好的性格

培养良好人格是建立和发展人际关系的重要步骤。美国学者安德森研究了影响人际关系的人格品质，其研究结果表明，最受人喜爱的六种人格品质是：真诚、诚实、理解、忠诚、真实和可信。最令人讨厌的三种人格品质是说谎、假装和不老实。大学生要想获得良好的人际关系，必须有意识地培养能够促进人际关系的个性品质，并避免形成对人际关系起破坏作用的人格特点。当一个人具备了较多的为他人排斥的个性特点，他的人际关系状况必定困难重重。反之，如果大学生在人际交往中表现出善良、真诚、热情、开朗、积极、自信、宽容、善解人意等良好的性格特征，就会使人产生亲切感、愉悦感，从而促进人际关系的发展。

4. 培养良好的交往技巧

(1)树立健康的人际交往观　大学生的人际交往集中在校内，以同学之间的交往为主，也有与教师的交往，与校外人员的交往也逐渐增多。大学生要有意识地选择与那些志向高尚、知识广博、道德高尚、情趣高雅的人交往。与这样的人交往，才可能建立友好的、亲密的、健康的、向上的关系，交往的双方可以做到真心实意，以礼相待，取长补短，相互促进和提高。对那种不思进取、格调低俗的人，应该采取敬而远之的态度。人际交往对象的数量和范围也应有所控制，数量太多、范围太广反而会成为一种负担。交往的频率也应该适度，防止精力和时间的分散浪费。随着市场经济的发展，社会上也存在各种不健康的庸俗的人际关系，如钱权交易等。大学生对这些不健康的人际关系应坚决抵制，不应随波逐流。俄国作家赫尔岑说："人类的关系只有在未被庸俗化的时候，才能成为真实而神圣的东西。"大学生作为文化修养层次较高的群体，应该具备丰富的知识和高尚的道德修养，这样才有利于建立起更健康、更完善的人际关系。

(2)建立良好的第一印象　第一印象在人际交往中有很强的定向暗示作用。好的第一印象对良好的人际关系的建立有事半功倍的效果。给他人留下良好的第一印象不能只靠光鲜的外表，得体的表达，真诚的微笑、充分的信任等都非常重要。心理学家通过大量研究，提出了有效表现自己的"SOLER"技术：S——坐要面对别人；O——姿势要自然开放：L——身体微微前倾；E——目光接触；R——放松。此技术能有效增加他人对我们的好感，增加他人对我们的接纳程度，给他人留下良好的第一印象。

(3)遵守集体规则　大学生过着集体生活，但每个人的生活习惯是不一样的，不能强求一致，也不能强求别人都要跟自己有同样的习惯。大学生不能只强调个人的自由，因为个人自由有可能妨碍他人的正常学习和休息，破坏了相互之间的友好关系。在集体生活中大家的习惯各不相同，所以必须确立大家需要共同遵守的纪律和规章制度，这些纪律和规章制度的建立是为了保障同学们的共同利益。每位大学生应自觉地遵守这些规章制度以维护同学们的共同的利益，为同学间建立良好的人际关系奠定基础。

(4)学会赞美　心理学家詹姆士曾经说过："人类本质中最殷切的生命要求是渴望被肯定"。生活中，人人都有自尊和被承认的需要。你称赞他人，恰好能使他人的这种需要得到满足。实际上，他人并不缺少值得赞美的东西，在乎的是被人关注和发现。我们都有体会：一句赞美的语言，常常可以给我们带来一天的好心情。问题在于要学会赞美，必须讲究赞美的分寸和方式，做到真诚地赞美他人，这就要求大学生善于观察和发现他人的优点和长处，能说出对方的可称赞之处，这样才显得合乎情理，才能拉近彼此间的心理距离。否则就会适得其反，给人一种阿谀奉承之感。

(5)学会倾听　表达和倾听在交往中同样重要。实际上，倾听是人际交往中的一大艺术。人都有向他人倾诉的需求，以满足他自我存在的价值感。从某种意义上讲，倾听是对他人最好的称赞。遗憾的是，有些大学生自以为是，不愿听或听不进他人的意见和观点。因此，很难处理好与同学的关系。一位哲人说过："上帝给了我们两只耳朵，一张嘴，很明显就是要我们多听少说"。所以，大学生要掌握倾听的技巧，做到能耐心、虚心、会心地倾听他人，在倾听他人的过程中使对方感到你对他的尊重，自然有利于双方的交往。

(6)学会感恩　古人云："人之有德于我，不可忘也；吾之有德于人，可忘。"学会感恩不仅是与他人进行良好交往的需要，更是个人良好品质的体现。事实证明，常怀感恩之心的人，会主动帮助他人，就能体会到助人为乐的快乐，更容易得到他人的喜爱和认同；而不懂得感恩的人，不愿为他人付出，很难得到大家的接纳和喜爱。所以，大学生要强化感恩意识，时时对助人者心存感激，这样就会营造一种和谐的校园人际氛围。

(7)掌握批评的艺术　融洽的人际交往并非都是一团和气，真正的友谊包括对他人善意的批评，真诚地帮助他人分清是非恰恰是真诚交往的体现。大学生对他人进行善意的批评时应该学会掌握语言的艺术，如批评他人时先肯定他人的优点，再指出应改正的地方，这样对方就往往容易接受你的建议并乐于改正自己的错误。在批评别人时，切忌只图一时痛快而不顾及对方自尊，否则会让对方觉得不快，甚至产生抵触情绪，其结果不但违背初衷，自然也失去了批评的作用和意义。

(8)提高移情能力　移情是指设身处地以他人的立场去体会当事人心境(当事人的感觉、需要、痛苦等)的心理历程。移情是助人、合作等道德行为形成和发展的基础，具有引发助人行为和抑制攻击性行为等亲社会功能。

移情能力高的个体，通常具有较高的人际交往技能和较强的社会适应能力，能够做出更多的“亲社会”行为。因此，大学生应注意从别人的语言、声音、仪表和行为辨别他人的情感，并理解他人的喜怒哀乐，在人际交往中考虑他人的利益和对他人心理上的影响。

(9)积极参加社团活动　各类社团活动和学术沙龙活动，不仅可提升校园文化，而且为提高大学生的人际交往能力提供了诸多的实践机会。调查显示，学生们普遍认为参加社团活动很有收获，可以锻炼自己、丰富业余生活、结交朋友、扩展知识面等。大学生应积极参加各种社团活动，如社会调查、咨询服务、公开策划、广告创意、商品推荐、勤工俭学、公益劳动、社会活动、志愿者行动及各类竞赛。这些社团活动可以帮助大学生了解社会、了解国情、增长才干、奉献社会、锻炼毅力、培养品格、增强社会责任感和人际交往能力。

(10)妥善处理人际矛盾　在任何一种人际关系中，都要涉及解决人际矛盾这个环节。在人际交往中遇到矛盾是不可避免的，而善于解决人际矛盾，是高水平的合作与交往能力的体现。因此，当大学生在人际交往中遇到矛盾和问题时，应该面对问题，主动交涉，而不是回避或拖延，逃避或躲开。只有当大学生意识到人际矛盾的必然性，并学会独立分析，妥善处理人际交往问题，才能在人际交往的过程中始终保持积极健康的心态，并使自己的人际交往能力得到提高。

第三节　大学生常见人际交往心理障碍与调适

大学生正处在心理走向成熟的阶段，难免会将一些不良的心理因素带入人际交往中，形成交往障碍。充分认识大学生人际交往中常见心理障碍的表现及产生原因，并正确地加以调适，既有助于改善大学生的人际交往，也有助于增进大学生的心理健康，这关乎大学生的成长和成才。

一、自卑心理及调试

自卑心理是大学生人际交往中常见的心理障碍之一，了解自卑心理及其调适方法，有助于大学生摆脱自卑心理的消极影响。

1. 自卑心理

“卑”是低下、低劣的意思，“自卑”是自己轻视自己，看不起自己，总认为他人事事都比自己强。具有自卑心理的大学生往往缺乏主动性、积极性，对人和事比较敏感，遇事不敢尝试行动，常常采取逃避的态度。在人际交往方面,表现为回避、退缩、害怕当众出丑。如有的大学生看到别的同学仪态举止自然大方,长相英俊潇洒,就自愧不如,觉得低人一等;还有些大学生在某些方面,如说话带有方言口音,就不敢在公共场合开口,不敢表现自己等。

2. 产生原因

(1)过多地自我否定　性格内向的大学生,在与他人接触的过程中,习惯拿自己的短处与他人的长处相比,所以就越比越觉得自己不如人,就会产生自卑;还有些大学生对自己要求较严,经常自我反省,力求完善自我,只看到自己的不足而忽视自己的优点,形成了过多的否定。

(2)消极的自我暗示　大学生对自己认识过低,产生一种“我不行”的消极自我暗示,抑制了自信,增加了紧张,限制了能力的发挥,导致了社交的失败。这种结果又无形地印证了自卑者的消极自我认识,使自卑成为一种固定的消极自我暗示,形成恶性循环,不断加深自卑的程度。

(3)挫折的影响　一般来说性格内向的大学生对挫折的感受性高而耐受性低,微弱的挫折就会给他带来难以忍受的打击,从而使他变得自卑。

(4)生理或心理方面的不足　有些大学生因自己长相不佳、身材矮小、经济拮据、没有特长、方言难改等,担心不被他人接受,在社交中表现出退缩行为。

3. 调试

(1)正确认识自己,提高自我评价　自卑的形成是由于大学生不能正确认识自己和对待自己。大学生要改变自卑就应该重新认识自己,挖掘和发展自己的优势,扬长避短,不要把自己与他人相比,而要把现在的自己和过去的自己相比,这样就不会产生心理落差觉得不如人了。

(2)进行积极的自我暗示、自我鼓励　自我暗示是一种自我刺激的过程,就是要求大学生即使处于不利的地位,也要鼓励自己,增强自信,而不要先考虑失败后的情绪或事先体验失败了怎么办,同时还要根据自身条件确立通过努力可以实现的目标。

(3)积极与他人交往　一个人的生活经验越丰富,接触面越广,就越能促进其对自身的了解。大学生应主动融入社会大家庭中,去感受他人的喜怒哀乐,这样心胸就会变得越来越开阔。在交往中,自卑的大学生可能会发现自己具有谦虚,善于体谅他人,不与人争名夺利,安分随和,做事小心谨慎、稳妥细致的特点,容易赢得他人的信任,从而增加自信。同时还应有意识地多与性格开朗、乐观、豁达、尊重人、关心人的人交往,从而克服自卑。

二、羞怯心理及调试

羞怯心理是封闭性个性的表现,这种心理障碍将会使人不自觉地与社会、群体相隔离。羞怯心理影响大学生的正常交往和心理健康,阻碍大学生更好地适应社会环境,不利于发挥自己的聪明才智。

1. 羞怯心理

羞怯心理是害羞和胆怯的统称。胆怯是想交往又怕交往的一种心理准备状态,害羞是胆怯在交往中的心理表现。胆怯必定害羞,害羞加剧胆怯。几乎所有人都曾有过不同程度的羞涩和胆怯。羞怯心理较重的大学生在人际交往中表现为话未开口脸先红,话语低沉心发跳,在学习生活中遇到问题,宁可憋在肚子里,也不好意思向教师或其他的同学请教。

2. 产生原因

(1)感应性反应的影响　大学生正处于生理、心理发育最旺盛的时期,激素的分泌量较多,外界刺激会打破机体的平衡,使大学生变得紧张起来,出现冒汗、脸红、心慌等感应性反应。

(2)自卑等心理的影响　具有羞怯心理的大学生羞于与他人交往,特别是不敢与陌生人交往,这是因为这类大学生对自己的信心不足,害怕出错。

(3)成长环境的影响　如果大学生在童年、少年期的交往中曾经受到过他人的训斥、嘲笑或戏弄,可能会对大学生造成相当久远的影响,这些大学生再进入类似环境或新环境时就会出现胆怯。

3. 调试

(1)培养交往的自信心　如果大学生总认为自己缺乏交往能力,口才没有别人好,气质风度比他人差,世面见得比他人少,在集体活动中他们就会畏畏缩缩,讲话办事瞻前顾后,学习讨论羞于开口,自身的能力得不到有效的发挥,还会影响同学间的正常交往。因此,大学生要培养交往的自信心,要看到自己的长处,而不必为自己的某些短处而自惭形秽,相信自己身上总有吸引他人之处,从而摆脱与他人交往的自卑阴影。

(2)努力丰富自身的知识　艺高人胆大,大学生有了丰富的知识储备、娴熟的交往技巧,在交往中自然就会应对自如。知识可以丰富人的底蕴,增加人的风度,提高人的气质,更是克服羞怯心理的良药。大学生应该勤奋学习,努力拓宽知识面,掌握一些社交知识和技巧,通过知识的积累,增强交往的勇气。

(3)增加交往能力的锻炼　大学生身处校园,要努力增加表现自己的机会,多与他人交往,使自己的交往能力得到进步和发展。要多为自己创造一些与他人交往的机会,在各种场合下鼓励自己大胆讲话,勇于发言。

三、孤独心理及调试

青年时期是喜欢结交朋友的时期,但也是容易产生孤独心理的时期。

1. 孤独心理

孤独是一种感到与世隔绝、无人与之进行情感或思想交流、孤单寂寞的心理状态。大学生虽然生活在多姿多彩的校园中,但是有时也难免会产生孤独与寂寞之感。处于这种心理状态的大学生主要表现为少言寡语,离群索居,不愿与他人接触,待人冷漠,不愿参与群体活动,做事喜欢独来独往,封闭自我,不愿与他人进行交流、沟通,所以他人很难了解他的内心世界,他也不能很好地理解他人。

德国心理学家斯普兰格在他的著作《青年心理》一书中曾生动地写道:"没有谁比青年从他们的孤独小房里,更加用充满憧憬的目光眺望窗外世界的了。没有谁比青年从他们深沉的寂寞中,更加渴望接触和理解外界世界的了。"可见大学生渴望摆脱心理上的孤独和寂寞感,渴望寻求友谊和温暖,渴望得到他人的理解、关心、爱护、体贴和帮助,渴望作为一个人格独立的人被社会所承认和尊重。

2. 产生原因

大学生正处在人的生命发展全程中的半成熟时期,他们刚刚走过天真无邪、无忧无虑的时期,童心未泯,世界观和人生观也刚刚建立和逐渐巩固,处在像是孩子又不是孩子,像是成年人又不是成年人的发展阶段。大学生往往自以为很成熟了,但社会和成年人却仍旧把他们看作是孩子。因此,大学生们常常委屈地感到自己不被社会和成年人所了解,因而常常有莫名其妙的孤独感。

深度内向型性格的大学生也容易产生孤独感。这些大学生的自我中心观念比较重,他们往往对外界事物和周围人群表现得淡漠寡趣,难于合群。思想方法比较趋向于抽象、紊乱。行动上经常终日忙忙碌碌,显得紧张而又急迫。他们的内心深处对外界有比较强烈的抗拒感,喜欢把自己封闭在狭小的内心世界中,因而十分孤寂。

3. 调试

(1)多参与集体活动　感到孤独的大学生可以多参与各种类型的集体活动。参与集体活动时,不要带有目的性,也不要期望立即获得回报。参与集体活动的主要价值在于学习社会能力,并寻找机会让他人认识并了解你。

(2)练习自我表达能力　自我表达除了对朋友的感情表达,还有对个人意见与才能的表达。而恰当的不引起误会的表达方式是可以学习的。因此,大学生可以通过学习和练习提高自己的自我表达能力,以利于更好地与他人沟通。

(3)打破孤独的僵局　跟他人相处时感到的孤独,有时候会比单独一个人时感到的孤独程度更高。这是因为你跟周围的人格格不入,就像你突然来到一个语言不通的国度一样,你无法跟周围的人进行必要的交流,也无法进入那种热烈的气氛里面,你不由自主地觉得自己很孤单,而那种热烈的气氛更是衬托出你的孤独。如果这种情况在心理上已成为定势,个体就害怕与他人相处。这时候,个体就要承受虽身处人群而倍感孤独的压力。大学生要打破这种局面,唯有“忘我”。想一想你能为他人做点什么,这很有好处。记住,温暖他人的火,也会温暖你自己。

四、猜疑心理及调适

短暂的猜疑,一般对人际关系影响不大,当一个人猜疑心理过重并形成稳定的心理防御定势时就会导致其人际关系的紧张,影响与同学和朋友间的友谊。

1. 猜疑心理

猜疑是指无中生有地起疑心,对周围的人和事都不放心、不信任。“猜疑是和谐人际关系的蛀虫”。事实表明,猜疑是破坏人际关系,影响正常人际交往的一个重要因素。猜疑有时甚至还会引发严重的人际矛盾。

案例导入

某大学学生A,积极上进,在其一位已入党同学(同学B)的帮助下,进步很快,提出申请,要求入党。学生A以为这次自己肯定能被发展成预备党员,谁知却没有他。于是他开始怀疑同学B在支委会上没有为他说好话,甚至讲了对他不利的话。觉得同学B有时和他说话不自然,便更相信自己的判断是正确的,于是他觉得虽然两人表面上看起来关系不错,但是实际上同学B是利用自己。两人关系开始疏远。

2. 产生原因

(1)错误的思维　美国的一位心理医生在他的《美好的心境》一书中写道“多疑所引起的抑郁情绪起因于错误的思想。”猜疑一般总是以某一假想目标为出发点进行封闭性思考的。这种思考从假想目标开始，最后又回到假想目标。最典型的例子莫过于《列子·说符》中的一则寓言，说有一位樵夫上山砍柴丢了斧子，他怀疑是邻居的儿子偷的，从这个假想目标出发，形成一种消极的思维定势。他观察邻居儿子的言行举止、神色仪表，无一不是偷斧人的样子。其实，斧子是樵夫自己将它丢在山上了。

(2)个性中缺乏自信　心胸狭窄、缺乏自信容易产生疑心。一个不自信的人，看到他人在谈话，就以为他人在议论自己。某大学有一名学生，因许多人曾当面说他年底准能当选学生会干部，结果没有竞选上，他感到很意外，便想起有一名同学曾与自己合不来，便猜疑是该同学从中搞了鬼，讲了自己的坏话。该学生没有当选学生会干部，就猜疑他人从中捣鬼，多半是因为他对自己的言行不够自信，所以才怕他人拨弄是非。

(3)不能正确地面对流言蜚语　听信谣言，也会产生猜疑心理。当个人没有达到预想目标产生失败时，有些别有用心的人不是帮你客观分析原因，而是造谣中伤他人。有些大学生受失败的情绪干扰，又听信谣言，就容易产生猜疑心理。

3. 调试

(1)培养理智，切忌感情用事　大学生出现猜疑念头后，要督促自己去寻找证据。如你在猜疑他人议论你时，应该先回忆在最近的一段时间内，自己是否引起过什么事端，是否有人在近期与你发生过争执等。如果证据实在、确凿，你应以诚恳的态度，鼓足勇气找对方坦率交换意见。如果证据不足，主观推测、演绎过多，甚至带有很强的想象色彩，你就应该尽快否定自己的猜测，用暗示法提醒自己不要想得过多，不要把他人想得过坏等。

(2)知人知己，防止猜疑心理　猜疑有时是在相互不了解的条件下产生的。如果大学生能够在短时间内认真观察他人、了解他人，把握其性格特征、处世方法等，就不会无端地怀疑他人。如当你知道某人为人正直、诚恳，极端厌恶说他人坏话时，你就不会怀疑他在你背后捣鬼。当你能正确估计出自己在周围社会关系中的地位，以及自己留给他人的印象后，也不会随便猜疑他人是否跟自己过意不去。

(3)运用“自我开脱法”　一旦产生猜疑心理，大学生就应暗示自己：人生在世，怎可能不受他人议论！走自己的路，让他人去说吧！从而使自己从猜疑心理中得到解脱。

(4)不听信流言　对小道消息或通过不正当渠道传来的似是而非的信息，大学生应只抱着参考的态度听，不能以此作为判断事物和人的依据。大学生一定要避免偏听偏信，才不会引起误会和猜疑。

五、嫉妒心理及调试

嫉妒是一种缺陷心理，当嫉妒心理没有被适当地调试而任其进一步发展，就会形成报复心理。

1. 嫉妒心理

嫉妒是大学生在人际交往中，发现自己在才能、荣誉、地位或境遇等状况不如他人时产生的一种不悦、自惭、怨恨、恼怒,甚至带有破坏性的复杂情感。嫉妒心理表现为对他人的长处、成绩心怀不满,报以嫉恨。有嫉妒心理的人看到他人冒尖出头不甘心,看到他人与自己相差无几或比自己落后就高兴,看到他人处于劣势则感到莫大安慰。

嫉妒者最重要的特点就是没有竞争的勇气,往往以讥刺、挖苦、挑拨,甚至采取不合法、不正当的手段中伤他人,对他人或集体造成种种危害。嫉妒会吞噬人的理智,影响人的正常思维,造成人格扭曲,也使他人不敢与之交往。

2. 产生原因

(1)自私自利　嫉妒是以自私为核心,以对他人超过自己而心怀不满为特征的消极心理现象。尽管大学生们表达嫉妒的方式和程度不尽相同,但是性质基本相仿,要么凡事"唯我独尊",希望自己占有一切荣誉或优先地位,要么以一种"不患寡而患不均"的心态看待现实,容不得他人有任何优越之处。因此,有嫉妒心理的大学生一旦发现周围的人超过自己,心理上就失去平衡。轻者醋意萌生,对他人的优越之处装得不屑一顾,本来与他人过从甚密,现在则有意回避疏远。稍重者贬损苛求,不考虑他人的十个优点,偏举其一个缺点;不看他人的现在,只追究其过去,甚至在背后散布流言蜚语,让不知情者去议论、猜测、"加工"、传播,以混淆视听、蛊惑人心,搞得沸沸扬扬。严重者嫉恨如仇,完全为妒火所控制,必以摧毁他人而后快,从而做出各种毁物、毁人或毁容、毁身的事情。因此,在现实生活中,对大学生人际关系危害最大的就是嫉妒。

(2)消极攀比　大学生最容易对那些过去主、客观条件与自己差不多,或者不如自己,但现在强于自己的人产生嫉妒。在他们眼中,跟自己差不多的人或过去不如自己的人取得的新成就、新优势,而自己没有获得往往被看作对比出了自己的无能或构成了对自己的威胁,于是产生忧虑、愤怒、怨恨的情绪。

在这种心理的支配下,有些大学生竭力去搜寻和张扬他人的"阴暗面",以求得心理上的病态快慰。在生活中,人们总是相互联系的,总是有许多"差不多"的地方,如年龄差不多、学历差不多、能力差不多、地位差不多、资历差不多等,而这些都可以拿来比较。因此,如果那个原来与他人差不多的人在某一方面打破了这样均衡状态,就很容易成为他人嫉妒的对象。

(3)心胸狭窄　有些大学生心胸狭窄,为个人想得太多,为他人、为集体想得太少。为了满足自己的病态心理,宁肯守旧也不让他人出头;明知自己已经落伍,仍要抱残守缺;不愿以奋斗和竞争去赶超他人,而是试图用某些不道德的方式将他人强行拉回原来的位置,以求得维持原来的均衡状态。

3. 调试

(1)转移注意　培根说过:"嫉妒是一种四处游荡的情欲,能享受它的只能是闲人,每一个埋头于自己事业的人,是没有功夫去嫉妒别人的。"事实确实如此,如果大学生把时间和精力都用在学习、工作和积极参加各种有益的活动上,使自己充实起来,就无暇去嫉妒他人。

(2)认识嫉妒的危害　嫉妒不仅害人,而且害己。产生嫉妒心理的大学生时时处于精神紧张之中,他不仅要时刻注意他人的发展变化,留意他人又有了哪些比自己强的地方,而且还要寻找他人有哪些可供贬低或败坏的东西,终日苦思采取什么样的手段才能使自己的心理达到平衡。因此,他们的心灵是无法得到平静的,他们的情绪完全为他人的一举一动所左右,始终有一种不放心、不踏实之感。由于他们经常用贬低或败坏他人的办法来安慰自己,因此,尽管他们有时也能从中获得愉悦感,但是他们始终摆脱不了强烈的自卑感。尽管他们不愿承认他人比自己强,甚至怨恨他人,但是他们自己心里也清楚,他们并不能因此真正摆脱精神上的烦恼和痛苦,他们所采取的心理平衡手段充其量不过是一种不道德的、病态的防卫措施。另外,他们还要时刻担心舆论的谴责和同学的鄙视,生怕他人发现自己是个嫉妒者。

(3)积极升华　靠贬低他人来抬高自己,或不择手段限制他人的发展,并不能真正改善自己的境遇。大学生要改变自己的境遇,缩小与他人的差距,唯一正确的方法是努力充实自己,脚踏实地去奋斗。这样才能真正提高自己的价值,赢得他人的尊重。大学生应该要多想想:别人能做到的,我为什么不能做到?别人能干好的,我为什么不能干得更好?化消极嫉妒为积极进取,是值得提倡的态度。

(4)提高自身修养　要消除嫉妒,大学生必须开阔心胸,驱除个人主义。俗话说"心底无私天地宽",如果大学生能把他人的进步看作是对自己的促进,而不是看作对自己的威胁,通过学习、磨砺、陶冶性情、修身养性来提高自己的素质和能力,就能驱散嫉妒的阴云,使自己振作起来。

六、报复心理及调试

报复心理极富攻击性和情绪性。如果大学生在心里埋下报复心理的种子,就极容易受到第三者的挑拨,从而导致报复行动。

1. 报复心理

报复心理是在人际交往中以攻击方式发泄对那些曾给自己带来挫折的人的一种怨恨、不满的情绪体验。

报复心理会给报复对象、报复者本人以至于社会造成极大的危害。因此,对于报复心理,大学生绝不可掉以轻心。

2. 产生原因

(1)主观因素　报复心理的产生与个性特征有关。报复心理是自卑心理、嫉妒心理、猜疑心理的极端表现。过度自卑,嫉妒心、猜疑心重的大学生更可能对他人、对社会抱有敌视态度,当这种不良情绪达到不可遏制的程度时,这些大学生就会实施报复行为或侵犯行为。

(2)客观因素　从客观因素分析,报复心理的产生与遭受挫折和失败有关。多拉德提出,人的侵犯行为是因为个体遭受挫折而引起的。有些大学生在生活和学习中遇到挫折后,不能正确地分析导致挫折的原因,不能采取有效的应对策略,使心理发展为报复心理。

3. 调试

(1)学会用动机和效果统一的观点去衡量他人的行为　这种方法可以减少许多不满情绪的产生,从而遏制一部分报复心理的形成。人的行为总是受一定动机驱使的,大学生衡量一种行为的善恶,应在将行为的效果与动机统一起来的基础上进行,这样就能客观评价他人行为给自己带来的影响。

(2)正确对待他人带来的挫折　大学生在人际交往中一旦遇到挫折,不妨进行换位思考。这样做有利于我们理解他人的苦衷,从而校正自己的态度看法。

(3)反思报复结果的危害性　在实施报复之前,大学生应学会设想后果如何。如会不会受到舆论的谴责？会不会触犯法律？对报复危害性的理性认识，有助于大学生减少报复行为。

(4)学会宽容、感动与关爱　世界上没有完美的东西，有阳光就会有阴影。大学生要学会用辩证的眼光看待这个世界。不要仇视他人，试着去发现他人的优点，试着从小事里寻找感动，你会发现他人没有想象的那么可恶，社会也没有想象的那么昏暗。学会关爱他人，你必然会收到爱的回报，学会宽容他人，你也善待了自己。我们的心就像一个容器，当心里充满爱的时候，哪里会有怨恨的容身之地呢？

心理测试

人际关系测试

这是一份关于人际关系行为困扰的诊断量表，一共有28个问题，请你根据自己的实际情况，逐一对每个问题做“是”或“否”的回答。为了保证测验的准确性，请你认真作答。

(1)关于自己的烦恼有口难开。　是（　）　否（　）

(2)和生人见面感觉不自然。　是（　）　否（　）

(3)过分地羡慕和忌妒别人。　是（　）　否（　）

(4)与异性交往太少。　是（　）　否（　）

(5)对连续不断的会谈感到困难。　是（　）　否（　）

(6)在社交场合，感到紧张。　是（　）　否（　）

(7)时常伤害别人。　是（　）　否（　）

(8)与异性交往感觉不自然。　是（　）　否（　）

(9)即使与一大群朋友在一起，也常感到孤寂或失落。　是（　）　否（　）

(10)极易受窘。　是（　）　否（　）

(11)不能与他人和睦相处。　是（　）　否（　）

(12)与异性交往不知道如何适可而止。　是（　）　否（　）

(13)当不熟悉的人对自己倾诉他(她)的生平遭遇以求同情时，自己常感到不自在。
是（　）　否（　）

(14)担心他人对自己有什么坏印象。　是（　）　否（　）

(15)总是尽力使他人赏识自己。　是（　）　否（　）

(16)暗自思慕异性。　是（　）　否（　）

(17)时常避免表达自己的感受。　是（　）　否（　）

(18)对自己的仪表(容貌)缺乏信心。　是（　）　否（　）

(19)讨厌某人或被某人所讨厌。　是（　）　否（　）

(20)瞧不起异性。　是（　）　否（　）

(21)不能专注地倾听。　是（　）　否（　）

(22)自己的烦恼无人可倾诉。　是（　）　否（　）

(23)受别人排斥，感到冷漠。　是（　）　否（　）

(24)被异性瞧不起。　是（　）　否（　）

(25)不能广泛地听取各种意见和看法。　是（　）　否（　）

(26)常因受伤害而暗自伤心。　是（　）　否（　）

(27)常被他人谈论、愚弄。 是 ( ) 否 ( )

(28)不知如何更好地与异性相处。 是 ( ) 否 ( )

如果上述问题回答否的比较多，说明你在人际交往中感到了较多困扰，需要努力改进；如果不是，说明你在人际交往中的困扰较少，要继续保持。

思考题

(1)大学生的人际关系有什么特点？影响人际交往的因素有哪些？

(2)大学生在人际交往中应遵循哪些原则？

(3)简述大学生常见的人际交往心理障碍，并提出相应的调试策略。

参考文献

[1] 燕良轼.大学生心理健康教程[M].长沙：中南大学出版社，2007.

[2] 刘建新.大学生常见心理问题及疏导[M].广州：暨南大学出版社，2005.

[3] 胡凯.大学生心理健康教育[M].北京：人民出版社，2007.

[4] 黄希庭.大学生心理健康教育[M].上海：华东师范大学出版社，2004.

[5] 张灵，郑雪，严标宾，等.大学生人际关系困扰与主观幸福感的关系研究[J].心理发展与教育，2007，(2)：116－121.

[6] 李宏翰，赵崇莲.大学生的人际关系：基于心理健康的分析[J].广西师范大学学报(哲学社会科学版)，2004，40(1)：116－120.

[7] 王涛，席波，王翠丽，等.大学生人际关系困扰心理社会影响因素分析[J].中国公共卫生，2007，23(5)：532－534.

[8] 赵崇莲，郑涌，李宏翰，等.影响大学生人际关系主观因素的初步研究[J].心理科学，2006，29(6)：1431－1433.

[9] 申武丹，李宏翰，巫春英.影响大学生人际关系的因素分析[J].精神医学杂志，2007，20(1)：30－34.

[10] 闫春平.大学生人际关系敏感及相关因素研究[J].中国健康心理学杂志，2007，15(8)：753－755.

[11] 赵红英.论人际关系对大学生人格健康发展的影响[J].教育探索，2006，185(11)：100－101.

(任建国　王静　雷光焰　武惠丽　台明辉　尹娟　张飒乐)

第七章

爱情与性——亚当与夏娃的诱惑

从古至今，爱情是人类社会永恒的主题，也是当今大学生最为关注和热衷的话题。餐厅饭桌前、课堂教室里、花前月下，卿卿我我、成双成对，爱如潮水涌动，拨动着大学生的心弦。爱情真是一场心灵的触碰、生命的慰藉吗？似乎并不尽然，爱情有时晴空万里、花香鸟语，令人激动不已；有时阴云密布、雷电交加，令人痛苦不堪。爱是什么？为什么相识容易相处难？性与爱情到底有多远？

本章将从心理学的视角来探讨和分析爱情心理、恋爱过程与性成长，帮助大学生了解异性的情感特点，与异性交往的规律和处理性困扰的方法，为未来家庭婚姻生活做好心理准备。

案例导入

媛媛是一个从小成绩优异、听父母话的乖乖女，进入大学之前从来没有谈过恋爱，但大学刚入学两个月，她就遇到了人生第一次来自异性的追求。对此她既欣喜又焦虑：看着高年级的学生成双成对漫步校园，心中也渴望能够拥有纯真的校园爱情，但上大学前妈妈告诫她要好好学习，多长点知识本事，毕业找个好点的单位才能有好的生活。另外，父母经常会用各种新闻报道里关于女大学生在大学里因谈恋爱而招致麻烦，甚至被人欺骗的事例来提醒她千万不能在大学里谈恋爱，既影响学习，还有可能给自己的生命安全带来威胁。一想到这些她就不知道何去何从。她知道父母是为自己好，可有时又觉得他们把自己管得过紧。她和闺蜜们也经常在宿舍里讨论，该不该谈恋爱，喜欢什么样的男生，哪对恋人吵架了，谁失恋了怎么帮助她等，每每说到这类话题大家都兴奋不已。同时，她发现自己喜欢同班一个男生说话的样子，一想到他就心跳不止。她不知道这是不是爱，要告诉他吗？他如果拒绝了怎么办？

第一节 爱情的心理学阐释

现实生活中，人们期盼爱，渴望爱，但未必每一个人都懂得爱，都能够得到爱。爱一个人不仅是无私奉献富有爱心，还必须对爱有基本的理性认识。

一、爱情的含义

关于爱情，古今中外演绎出很多故事和解释。在古希腊人的眼中爱情是神的创造。最初的人有着正常人两倍的四肢和器官，这些两倍人，一些是两倍男人的身体，一些是两倍女人的身体，而另一些则是一半男人一半女人的身体。神担心这些人的力量太大无法管理，就把他们劈成两半。从此，被劈成两半的人就开始不停地寻找失去的一半。在浪漫的诗人眼中，爱情是“关关雎鸠、在河之洲，窈窕淑女，君子好逑。”；在生物学家看来，爱情就是为了寻找更优的生命繁衍；在政治家眼里，爱情可能就是一次家庭权势、经济地位的重组；在哲学家休谟眼中，爱情是人的自然本性，是“美貌”“肉欲”“好感”三种情感的结合；在性学家霭理士看来，爱情的动力和内在本质是男子与女子的性欲；在心理学家弗罗姆眼中，爱情是人类与生俱来的能力，是一门艺术，需要不断地学习如何去爱，才能把这种能力发挥出来；教育家眼中的爱即意味着责任。同时，不同年龄的人对于爱情也有不同的理解，少男少女眼中的爱情是丘比特之箭，青年男女眼中的爱情是激情与浪漫，中年人眼中的爱情意味着责任与相伴。每个人都有自己对于爱情的诠释。

从传统意义上讲，爱情被认为是一对男女之间基于一定的社会关系和共同的生活理想，在各自内心形成的对对方最真挚的倾慕，并渴望对方成为自己终身伴侣的最强烈的感情，是两个人心灵相互向往、吸引，达到精神升华的产物，是人类特有的一种高尚的精神生活。爱情区别于其他人类情感的四个特征是：①平等性，爱情的平等性是以互爱为前提的，爱情的产生及发展得益于男女双方相互追求、相互爱慕；②专一性，每一个人在某一时间内只能爱一个异性，这才是真正的爱情；③排他性，彼此相爱的人，他们的关系是非常融洽的，在这个过程中，任何一方都拒绝第三者的加入；④依存性，在爱情中，双方相互吸引，彼此不离开对方，在这种情况下内心才感觉到踏实。

二、爱情心理的构成机制

迄今为止，无论心理学家还是行为学家都没有能够客观地解释人类的爱情行为。因此，关于爱情的理论也甚少。其中比较有影响力的是美国耶鲁大学斯腾柏格（Sternberg）教授在1986年提出的爱情三角理论（triangular theory of love）。他认为人类的爱情由三个基本要素，即亲密、激情和承诺构成。

亲密指强烈渴望接近并和伴侣在一起，感受到心灵相依、相互默契、互相归属，属于爱情的情感成分，具有热情、理解、交流、支持与分享等特点。

激情就是强烈地渴望与伴侣有身体上的结合，以身体欲望的激起为特征，表现为异性之间身体容貌等特征彼此吸引和性表达的驱动力，属于爱情的动机成分。激情是区别其他友情、血缘等爱的重要标志。

承诺或责任是将自己投身于一份感情的决定及维持感情的努力，包括短期和长期承诺。短期承诺是指是否爱一个人的决定。长期承诺是对维持爱情和与伴侣在一起的持久性的决定，属于爱情的认知成分。在西式婚礼上当牧师问你是否愿意爱你的配偶，回答“我愿意”就是一种承诺或责任。

双方关系的"热度"来自于激情,温暖来自于亲密,安全来自于承诺。

在爱情三角理论中,两性间的爱情形式因人而异,很可能所有情侣间的亲密关系和热烈程度各不相同,但基本上都是这三个元素彼此不等量地组合而演化出来的。由此提出了由不同激情、亲密和承诺程度构成的八种爱情类型。

(1)无爱 如果亲密、激情和承诺都缺失,爱就不存在,两个人的关系仅仅是熟人而非朋友,彼此的关系是随意和肤浅的。

(2)喜欢 当亲密度高但激情和承诺很低的时候,会产生喜欢。喜欢发生在正在亲近和温暖的友情中。你可能会在大学里体会到这样的情感,它同样存在于异性之间,但是如果有一方激起了激情的感受,可能就不再是喜欢了。

(3)迷恋 只有强烈的激情,往往不太熟悉的人会激起我们的这种体验。有趣的是,斯腾柏格本人也承认他曾经痛苦地为高二生物课堂上偶遇的女生而消瘦,但这仅仅是激情导致的迷恋而已。

(4)空洞的爱 只有承诺,而没有亲密或激情。在西方,这种爱见于激情燃尽的关系中,双方之间仅仅存在着留下来的决定。而在我国,特别是包办婚姻时期,空洞的爱是配偶们共同生活的第一个阶段。

(5)浪漫的爱 当激情和亲密度都很高的时候,人们体验的就是浪漫之爱。如夏天的一场韵事可以非常浪漫,即使双方都知道等夏季结束的时候这场爱也会结束。在众多的文艺作品、小说和电影中我们都可以看到这种浪漫的爱,双方不在意承诺。当然大多数的人都会在某个时间作出承诺。

(6)友伴的爱 亲密和承诺的结合就形成了友伴的爱。亲密、交流和分享伴随着对关系充足的投资,双方努力维持有深度而长期的友谊。这种类型的爱会集中体现在长久而幸福的婚姻中。

(7)虚幻的爱 缺少亲密仅由激情和承诺组成的爱叫虚幻的爱。这种爱会发生在狂风暴雨式的求爱中,在势不可挡的激情中两人闪婚,但对彼此并不了解或喜欢。这是一种投资很大,风险很高的爱情。

(8)圆满的爱 当亲密、激情和承诺都以适度的程度同时存在时,人们体验到的是"完美的爱"。这是许多人苦苦寻求的,但是斯腾伯格认为,这种爱就像减肥,短时期内维持很容易,但长久维持就会是困难的。

这一理论对于解释复杂的爱的体验,虽有一些不尽如人意的地方,但是至少为爱的分类与定义提供了有用的框架,也有助于我们对自己的情感和两性关系进行大致的判断。

三、爱情与婚姻的关系

毋庸置疑,爱情与婚姻之间有着密不可分的关系。婚姻指嫁娶的事。嫁和娶都是对男和女结合在一起共同生活的一种社会现象的表述。婚姻的本质在于相爱,共同精彩地生活并延续自己的生命。但在现实中,我们通常感觉到婚姻与爱情是对立不相容的。下面我们看看哲学家苏格拉底如何解释爱情与婚姻的不同。

柏拉图有一天问老师苏格拉底什么是爱情。苏格拉底叫他到麦田走一次,要不回头地走,在途中摘一株最大最好的麦穗,但只可以摘一次。柏拉图觉得很容易,充满信心地出去,谁知过了半天他仍没有回来。最后,他垂头丧气地出现在老师眼前,诉说空手而回的原因:"很难得看见一株看似不错的,却不知道是不是最好,因为只可以摘一株,不得已只好放弃,再接着看有没有更好的。走到麦田尽头时,才发觉自己手上一株麦穗也没有。"苏格拉底告诉他:"那就是爱情!"

柏拉图有一天又问老师苏格拉底什么是婚姻,苏格拉底叫他到杉树林走一次,要不回头地走,在途中要取一棵最好、最适合用来当圣诞树的树材,但只可以取一次。柏拉图有了上回的教训,充满信心地出去,半天之后,他一身疲惫地拖回一棵看起来直挺、翠绿,却有点稀疏的杉树。苏格拉底问他:"这就是最好的树材吗?"柏拉图回答老师:"因为只可以取一棵,看见一棵看似不错的树,又发觉时间、体力已经快不够用了,也不管是不是最好的,就拿回来了。"这时,苏格拉底告诉他:"那就是婚姻!"

由此可见,爱情与婚姻都是一种选择,只是对爱情的选择更注重美好的感受,而对婚姻的选择更注重实际的用途。爱情是步入婚姻前能力和经验准备,就像正因为柏拉图有了爱情的一次经历,才会在第二次获得了婚姻的感受和能力。今天的大学生对于爱情的经营同样是为将来婚姻生活提供和发展某些有益的能力。

第二节 当代大学生恋爱状况分析

爱情既是一种高尚的情感,也是一种可以习得的能力。爱情需要有一个孕育过程,即男女双方互相熟悉、了解、爱慕、追求的内心体验。这一过程即一般意义上的恋爱。

一、恋爱对大学生成长发展的意义

从发展的角度来看,恋爱对大学生心理的成熟和健全是具有积极意义的。

1. 建立和发展亲密关系

恋爱是发生在两个人之间的一种亲密关系。亲密关系是一种有着多种成分的复杂概念,一般认为亲密关系至少包含六个方面:了解、关心、信赖、互动、信任和承诺。根据罗伊·鲍迈斯特的研究,如果我们想过正常生活,就需要经常愉快地与亲密的伙伴在长期的、充满爱心的关系中进行互动。亲密关系可以满足人类的基本归属需要,如果不能满足,就会带来情绪上的压抑、波动和难以忍受的孤独感,进而影响身心健康。

大学生正处于发展亲密关系的关键时期。亲密关系能否稳固、发展、走向成熟,也是大学生自我成长、平衡孤独的一个重要环节。学习建立和发展亲密关系,既是学习如何与一个人长期相处,学习包容、体贴、关心和尊重,接纳失望、痛苦和不满等,也是学习保持恰当的关系距离,不会因为害怕失去爱而过度依赖,或过于疏远,享受安全感、亲密感,更是学习体会在关系中满足自身及相互的心理需要。

2. 培养和获得爱情

爱情是人类最美好的一种情感,也是人类世代繁衍的前奏曲,同时也是对个体爱的能力要求比较高的一种情感。虽然激情在爱情中的发动作用似乎是人类的天赋,可遗憾的是,激情不会总保持在一定的兴奋状态。爱情的培养和发展是建立在对对方不断地了解、接纳、发现和欣赏的基础上。只有双方不断地发展自己,为双方的关系注入新鲜血液,增添新的活力,才能使爱情之花长盛不衰。

3. 促进自我认识与成长

大学生通过恋爱可以更好地认识自己。恋人是我们生命中的一个重要他人,恋人对我们的看法和我们与恋人的互动往往成为我们了解自身很重要的途径,并有可能对我们的终生发展产生巨大的影响。同时恋爱过程中的美好情感会提升一个人乐于承担责任的能力。爱可以改变人的趣味,升华人的人格,开发人的潜能,促进人的新生。

二、恋爱发展的阶段及心理过程

以建立爱情关系为目标的恋爱同所有的人际关系一样,不是一成不变的,必然会经历一些发展阶段。在关系发展的每一个阶段,积极的因素会推动恋爱双方维持和增进彼此的关系,消极的因素倾向于使关系走向恶化甚至结束。

爱情的发展一般分为五个阶段。

第一阶段　爱之初恋,这个阶段是对伴侣的选择。这是一种动物本能,人在产生择偶观念后,开始通过寻找配偶来繁衍后代或相伴永久。个体选择伴侣的对象包括同学、朋友、同事或者陌生人,其实这时的选择是一种潜意识,个体会把所选择的伴侣与自己想象中的配偶进行比较,此时的选择偏重外貌和气质。如果备选对象中有符合或接近自己的标准,就会去关注他,这时爱之初恋就开始了。

第二阶段　爱之迷恋,当你选择一些伴侣后,会开始关注他们,希望得到对方的好感,同时试探对方是否也同样对自己有好感,这是一种原始的冲动。如果对方没有关注到你,你会试着展示自己,让对方发现自己,如果对方对你也同样关注,这时就会出现爱之迷恋,在这个阶段有一种互相展示的原始动力。当双方都产生好感后爱情就会进入第三阶段。

第三阶段　爱之热恋,热恋阶段中恋爱双方看到的都是彼此的优点,对所有与恋爱有关的事物都有一种美好的向往。这一阶段爱情的化合反应达到白热化,恋爱双方对爱情的表达更多通过肢体语言,如拥抱、拉手和接吻等。在这一阶段中恋爱的双方希望时时刻刻都在一起。

第四阶段　爱之依恋,双方都习惯了对方的陪护和存在,短暂的分离就会使双方觉得不顺心或是有一种心不安的感觉。这一阶段相对热恋少了些狂热化表现,更多的是心灵上的依赖。

第五阶段　爱之独恋,双方看透爱恋看破现实时,会相互释然放逐对方的理想,选择让磨难造就出属于对方的本色,纵然双方会心疼对方所经历的磨难,但有对方心灵上的慰藉足以,为对方而活,亦活出自我。

三、大学生选择恋人的标准和影响因素

根据 A. C. Kerckhoff 提出的配偶选择的过滤假说,两个原来互不相识的异性在成为爱情伴侣的过程中,必须经过几道关卡,而每一道关卡的过滤因素都不同。第一道关卡:空间距离,空间距离近的能通过过滤;第二道关卡:个人因素,包括社会地位、经济地位、教育水准、宗教信仰等;第三道关卡:态度与价值观念的相似;第四道关卡:需要的互补。

当前大学生在选择恋人时基本考虑以下几个方面。

(1)身材外貌　外在形象，如相貌、身材、体态、风度、身体素质，一直是男生们选择女友的重要标准。

(2)学识才干　学识才干包括专业技术、学识水平、办事能力和社会阅历等。研究发现，男生选择有才干女生的比例是 30%，女生选择有才干男生的比例是 90%。

(3)性格志趣　性格志趣包括兴趣爱好、气质性格、生活情调和生活理想。从传统意义上讲，人们认为女性选择男友，更倾向于具有勇敢、坚强特征的典型男子汉，而男性会更喜欢温柔、顺从的弱女子。但是现实中越来越多的大学生在选择恋人时，女性希望其男友除了具备男性特质外再加上点温柔、体贴、细腻；男性希望其女友除了温柔可爱以外，同时具有自信、独立和坚强等特征。这实际上对应了现代社会对于男女社会角色由单向性向双向性转变的趋势。

20 世纪 70 年代美国心理学家桑德拉·贝姆提出了双性化的概念。男性化主要由固执己见和控制等工具型特征构成，女性化则主要由人际关系和表达等情感型特征构成。同时具备男性特征和女性特征的人，就是双性化个体。一项研究表明，大学生认为双性化的人比男性化、女性化以及未分化的人更受欢迎、更有趣、适应性更好、能力更强、更聪明，而且更成功。双性化不但成为一种性格特征，而且直接影响到大学生选择恋人的标准以及未来爱情及婚姻生活的满意度。因为双性化的人具有产生亲密感的敏感性和理解力，他们行事果断而且愿意冒险，更能意识到爱意并且善于表达。

(4)社会地位　社会地位包括恋爱双方各自家庭的状况及经济条件等。校园爱情不仅只有浪漫，也会遇到现实生活的壁垒。对方的家庭背景、地位和经济条件是恋爱双方要考虑的，门当户对成为一些大学生选择恋人的标准。一项调查显示，男生希望女友家里有钱有地位的比例是 27%，女生则更看重男生本人的经济实力。

(5)心理需求的满足　每个人都有自己独特的成长经历和心理需求。大学生选择恋人，特别是女生，往往对能够满足自己内心需求的男生产生特别的情感。如一个从小失去父亲，内心渴望被照顾被保护的女生，对于身材魁梧、性格好强，又能怜香惜玉细致呵护女生的男生，就可能难以抵挡。一个性格内向的男生往往对性格豁达、外向开朗的女生情有独钟。

四、大学生恋爱的心理特点

据调查，恋爱大学生约占在校大学生总数的 1/3 甚至 1/2 以上。恋爱成为校园中相当普遍的现象。

大学生的恋爱显现以下四个特点。

(1)自主性强，恋爱动机多元化　大学生是一个特殊的青年社会群体，大学生的文化层次高，思想比较开放，易接受新观念，独立意识强。在恋爱问题上，大学生的个性比较突出，不愿受他人尤其是长辈的影响和安排。有别于其他社会青年的恋爱一般都在家长的允诺下进行，大学生的恋爱关系，往往是其同学同伴了如指掌而父母不知晓。大学生的恋爱动机也呈现出多元化的特点，如有人为了消解寂寞寻求依赖、关怀和温暖而恋爱；有人为了像大多数人一样在大学里谈一场恋爱而恋爱；有人为了避免将来成为结婚困难户而恋爱；有人为了积累恋爱经验而恋爱；还有人为了满足个人享受找理想靠山而恋爱。

(2)恋爱行为公开化，浪漫色彩浓厚　当代大学生一扫传统的以含蓄、内在、深沉为美的恋爱形式，取而代之的是在公开场合下，表达自己的情绪感受。大学生恋人一起上自习、吃饭，手拉手在校园散步,甚至当众亲吻、拥抱。在某些特殊的节日里,玫瑰花、大横幅示爱也不再是众人争睹的风景了。

(3)注重恋爱过程,轻视恋爱结果　“宁愿过错,不愿错过,不求天长地久,只在乎曾经拥有”,已经成为很多大学生的口头禅。注重恋爱过程,有利于双方相互理解、加深信任、培养感情,增加心理相容度,但如果没有婚姻或承诺作为恋爱结果的导向,大学生的爱情恐怕也难以承受真爱的考验。只强调爱的权利而忽略爱的责任,大学生的爱情最终也无法长久。

(4)恋爱观念开放,传统道德淡化　今天的校园爱情受西方性自由、性开放浪潮的冲击,而且愈演愈烈。大学生在爱的激情下,不再压抑情感,敢于追求爱情,为爱忘记了学业、忘记了集体。有些学生为享受性爱,甚至未婚同居,这已成为校园周边地区另类的“风景”。

五、大学生恋爱的常见问题

爱情虽然甜蜜,但同时也会带来复杂、纠结、独特而微妙的情感体验,再加上多数大学生在大学校园里才开始人生中的第一次恋爱,第一次独立自主地寻求和发展亲密关系,难免会产生一些困扰,甚至是烦恼。

(1)无法区分友谊与爱情　现实中确实有不少大学生无法区分友谊与爱情,造成双方的关系纠结紧张。特别是女生倾向于把来自男生的丘比特之箭理解成兄妹之情或同学之间的友谊,而男生倾向于把来自女生友谊般的关心当作是爱的信号。男生常疑惑为什么在一些活动中某个女生总是对他特别关心,但当他向对方提出发展恋爱关系时又常常遭到女生的拒绝?女生则经常困恼明明是哥们关系的男同学为什么总是要送自己礼物?处于婚恋关系敏感期的大学生,在与异性的相处中,一个眼神、一个动作,常常都会被他们赋予很特别的意义。友谊和爱情有时确实很难严格区分。

真正的异性间的友谊在现实生活中是不存在的。一般来说异性之间的友谊,要么是处于爱情的萌芽阶段,正在为发展成爱情做准备、打基础,但尚未达到质变为爱情的程度。要么是由爱情转化来的一种感情,男女间一人深恋对方或者互相爱恋着,却由于落花有意,流水无情,或其他种种原因被棒打鸳鸯无法结为连理,只能将爱埋在心底,升华为高尚的友谊,这种友谊仍然是以爱情为基础的。例如很多文章只赞金岳霖和林徽因终其一生的深厚友谊世间少有,却不知道这背后隐藏的故事是金岳霖苦恋林徽因,林徽因却嫁给了梁启超的大公子梁思成,金岳霖的款款深情连苦瓜都没结出来,明知无结果,却为情所困割舍不下,只好终身不娶,为林徽因守节。

(2)单相思　单相思指异性关系中的一方倾心于另一方,却得不到对方回应的单方面的“爱情”。还有的人可能已向对方表示了自己的爱慕之心,但是被对方婉言拒绝,自己面对现实却无法解脱,仍执着地爱慕着对方。

(3)恋爱中的感情纠葛　这里讲的感情纠葛是指恋爱过程中因某些主客观原因而引发的,欲爱不能、欲罢不忍的强烈内心矛盾与感情冲突。①陷入三角爱,有的学生在寻求爱情的过程中,落入三角恋爱的漩涡里,或同时喜欢上两个人,或同时被两个人所追求,忧心如焚,不可自拔。②爱情遭遇阻力,有的大学生恋爱中可能遭到父母的反对,或者周围人的非议,心烦意乱。③爱情中的误解,有的大学生在恋爱中被彼此间无休止的矛盾、误解和猜疑所困扰,忧心忡忡、郁郁寡欢。

(4)失恋　恋爱是一对男女为寻求和建立爱情而相互了解和选择的过程。交往中，一旦双方或者某一方出于这样或那样的原因不愿再保持彼此的恋爱关系，就意味着恋爱的终止。恋爱的一方失去另一方的爱情，就是通常所说的失恋。

对任何人来说，失恋都是一种痛苦的情感体验，会不同程度地造成心理创伤，有时会使人处于极其强烈的自卑、忧郁、焦虑、悲愤，甚至绝望的消极情绪状态之中，甚至会使有的人失去生活的信心或勇气。个别人由于失恋而形成各种心理障碍，或者从此怀疑和不信任他人，把自己的感情之门永远封闭起来，变得郁郁寡欢；或者看破红尘、自暴自弃，从此消沉下去；或者与对方反目为仇、图谋报复、损人害己。失恋可以说是人生中最为严重的心理挫折之一。

第三节　大学生恋爱能力的培养

一、爱的能力的含义

爱的能力是指与他人建立亲密关系的能力，它对人一生的发展有着重要的意义。爱的能力会引导一个人真正地爱他人，也真正地爱自己，能真正体验到爱给人带来的快乐和幸福。恋爱的过程也是培养爱的能力的过程。

在心理学家弗洛姆看来，“爱是人的一种主动的能力，一个突破把人与其他同伴分离之围墙的能力，一种使人与他人相联合的能力；爱使人克服了孤独和分离的感觉，但他允许他成为他自己，允许他保持他的完整性。”而真正的爱意味着“关心、尊重、责任、认识，它不是为某个人所爱之意义上的一种情感，而是为所爱的人的成长和幸福的一种积极主动的奋斗，它根植于自身的爱的能力。”“爱某个人是爱的能力的实现和凝聚。”“人对自己生命、幸福、成长、自由的确定，同样根植于其爱的能力，也就是说根植于关心、尊重、责任和认识。如果一个人有能力产生爱，他也就爱他自己，如果他仅爱其他人，他就根本不能爱。”“自私和自爱是不同一的，它们实际上是对立的。自私的人，不是爱自己太多，事实上他是仇视自己”。在爱别人之前应该先学会爱自己。

二、爱的能力的组成

爱的能力实际是一种综合的素质，表现为在爱的过程中许多方面的能力。

1. 表达爱的能力

当你爱上一个人时，能否用恰当的方式和语言向对方表达出来呢？表达爱不仅仅需要勇气，更需要智慧。向他人表达爱要遵循“三选择”的原则。一是选择最佳时机，要在自己和对方都感觉相处融洽、轻松愉快时表达；二是选择合适的地点，要在私密安静优雅的环境表达，才不会给对方和自己造成较大的心理紧张和压力感；三是选择恰当的方式，要选择你熟悉而又容易被对方所接受的方式。如通过书信、诗歌表达爱慕之情为许多知识分子所使用。《关雎》就是中国最古老的情诗：“关关雎鸠，在河之洲。窈窕淑女，君子好逑。参差荇菜，左右流之。窈窕淑女，寤寐求之。求之不得，寤寐思服。悠哉悠哉，辗转反侧。参差荇菜，左右采之。窈窕淑女，琴瑟友之。参差荇菜，左右芼之。窈窕淑女，钟鼓乐之。”用含蓄、高雅、文明的方式表达爱意，能极大地提升双方的心理亲密度；而粗俗甚至是野蛮的示爱，不仅会引起对方的反感，也会给纯洁的爱蒙上阴影。当然，更深层次的爱应该是用实际行动来表达。

2. 拒绝爱的能力

有爱的能力的人不是对爱来者不拒，或者简单地将自己不爱的人拒之千里。当然也有不少大学生面对他人的示爱时有些优柔寡断，既怕伤害对方，又怕对方误会。拒绝爱的能力，首先表现为对他人的尊重，要感谢对方对自己的欣赏和感情。丘比特之箭从来都不是无缘无故的，被人喜欢被人爱，是一件十分幸福的事情，要以感激的心态对待求爱者。其二，态度要坚决，表达要清楚。拒绝无可争议是一种伤害，但是同时也是一种可以被理解、被接受的伤害。喜欢你的人对于你的言行会非常敏感，如果你的表述不明确，就很容易让对方产生误会。你所有的举动，哪怕是出于礼貌的亲近，都会点燃对方爱的希望，往往最终造成的伤害比拒绝更大，所以不要尝试与喜欢你的人玩暧昧。有些同学怕对方受伤害，虽然语言上拒绝了对方，但是行动上还与对方有较亲密的接触，如单独去看电影、吃饭等，这就容易使对方产生误解，认为自己还有机会，从而继续纠缠在与你的情感中。其三，选择合适的时机。一般来说不要在对方刚表白的时候立即加以拒绝，但也不宜拖延太久。最好是在对方表白后的三四天内，声明自己的态度。如果遇到无理的纠缠者，应寻求周围人的帮助，以免造成不必要的伤害。

3. 鉴别爱的能力

鉴别爱是指能较好地分清好感、喜欢和爱情。有鉴别爱的能力的人，自信并且懂得尊重他人。有鉴别爱的能力的人，会自然地与他人交往，主动扩展交往的范围，珍惜友谊，会尽量多地体谅他人的感受。过于的自我孤立，站在自我的角度考虑问题，往往会给他人造成困扰，并使自我感受的认识发生偏离。

心理学家提出真正的爱应具备以下几个特征：彼此接纳、欣赏，渴望两人相处，从一群人走向二人世界；双方有爱的回应，而不单是一方主动；慢慢培养感情，具持久性；渴求、期盼与对方在一起，在思想、感情上体验亲密；双方能共同地去关心一些人和事；在一起时双方都感到特别快乐；有安全感，有信任，相处时有一种无须顾及的坦然；欣然让对方成为自己生活、生命的一部分，在恰当的时候考虑结婚。

4. 保持爱情长久的能力

保持爱情长久的能力，其实是上述多种能力的综合体现。爱需要两个人真正地关心对方，走进对方的内心世界，以对方的快乐为自己的快乐。要使爱情常新，需要智慧、耐力，需要持之以恒地付出心血，同时又要有自己的个性、追求与发展。学习新的东西，善于与对方交流、欣赏对方是使爱情常新的重要源泉。有爱的能力的人，是独立的人，有自己独立的价值观，有自己的生活空间。有爱的能力的人是既不排斥对方，又懂得尊重和关心对方的人，会尊重对方的选择，尊重对方的个人隐私，尊重对方的发展。保持爱情的长久，也要学习处理恋爱与学业、与其他人交往的关系等，将爱情作为发展的动力。

5. 解决爱的冲突的能力

亲密的人在热恋期结束后，彼此在心理上的依赖度很高，生活上的交集很多，但由于双方日常生活的习惯不一致，或由于双方性格的较大差异，难免会产生一些矛盾，发生一些争执，甚至有些情侣还会大打出手。

相爱的人不是寻求两人的一致而是看如何协调、合作。爱需要包容、理解、体谅。学会用建设性的方式去解决冲突，沟通是非常有效的方式。恋人间需要有效的沟通，这就要求我们了解对方沟通方式的差异和对亲密的具体需求。

伤害性的争吵或者冷战都不利于问题的解决。采用适宜的方法和方式对解决爱的冲突具有事半功倍的作用，如降低声调，缓和语气；轮流说话，聚焦问题；直接沟通，不请他人传话；常说“对不起”或者“我错了”；当情绪失去控制时，暂时回避；不要尝试在爱情关系里讲道理等，这些策略都有利于双方的情感沟通，提升双方的亲密度。

6. 提高对失恋的心理承受力

任何爱都要承担风险，没有无风险的爱。有时候，终止也是一种出路。失恋是人生中一个很大的挫折，考验的是人耐受挫折的能力。失恋使人产生痛苦的感觉是很自然的事，每个失恋的人都会有，只是程度有差别。失去爱会使人感到一种重要关系的丧失，一种身份的丧失，需要一定的时间去面对和适应。

爱情是一朵娇艳而美丽的玫瑰，每个人都渴望拥有她的芳香，但被她的硬刺所伤每个人都不能幸免。的确如此，大多数人都是经历几次恋爱后，才遇到了真正适合自己的伴侣。尽管随着时间的流逝，伤痛最终会完全被消除，但在青春年少时，失恋总是显得那么刻骨铭心、难以舍弃，以至于会影响大学生正常的学习与生活。因此，大学生在失恋的时候需要有意识地努力，从而战胜人生路上的挫折。

三、恋爱挫折时的心理自我调节方法

下面介绍几种简单有效的心理自我调节方法。

(1)及时宣泄悲伤情绪　大学生失恋后最需要做的就是宣泄自己悲伤的情绪，这个过程一定不能忽略。失恋给人造成的心理创伤与失去亲人造成的心理创伤比较接近。亲人和爱人都是你生命中非常重要的人，不同的是在失去亲人的时候，一般都有很隆重的告别仪式，整个社会鼓励你哭泣、倾诉和宣泄，而失恋则不会有这样的机会。另外，失恋的时候对方仍然会生活在你的周围，只是和你没有任何关系了，所以自己必须有意识地寻找宣泄的机会。哭泣，向他人述说，搜寻交往中一些美好愉快的令人终生难忘的时刻，试着想象与自己理想的配偶谈恋爱而不是某个具体的人谈恋爱等，都是非常好的途径。

积极从朋友和父母那里获取支持和帮助。在失恋后最初的一段时间不要独自一人，这样很容易产生消极想法使压抑升级。最好的做法就是告诉你信任的人：你很需要他。失恋是一个非常痛苦的经历，你甚至可以宽容自己的极度难过或对自己感到无比失望。但是，你一定要坚持上课、学习和工作。如果你有好几次这样的失恋经历，你也就不会觉得太悲伤。事实上忙碌的时候，悲伤就会在不知不觉中烟消云散。一些同学在失恋后因为全力以赴地攻克学业，不仅很快走出了失恋的阴影而且成绩也提高了。

(2)尝试与对方做朋友　在刚刚失恋时，你可能希望通过频繁地联系使你们的关系有所转机。但结果往往是，你联系得越频繁，你受伤害的时间就越长。适当地减少与对方的联系，对处理你的情绪是很有帮助的。在大学里，彻底脱离某个人的视野很困难，但是保持尽可能远的距离是可行的。同时随着时间的流逝和情绪的淡化，原来的恋人可能会变成好朋友。

(3)提高自信　在失恋时个体不仅会出现一些情绪上的反应，而且更为重要的是每个人都会竭力试图解释自己为什么会失恋。有时候我们遭遇伤害，不是因为我们失去了某人，而是我们通过剖析看到了我们自己的内心世界。失恋往往会勾起我们对自我的审视,而这种审视必然会使我们的自尊心受到重创。我们对自己感到伤心,怀疑自己不够优秀,甚至觉得如果这个人不爱我了,那么就没有人会爱我了。其实,对方选择离开你可能是由于你们之间的差异太大了。一个人无法控制两个人关系的结果,所以你没有必要独自承担分手的责任。努力去做能给自己带来信心的事情。更重要的是,接受自己,悦纳自己,然后努力去发现那些喜欢你的人。永远不要放弃约会。即使你受到非常糟糕的待遇,请记住不是所有的人都一样,不远处总有一个人是适合你的。

(4)如果需要,主动提出分手　如果在你们相处的过程中,你总是感到受伤害,就应该考虑终止这种关系。生活目标不同,没有快乐和信任,过于自私,过于关注性,情感淡漠,甚至虐待和暴力都是提出分手的正当理由。如果问题不是特别严重就要积极解决它,但是在几次尝试后仍没有太大改变,就需要认真考虑关系是否有继续的必要。提前考虑好分手的理由。在正式提出分手的时候,一定要以我向思维为切入,态度要温和而坚定,别数落对方的不是。提出分手要选择白天,因为晚上人的情绪比较难以控制,地点最好是公开、安静,周围有人但不会干扰你们谈话的地方。正式提出分手后不能因为对方痛哭或者威胁而放弃自己的决定,因为继续这种不健康的关系对双方都没有好处。

(5)失恋是一种学习经验　在失恋之后无论如何开始自己的生活,都应该把失恋当成是一种学习。你也许知道了在恋爱中哪些事情可做,哪些事情不可做,这就为下次建立一个更好的恋爱关系打下了基础。你可以更加小心地保护自己使自己不受伤害,但不要因为担心再次陷入爱河而远离异性朋友。在你拥有真正的亲密爱人之前,是需要时间来实践的。

第四节　大学生性心理探析

性作为一种生理、心理、社会现象,始终伴随着人一生的发展,深刻地影响着人的健康、幸福。它能给人带来超越一切的快乐,也能使人跌入深不见底的深渊。不压抑、不无知、不歪曲对性的认知与表现,有智慧地对其进行引导、规范,是每一个人完善人格,获得幸福和发展必需的能力。

一、性心理概述

首先从性的生物学、心理学和社会学角度对在日常生活中经常使用的三个词,性、性别、性别角色,进行解释。性是生物学范畴上的词汇,常指男女两性在生物学上的差异,包括男女两性染色体不同,性腺不同,性激素不同,生殖道与外生殖器不同和第二性征不同。性别是心理学范畴的词汇,它是指男女两性在生理差别基础上的心理差异,主要表现在性格、气质、感觉、情感和智能等方面。性别角色是社会学范畴的词汇,它是社会按照人们的性别赋予人们不同的社会行为模式。性别角色是男女两性在生理差异的基础上,由社会期望不同所形成的。男女先天生理解剖上的差异为性别分化提供了可能。但是,男女在家庭和社会生活中扮演什么角色,则主要由社会的伦理、道德、风俗和传统等社会文化所决定。

性心理是指在性生理的基础上,与性征、性欲、性行为有关的心理状况和心理过程。在青春期,由于生理方面的第一性征、第二性征发育成熟,青年人对性的意识和强烈的欲望开始萌动，大学生作为青年中的一个群体，除了遵循一般青年性心理发展的规律外，因其所处学习环境较为特殊，因此大学生性心理发展有其自身的特点，主要包括：①性感情，因性产生的异性吸引的感情需求；②性意识，男女的性别意识和性欲冲动；③性知识，对获得有关性问题的渴求；④性经验，指经身体力行获得的关于性的实际感受和体验；⑤性观念，指对有关性问题的较为稳定的看法和持有的态度以及评价。

二、性心理发展的基本理论

大学生的身体发育基本完成，性生理也趋于成熟，但是性心理的发展并未达到成熟。性意识的发展在少年儿童时期是没有的。心理学研究发现，1 岁半的孩子通常可以知道自己是男孩还是女孩，但是不能解释其原因；3～4 岁的孩子能通过外部特征，如衣着、发式来区分周围人的性别；5～6 岁的孩子因为异性之间的游戏兴趣的不同，如女孩喜欢过家家，男孩喜欢打仗游戏，而更倾向于与同性别的孩子玩耍；小学阶段同性之间形成相对封闭的小集团，有时表现出对异性的回避和反感，但是渴望了解异性的兴趣在增加；到了青春期，青少年明显意识到自己的性别特征与角色期待，对异性的意识敏感微妙，内心渴望、喜欢、爱慕异性，但又用回避或厌恶的态度来掩盖，性意识开始觉醒。

我国学者提出性意识发展的三阶段学说，具体表述如下。

(1)对异性的敏感期　刚进入青春期的青年人，由于身体的迅速发育，引起了男女性别的不同生理和心理的急剧变化。尤其第二性征的出现和性意识的觉醒，使青年人对异性之间的性别差异非常敏感，在异性面前时常会感到羞怯和不安。在此阶段中，男女学生往往界限分明，彼此疏远、相互回避，甚至比孩提时的性疏远期表现得更加强烈。

(2)对异性的向往期　随着性生理的发育成熟，青年人的性心理开始发展，男女情窦初开，产生了异性之间的相互吸引，出现希望彼此接触的意愿。处于此阶段的青年男女，开始特别注意自己的容貌和风度，希望引起异性的注意和兴趣，博得他(她)们的好感和青睐。在生活中，青年男女开始关心周围发生的爱情方面的趣闻轶事，喜爱阅读和观看描写爱情内容的文学作品、影视音乐。经常与同龄人谈论男女爱情问题，并利用各种机会与异性接触、交往。个别学生甚至开始递纸条、写情书，明确地向对方示爱。但是，处于这一时期的男女青年，由于其生理和自我意识的不成熟性，他们异性交往的对象，基本上是泛化的、不稳定的、缺乏专一性的。所以，有人又将此阶段称为泛爱期。

(3)恋爱择偶期　在这一阶段男女青年，性心理已逐步成熟，社会阅历不断丰富，恋爱观开始形成，对异性的向往逐渐专一，开始相互寻求和选择自己的配偶对象，建立和培育双方的爱情，进入成熟的恋爱心理。

大学生正是处于由“异性向往期”向“恋爱择偶期”的过渡时期，也正是大学生的恋爱心理开始形成和逐步走向成熟的重要时期。

三、大学生性心理的特征

大学生是一个独特的群体，从生理上说他们已经发育完全，然而，他们还未走向社会，在心理上并未成熟。他们在性心理发展上具有以下几个特点。

(1)对性生理发展的关注　青少年进入青春期之后,在生理上发生了一系列的变化,这些变化将男性和女性区分开来,这些变化不仅仅是区分不同性别的标志,还是显示生殖系统开始运转的信号和两性相互吸引的重要根源。因此,青少年到了这个阶段就会格外关注发生在自己身上的各种变化。对于性生理体征的变化,青少年往往关注自己在第二性征上与异性的不同。在青少年进入大学之后,性生理功能和性体征的发展已经基本完成,许多青少年都会不同程度的出现自我欣赏的现象,如常常在镜中端详自己的外貌,甚至会悄悄与他人进行比较。每个人都希望自己能对异性产生极大的吸引力,可是如果自己的性生理发展并不如己意,就会出现各种烦恼与焦虑。

(2)对性知识的渴求　在第二性征发育之后,首次遗精与初潮现象的出现使个体对自身性角色的认识发生了质的变化。个体的性角色基本定位并产生两性分化。伴随着性生理的变化,青少年普遍产生了对性知识的强烈渴求。他们非常关心自己和周围同伴的发育变化,对性知识既好奇又敏感。他们心目中有很多疑惑等待找到答案,他们想知道发生在自己身上的变化是否正常。所以他们常常会有意识地通过一些途径来获得性知识,如网络、电影电视、医学书刊等。但是目前我国教育体制中尚未形成成熟的性教育体系,因此性知识往往是零散、随机的,有些甚至是错误的。

(3)对异性的爱慕　进入大学以后,青年们逐渐进入了性爱恋期。此时,他们已经不再满足于那种朦胧的好感,会明显地流露出与异性相处的意愿,他们在行为上也会表现出一些主动接近异性的举动,在共同活动中相互结识、相互接近、建立好感,最后形成单独接触。这种心理和行为都是很正常的,这是青年人以后建立美满婚姻生活的基础。

(4)对性需求的压抑　现代社会丰富的物质资源,使大学生的身体生理发育不断提前,但是大学生职业和社会地位的获得却不断滞后,形成了长达十多年的“性等待期”。与此同时,日益开放的社会文化既满足了大学生了解性的渴望,又加剧了其性实现的冲突。大学生在繁重的学业任务和就业压力面前,不可能也不能自由发挥。在加上我国谈性色变的保守观念依然影响着当代青年,大学生认为谈论与性有关的事是下流、肮脏,难以启齿的。有些大学生强迫自己否认,回避性需求,因而长期处于紧张、焦虑等状态下,继而形成严重的性压抑。一方面,性压抑表现为对身体的正常性反应感到困惑和厌恶,内心不安、焦虑、矛盾冲突剧烈。另一方面,性压抑还会表现为性恐惧和性敏感。应当说,适当的抑制性需求是符合社会需要的,是成熟的反映。但严重的压抑性需求则会有害健康,导致性欲畸变,性能量退化,执着或隐伏,引发性扭曲。实际上对于性需求可以使用释放、转移、升华等途径进行疏导。

第五节　大学生常见的性困惑

大学生在性成熟的过程中,常常有很多不适和困惑,特别是当家庭、学校教育对性知识、性行为或严厉制止或漠然回避的态度与开放自由的社会价值观相碰撞时,大学生会觉得无所适从,甚至会出现心理障碍。

常见的困惑和心理障碍主要有以下四个方面。

一、性生理的困惑

性作为一门科学，探讨生理和心理的客观存在。青年男女需要正视自己的身体与欲望，坦然接受身体带给我们的愉悦与欢心，更加轻松、理性地看待性成长。

1. 性体像的困扰

进入青春期后，男生和女生的体像发生了很大变化。男生希望自己身材高大、体魄强壮、音调浑厚，拥有男性磁力，以吸引女生；女生则希望自己容貌美丽、体型苗条、乳房丰满、音调柔美来显示女性魅力，以吸引男性。然而，当他（她）们的体征不如己意时，就常出现烦恼和焦虑。

生活中男生自卑于自己个子矮，女生自卑于自己体型胖都是非常典型的性体像困扰。男性对自己生殖器的发育，女性对自己乳房的大小都非常敏感。事实证明，阴茎、乳房的大小、外貌的美丑受遗传因素的影响很大，很难改变，重要的是它们对婚恋生活没什么影响，因此不必太在意。其实能够在爱情中长久的往往不是长相，而是性格魅力和能力水平，往往拥有自信、自尊的人更容易收获甜美的爱情。有很多伟人，甚至是身有残疾，一样都能收获美好的爱情和美满婚姻。所以大学生要把注意力转移到对自身能力的提升上，这样可能对爱情的获得更有利。

2. 遗精与月经的困扰

遗精是指男性在无性交状态下射精的现象，是青春期男子常见的正常生理现象，是性成熟的标志。传统观念往往把遗精看得很严重，认为这种行为会伤元气。受这种传统观念的影响青少年常因此而焦虑不安、惊恐失措。实际上精液由精子和黏液组成，一次排放的数毫升精液中 99％是水分，其余是蛋白质、糖等，其中含有的营养物质对人体来说微乎其微，因此大学生不必对此过分担忧。只是需要注意做好卫生工作，男性外生殖器本身皮肤皱褶多，伸缩性大，再加上阴毛密集，汗腺分泌旺盛，在受到外伤、刺激或强烈摩擦时，容易发生局部细菌感染，引起龟头炎、阴囊湿疹等疾病，所以在遗精后应及时擦拭，更换内裤。

月经期及月经的前几天是女性生理曲线的低潮期。在这个时期中，女性身体的耐受性，灵活性下降，易疲劳。虽然这些都是女性正常的生理反应，但确实会给女性带来一些不适的感受，所以这的确是一个需要加倍体贴的“特殊时期”。处于这个时期的女性应注意避免过度疲劳，保持心情愉快、舒畅，注意保暖，合理调节膳食，保持卫生，禁止性生活。

二、性心理的困扰

大学生性心理的成熟相对于其生理的成熟是滞后的，这就使得大学生在面对性成熟带来的种种变化时不能很好地适应和主动调节，由此引发了一系列的心理困扰。

（1）性别认同困扰　这一问题在女性群体中可能表现得更突出。曾有调查显示，男大学生不喜欢自己性别的占 2.6％，而女大学生不喜欢自己性别的则高达 15.6％。另一项关于大学生性心理的调查显示，90％以上的男大学生对于自己性别的满意度较高，而有超过 1/4 的女大学生表示在可能的情况下愿意改变自己的性别。这一结果与“重男轻女”的传统观念对和性别角色刻板的印象直接相关。这种性别自贱的心理严重影响了大学生，特别是女大学生的成才发展和婚姻生活,还有可能影响下一代的成长。需要学校通过开设专门的女性教育和专业的心理咨询进行矫正。

(2)性冲动频繁的困扰　“少男钟情,少女怀春”这是青春期性心理的正常表现。大学生与异性交往的愿望非常强烈。每当看到影视片中男欢女爱的情景,或与异性同学交往甚密时,都容易产生好奇与冲动。如果性冲动过于频繁,势必会影响学习、生活,以及与异性的相处。

(3)性幻想和性梦引发的困扰　当大学生们对与异性交往强烈的渴求不能实现时,性的白日梦就有可能发生。性的白日梦又叫性幻想。性幻想是在某种特定因素的诱导下,自编、自导、自演与性交往的内容有关的心理活动的过程。它可以幻想出在日常生活中不能满足的与异性约会、接吻、拥抱和性交等性活动。白日梦可以导致生理上的性兴奋,偶尔也会出现性高潮。这在一定程度上可以缓解人们的性需求。白日梦是一种普遍的心理现象,但是也应该适可而止,如果成天沉溺其中,甚至把幻想当成现实,那就会成为病态,就会阻碍大学生的健康成长。

性梦是指在睡梦中发生性行为的现象。人们通过梦的方式部分达到自己白天被社会规范限制的性冲动的满足,从而缓解性紧张。性梦也是大学生性心理较为普通的一种表现。一些大学生由于缺乏对性梦知识的了解,常为自己有过性梦的经历而焦虑和自责。

(4)手淫引起的困扰　手淫是指用手或工具刺激生殖器而获得性快感的一种自我刺激,它是一种青少年获得性补偿和性宣泄的行为。在传统观念中认为手淫是有害的、邪恶的,是有罪的,是不道德的。其实不然,手淫是一种自然的、正常的对性冲动的缓解方式。

(5)性骚扰引发的困扰　常见的性骚扰有故意擦撞异性身体的某个部位,故意贴近他人,故意与他人谈论性的问题,用色情语言挑逗他人,用暧昧目光打量他人,或强行要求与他人发生性行为等。由于缺乏自卫心理,一些大学生面对性骚扰时常常惊慌失措、恐惧万分,甚至长时间地自责,认为自己不“干净”,心理困扰长时间不能解脱。

三、性行为的失当

性行为的表达有其重要的社会属性,是生理、心理、文化、伦理和价值诸因素的统一。大学生性生理的成熟使其对性的生物性需求强烈、迫切,但对各种性现象、性行为的认知体系还不完善,加之现在日趋复杂的社会环境,大学生的性行为也会出现一些不恰当的表现。

(1)身体亲密代替心理亲密　大学生在恋爱中自然会产生拥抱、接吻或身体接触的动作,但是如果身体亲密代替心理亲密,甚至代替爱情可能就不是很合适了。过多的身体亲密,会加剧性冲动,有时会使自己的行为失去控制。调查发现超过半数的大学生认为恋爱中可以有拥抱和接吻。约26%的大学男生,7%的大学女生认为恋爱中可抚摸对方身体最敏感和最隐蔽部位,甚至可以性交。这说明大部分大学生对于恋爱中发生亲昵行为的态度还是严肃的。

(2)婚前性行为　婚前性行为是男女双方在恋爱期间未履行结婚登记手续的情况下发生的两性性行为,是一种违反婚姻与性相统一的原则的婚外性行为。其特点是双方自愿进行,不存在暴力逼迫;没有法律保证,不存在夫妻之间应有的义务和责任;容易产生一些纠纷和严重后果。婚前性生活体验的上升趋势是世界性的,自20世纪60年代以来,西方各国婚前性行为泛滥,未婚母亲和非婚生子女增多,引发了严重的社会问题。

目前,在我国大学生恋人中有婚前性行为的不在少数。在对大学生婚前性行为的态度调查中，半数以上的大学生认为婚前性行为是可以接受的。有媒体多次报道女大学生在宿舍或厕所中生产婴儿，在医院门诊做人流手术的大学生也不少，学校咨询室里因为发生性行为之后造成双方关系的困扰，或者女生因为身体出现的各种疾病而痛苦不堪的情况屡见不鲜。

四、性心理的障碍

性心理障碍也称性变态，泛指两性行为的心理和行为明显偏离正常，并以这类性偏离作为性兴奋、性满足的主要或唯一方式为主要特征的一组精神障碍，其与两性行为无关的精神活动并无其他明显异常。性心理障碍主要包括性指向障碍、性偏好障碍和性身份障碍三种类型，涵盖了性身份异常、性对象异常、性目的异常和性行为手段及方法异常。

性指向障碍指的是其性欲对象与常人相异，如同性恋。同性人之间具有性爱吸引并持续表现性爱倾向，它可伴有或不伴有性行为，同时对异性的人毫无性爱倾向，也可仍有减弱的性爱倾向或正常的性行为。

性偏好障碍指的是性心理和性行为都带有儿童性活动的特点，即以幼年的方式求得性满足，如窥阴癖，反复的、强烈的性渴求和唤起想象，涉及的是窥视异性裸体或性交行为，并付出行动，至少持续半年，见于男性；露阴癖，反复、强烈地在异性、他人面前暴露本人性器官的性渴求和性想象，并付诸行动，一般至少持续半年，绝大多数见于男性；恋物癖，反复出现半年以上，以某种非生命性物品或异性躯体某部分作为性满足的刺激物，抚摸、闻嗅这类接触性敏感区的物品，或在性交时恋物癖者本人或性对象持此类物品即能取得性满足。

性身份障碍是指心理上对自身性别的认定与解剖生理上的性别特征恰好相反，持续存在改变本身性别的解剖生理特征以达到转换性别的强烈愿望，其性爱倾向为纯粹的同性恋，绝大多数为男性，他们厌恶自己的性器官，要求手术转换性别。

如果出现了上述任何一种表现，都将会严重影响到大学生的生活和学习，影响今后的发展，所以应当及时向有关人员进行咨询，予以治疗。

第六节 大学生性健康的维护

饮食男女，生殖繁衍，性具有生物性的一面，同时人类的性又受到社会伦理、法律和道德的约束。

青少年学习了解科学的性知识，形成健康积极的性观念，能够约束、规范性行为，是非常必要的。

一、大学生性健康的标准

对于大学生而言，其性健康的标准普遍认为应当有以下几条：

(1)有正常的性需要和性欲望。性欲是一个人能够获得性爱和性生活的前提和基础，一个心理健康的个体应该是有性需求和性欲望的。

(2)有科学的性知识。能够从正当途径了解和学习男女性生理结构、性生理心理反应、生殖健康和性病预防等知识。

(3)有良好的性道德。能够用社会规范和道德自觉约束自己的性欲望和性行为。

(4)有正常、健康的性行为。能正确理解和调节自己的性梦、性幻想、性冲动等,能尊重对方并为对方负责。

正常的性需要和性欲望是心理健康的生理基础,科学的性认识是性心理健康的自我调节的基础,良好的道德是对性健康的约束机制,正当的性行为必须遵从社会伦理道德和相关法律法规的约束,并且是对自己和他人负责任的。只有这几方面协调、顺畅,大学生才能具备健康的性心理。

二、维护大学生性健康的途径

维护性健康既包括维护性生殖健康、预防性传播疾病等知识的学习,也包括防范性骚扰、慎重对待婚前性行为等行为上的应对和约束。

1. 掌握科学的性知识

作为大学生应该对“性”有一个科学的认识。性是一门综合性的科学。它包括性生理学、性心理学、性社会学、性伦理学、性美学等。大学生应该尽量通过一些正常渠道了解、学习性的相关知识,避免性无知,消除仅将性看作是生物本能的片面认识。

2. 培养健康的人格

“性是人格的完成。”性,不仅仅取决于生物本能,而且反映一个人对待性的态度,反映一个人人格成熟与否。人自身的尊严感和对他人是否尊重,都会在两性关系中充分表现出来。

(1)要自爱自信　大学生应该认同自己的性别角色。性别角色意识是一个人社会化成熟与否的重要体现,是心理健康与否的重要标志。世界是两性的和谐统一。男性和女性在生理和心理上各有自己的特点,各有自己的性别魅力。因此,大学生应当接纳和欣赏自己的性别角色,发展出适应时代要求的优秀个性特点。

(2)要对性行为承担社会责任　如果性行为只停留在手淫、性梦等方式的自我宣泄上,它不会影响他人。但是如果性行为涉及到另一个人,那么便涉及许多社会责任。性行为可能会给对方造成心理和肉体上的伤害,可能会产生新的生命。这将极大地影响双方的生活。每一个成熟的大学生都应当了解个人性行为给他人、自我和社会带来的后果。尊重他人,尊重自我,对自我的行为负起责任,这就需要大学生要增强自己的性道德和性法律意识,用道德和法律规范自己的性行为。

(3)要培养良好的意志品质　大学生自我控制性心理能力的大小在一定意义上是由个人意志品质的强弱决定的。意志作为达到既定目标而自觉努力的一种心理状态,具有发动和抑制行为的作用。尽管有的青年人有很强的性冲动,尽管在外界性刺激的情况下,人会急于寻求性的满足,但是人不同于动物,人有意志力,人可以抑制和调整自我冲动。那些放纵自己的人往往缺乏坚强的意志品质。鲁迅先生曾经说过:“不能只为了爱——盲目的爱,而将别的人生的意义全盘忽略了。”为了自己长远的幸福和发展,大学生应当努力培养自己良好的意志品质。

3. 正确认识性欲及有关现象

性欲是正常的和健康的,同时也是可以控制的。

(1)要正确调控性冲动　对于性冲动,除了给予适度控制外,还可以采取一些积极的、富于建设性的、符合社会规范的方式来取代或转移性欲。大学生可以通过学习、工作，参加各种文体活动，及男女正常交往等多种合理途径转移自己的注意力。大学生们要尽量避免影视、报刊和网络上过强的性信息刺激，抵制黄色书刊的不健康影响。

(2)要克服遗精恐惧和月经焦虑　对于遗精和月经，不必太紧张。男生要正确对待遗精，经常清洗床单、内裤和性器官，保持个人卫生。女生要了解月经期规律，减少经期中的不良精神刺激，努力调控自己的情绪，愉快度过经期。

(3)要正确对待手淫、白日梦和性　大学生要通过性知识的学习，克服手淫引起的心理困扰。大学生不必因为手淫而自责，但是过分沉溺于手淫，只靠频繁的手淫来缓解性紧张是不健康的表现，应当通过丰富多彩的精神生活和恰当的异性交往来平衡自己的性心理。对于白日梦和性梦大学生也不必过度担心，可以通过转移注意力等追求高层次的需要来缓解自己的性需求，从而减少白日梦和性梦。

4. 对性骚扰说“不”

首先，大学生应当维护自己自尊、自重、自爱的自我形象，做到举止大方、行为得体、作风正派、衣着打扮不轻浮。其次，学会自我保护。女生尽量晚上不要单独外出，更不要单独在男性家中或住所长时间停留。面对异性的非分要求，不要畏惧，要勇敢地说“不”。要以严厉的态度制止和反抗性骚扰，必要时向他人呼救或向公安部门寻求帮助。若不幸遭遇性骚扰事件，应及时寻求父母、老师、知心朋友或专业心理咨询的帮助。

5. 拒绝婚前性行为

联合国卫生组织就性行为问题对青少年的建议是：性行为虽然是个人的选择，但它必竟是一个重大的决定，必须深思熟虑，明白由此带来的后果和应负的责任，要现实地做决定，为自己和他人负责，尊重他人，不伤害他人，如要进行性行为，也要采取安全的行为，避免非意愿怀孕和感染上性病或艾滋病。

婚前性行为对大学生的危害主要有以下几个方面：首先，婚前性行为带来剧烈的心理冲突，会导致感情变味。特别是男生受传统观念的影响，会觉得主动的女友不值得珍惜。其次，可能导致未婚先孕，给女生造成巨大的心身伤害。未婚先孕目前还得不到社会道德和伦理的认可，一旦怀孕，女性很难有良好心态，也得不到很好的护理，大多会选择流产手术，而多次流产有可能对女性造成习惯性流产。堕胎失败更会导致母婴身体和精神受到创伤。有的女性迫于压力可能会匆匆结婚，感情的不成熟有可能导致婚姻不幸。最后，婚前性行为如果是在某些卫生条件较差的地方，或与多位异性发生性关系，有可能罹患感染性疾病。

要避免婚前性行为，女性应对其有清晰明确的态度。避免陷入甜蜜的陷阱。通常男生会说，你爱我，就应该和我怎么样，女生要知道男生爱一个女生，应该尊重女生的意愿，包括对性要求有拒绝的权利。首先，女生应尽量避免在夜晚与男友在一起待得太久；其次，面对男生的性请求，女生应明确拒绝。不要担心对方会觉得自己不礼貌、不温柔，男性经常会将女性的被动沉默解释为允许，女生可态度坚决直接地说，“不可以”“不喜欢”，然后离开现场。

尽管婚前性行为有诸多不良后果，但还是有一些大学生情侣会偷吃禁果。如果意外怀孕，应立即到比较正规的医院向医生咨询或向亲密朋友求助。

6. 远离性病和艾滋病

1975 年 WHO 把凡是通过性行为，包括生殖器的性行为和类似的行为接触而发生的传染疾病称为性传播疾病,简称为性病。性病包括淋病、软下疳、尖锐湿疣、生殖器疱疹、梅毒、非淋菌性尿道炎和滴虫病等。

艾滋病全称为获得性免疫缺陷综合征(acquired immuno-deficiency syndrome,AIDS)。这种疾病是由人类免疫缺陷病毒(简称 HIV,又称为艾滋病病毒)所导致的性传播疾病。HIV是一种致病微生物,主要损害人体免疫系统,破坏人体的抵抗力,使患者容易罹患一些普通人不容易发生的严重传染病和恶性肿瘤,最终导致患者死亡。由于艾滋病是当代对人类威胁最严重的性传播疾病。因此,被西方称为"20 世纪的新瘟疫"——"超级癌症"。

性病、艾滋病严重地影响人类的身体健康,吞噬着人们的生命,给人类的发展带来巨大的灾难。其主要危害有以下几点。

(1)损害人体的健康　性传播疾病能够导致患者的皮肤溃烂、生殖器发炎,还会造成骨骼疾病、眼科疾病、心脏病、心血管病和神经系统疾病等,还可并发肝炎、肾病等。性传播疾病会造成女性的不育症,导致女性生育能力的丧失。

(2)吞噬人的生命　性传播疾病会直接导致癌症的发生,直接威胁人的生命,艾滋病的治愈率很低,医学专家认为艾滋病患者中 50%的患者将在确诊后的 18 个月死去,80%的患者将在确诊后的 36 个月中死去。

(3)威胁后代的延续　性传播疾病和艾滋病不仅使患者遭受疾病的折磨,而且还会通过妇女怀孕,把病毒传给无辜的婴幼儿。同时,母乳喂养也会使受艾滋病病毒感染的母亲把病毒通过乳汁传给婴儿。据医学专家统计,受艾滋病病毒感染的婴幼儿存活时间一般为 2～3 年。据统计,全世界有 300 万患儿在出生时就感染了艾滋病病毒,许多患儿很快发展为艾滋病,几年之内就丧失了生命。

(4)摧毁世界经济　艾滋病对于世界经济的破坏力丝毫不低于世界大战。据统计,全世界仅 1991 年用于防治艾滋病的经费总额就高达 85 亿美元,其中用于艾滋病研究的经费高达 20 亿美元。亚洲开发银行副总裁苏利有在阐述艾滋病对亚洲的威胁时说:"艾滋病是亚洲繁荣的大敌。"

艾滋病正在全球疯狂地肆虐。WHO 报告 2010 年全世界存活 HIV 携带者及艾滋病患者共 3400 万,新感染者 270 万,全年死亡人数 180 万。每天有超过 7000 例新发感染,97%以上在中、低收入国家。截至 2011 年底,我国存活 HIV 携带者及艾滋病患者约 78 万例,全年新发感染者 4.8 万例,死亡 2.8 万例。在感染者当中青少年男性占了大多数。为了大学生的身心健康,应当积极参加性病、艾滋病的预防。

一位美国学者在回顾了美国同性病、艾滋病作斗争的 20 年的痛苦经历后深深地感受到,人类最后遏制性病、艾滋病流行的途径既不可能是特效药和疫苗,更不可能是避孕套,而是人格教育和建立健康的家庭。

大学生们应当不断完善自己的人格,学会自尊、自爱和自信,拥有积极进取的人生态度和健康的生活方式,同时也应该尊重他人的人格,遵守性道德,有效地控制自己的性行为,对自己、对他人、对社会负起责任。

大学生要倡导性纯洁,减少婚前性行为和婚外性行为的发生,这不仅可以有效地预防性病、艾滋病的传播,而且也能使大学生享受到真正的性爱。同时,大学生应当拒绝各种媒体中的性污染,抵制不良的性刺激。

性健康是一个民族兴衰的大事,普及宣传性病、艾滋病预防知识,使青少年了解性病、艾滋病的传播是预防性传播疾病的重要工作。同时,宣传教育的目的也是为了建立一种正确对待性传播疾病的态度。防止对艾滋病患者产生恐惧和歧视心理,大学生们应当积极参与预防性病、艾滋病的宣传教育活动。

思考题

(1)试述何谓爱的能力。

(2)大学生应当如何维护自己的性心理健康?

参考文献

[1] 江光荣,吴才智. 大学生心理健康教育[M]. 武汉:华中师范大学出版社,2012.

[2] 王淑兰. 大学生心理健康教育教程[M]. 世界图书出版公司,2008.

[3] 周家华,王金凤. 大学生心理健康教育[M]. 北京:清华大学出版社,2010.

[4] 张大均,吴明霞. 大学生心理健康[M]. 北京:清华大学出版社,2010.

[5] 叶琳琳. 大学生心理健康教育与心理素质训练[M]. 北京:北京师范大学出版社,2013.

[6] 樊富珉,王建中. 当代大学生心理健康教程[M]. 武汉:武汉大学出版社,2006.

[7] 陈珩. 大学生心理健康教育·心理课堂[M]. 北京:化学工业出版社,2007.

[8] 姚本先. 大学生心理健康教育[M]. 北京:北京师范大学出版集团,2011.

(代雅玲 赵东利 普丹 周凯娜 吕卫东 周文旭)

第八章

直面挫折——经历风雨，终见彩虹

本章主要介绍关于挫折的基本知识、挫折的应对策略和方法。通过分析大学生常见的挫折及其产生原因，从而提高大学生对挫折的认知水平、承受和应对能力，培养大学生坚强的意志品质和良好的心理素质。

案例导入

案例一　面对挫折永不言败的美国总统林肯

亚伯拉罕·林肯(1809—1865)生下来就一贫如洗，他的一生都在面对各种各样的挫折和压力，八次竞选八次落败，两次经商失败，甚至还精神崩溃过一次。好多次，他本可以选择放弃，但他却没有放弃，让我们看看他的人生轨迹吧。

1831 年　经商失败。

1832 年　竞选失败并失业，想就读法学院未成功。

1833 年　向朋友借钱再次经商，再次破产，接着花了 17 年时间还清债务。

1834 年　竞选州议员成功。

1835 年　订婚后快结婚了，未婚妻却死了，他的心也碎了。

1836 年　精神完全崩溃，卧病在床 6 个月。

1838 年　争取成为州议员发言人失败了。

1843 年　参加国会大选，落选了。

1846 年　再次参加国会大选，获得成功，前往华盛顿特区工作，表现突出。

1848 年　寻求国会议员连任，失败了。

1849 年　想在自己所在的州任土地局局长，被拒绝了。

1854 年　竞选美国参议员，落选了。

1856 年　在共和党的全国代表大会上争取副总统提名，得票不到一百张，失败了。

1858 年　再度竞选美国参议员，再度失败。

1860 年　当选美国总统。

亚伯拉罕·林肯以超人的顽强毅力、不屈不挠的精神面对挫折，永不言败，正因为如此，他才成为美国历史上最伟大的总统之一。

案例二　鹰的重生

鹰是世界上寿命最长的鸟类。

但鹰在40岁左右，必须经历一次痛苦的重生。因为那时它不能有效地抓住猎物，它的喙变得又长又弯，几乎碰到胸脯；它的爪子开始老化，无法有效地捕捉猎物；它的羽毛长得又浓又厚，翅膀变得十分沉重，使得它的飞翔十分吃力。

此时的鹰只有两种选择：要么等死，要么经过一个十分痛苦的重生过程——150天漫长的蜕变。它必须很努力地飞到山顶，在悬崖上筑巢，并停留在那里，不得飞翔。

鹰用它的喙击打岩石，直到喙完全脱落，然后静静地等待新的喙长出来。鹰会用新长出的喙把爪子上老化的趾甲一根一根拔掉，鲜血一滴滴洒落。当新的趾甲长出来后，鹰便用新的趾甲把身上的羽毛一根一根拔掉。

5个月以后，新的羽毛长出来了，鹰重新开始飞翔，鹰经历了一次重生。

每一个辉煌的故事背后都有一个凤凰涅槃的故事，世上没有不弯的路，世间没有不谢的花，挫折本身就是生命旅程中不可或缺的风景。

生命总在挫折和磨难中得到升华，试想一下，如果鹰在40岁时选择了逃避，那么等待它的就是生命的终结。经历了痛苦的磨砺，鹰才得以重生，重生和成功的道路没有坦途，注定要密布荆棘。

林肯遇到挫折永不言败和鹰的重生告诉我们，经历挫折和磨难不可怕，关键在于怎么对待挫折和磨难。大学阶段是大学生独立生活的开始，会遇到各种压力和挫折，这些挫折和压力，一方面使大学生的经历更加丰富；另一方面，过重的挫折和压力会影响大学生的心理健康。正确面对各方面的挫折和压力，有助于大学生身心健康的发展，有利于大学生顺利渡过大学生涯。

第一节　挫折概述

没有河水的冲刷，便没有钻石的璀璨；没有挫折的考验，就没有不屈的人格。挫折普遍存在于每个人的生活之中，伴随着人的一生。大学生正处在向成人转变的过渡时期，思想情绪波动较大，社会阅历不深，承受力较弱。如果大学生能辩证地看待挫折，坦然面对挫折，积极克服挫折，便能吸取教训，增长经验，历练人生。大学生如果能把挫折当成是“黎明前的黑暗”，看成是胜利的前奏曲，就能在遇到挫折和压力的时候坦然面对，就能在跌倒之后爬起来继续前进。

一、挫折的概念及其对大学生心理健康的影响

每个人在其一生中都会遇到挫折，对挫折的心理反应行为和应对挫折的能力反映了一个人的心理素质和心理健康水平。正确把握挫折的实质，正确评价挫折，往往是有效应对挫折的重要前提。

（一）挫折的概念

《现代汉语词典》对挫折的解释为：失败、失利。《辞海》对挫折的解释为：失利、挫败。心理学意义上的挫折是：个体在某种动机的推动下，在实现目标的活动过程中，遇到了无法克服或自以为无法克服的障碍和干扰，使其需要或动机不能得到满足而产生的消极反应。简而言之，挫折是个体从事有目的的活动时，遇到无法克服的障碍或干扰而产生的紧张状态和情绪反应。

挫折包括三个方面的涵义:一是挫折情境,是指人们活动的一种特殊环境,即阻碍人们实现目标、满足需求的情境和事物,也有人称之为挫折源;二是挫折认知,即指对挫折情境的知觉、认识和评价;三是挫折感受,挫折感受是指个体由于挫折情境而产生的心理感受和情绪状态等。一般而言,这三种因素同时存在时,个体便产生心理挫折。有时候仅有挫折认知和挫折感受也可以形成心理挫折。挫折认知是心理挫折的核心要素,挫折感受的性质及程度,主要取决于挫折认知。

在一般情况下,当个体感受到较严重的挫折情境时挫折感就强烈,反之,挫折感就轻微。当个体感受到挫折情境时才会在心理上产生挫折感受。如果挫折情境出现时,个体没有意识到,或者虽然意识到了但并不认为很严重,那么就不会产生挫折感受,或者只有轻微的挫折感受。因此,挫折感受的性质、程度很大程度上取决于个体对挫折情境的认知。

挫折情境与挫折感有密切的关系。在通常情况下,挫折感会在特定的挫折情境下产生,挫折情境越严重,挫折感也可能越强烈。例如一个人在生活中遭遇了重大的生活事故或者重大的应激源时,遭受到的挫折感受要比遭遇到普通的一般错误更强烈。

挫折并不都是消极的。某些情况下,它可以激发人们的斗志,使人们做出更多的努力,朝既定的目标前进。但同时必须承认,挫折也给人们带来了更多的负性情绪体验,让人们产生焦虑、抑郁、不安、自责、自卑和厌世等情绪问题。巴尔扎克说:“世上的事情永远不是绝对的,结果完全因人而异。苦难对于天才来说是一块垫脚石,对于能干的人来说是一笔财富,而对于弱者来说则是万丈深渊。”对一些人构成挫折的情境和事件,对另一些人却不一定构成挫折,这就是个体感受的差异。

(二)挫折对大学生心理健康的影响

挫折对大学生心理健康有积极和消极两个方面的影响。

1. 积极影响

大学生在实现目标的过程中,行为受挫或遇到障碍和干扰时,他们能够采取积极的态度和反应对待挫折。具体有以下几个方面。

(1)正确认识自我　一些大学生步入大学的校门后,对社会和自己都会有一些超现实的想法,当这些想法不能实现时就容易出现挫折。这些挫折可以使大学生更加清醒地认识到现实的情况,同时完善对自我的认识,从而增强大学生适应现实生活的能力。

(2)磨练意志　大学生多数生活在较好的家庭和学校环境中,这种较好的生活环境降低了他们对挫折的耐受力,不利于他们坚强性格的养成。大学生在生活中一旦遇到挫折,很容易灰心丧气,一蹶不振。如果大学生在生活中经历的挫折和磨难多了,他们的阅历就会丰富,就能更清醒、更深刻地认识自己所面临的问题,那么他们对挫折的承受能力就会大大增强,意志也会更加坚强。

(3)增强情绪反应能力和解决问题的能力　大学生在学习生活中,经常会遇到困难和挫折,这些困难和挫折作为应激源刺激神经中枢,引起情绪激奋、精力集中,个体便表现出精神状态佳,思维灵活,情绪反应性提高。大学生可以从中学习到经验,提升解决问题的能力。

2. 消极影响

(1)降低学习效率　学习是一种积极的思维活动,学习效率与个体学习时的心态、情绪和自信心有很大的关系。在现实生活中，有些大学生遇到家庭变故、父母离异、失恋、考试不理想等挫折后，会对学习产生较大影响，出现厌学、厌世、学习成绩下降等现象，有些大学生甚至不能完成学业。

(2)出现消极的情绪反应　大学生受到挫折后，很容易出现消极的情绪状态，如果挫折持续存在就可能导致神经系统的紊乱。常见的消极情绪有攻击、冷漠、焦虑、抑郁和悲观失望等负性情绪体验。

(3)出现性格的变化和行为偏差　当一个人遭受到重大或持续挫折而无法做出相应调整时，就会使某些行为反应形成习惯模式。如果这种消极反应持续存在，则会改变一个人已经形成的个性特征。当挫折持续存在时，受挫的大学生处在应激状态下，情绪冲动，自制力差，不能正确评价自己的行为后果，可能会做出违反规范的行为，出现行为上的偏差。

二、大学生常见的挫折类型

大学生挫折感的产生有来自外部的挫折事件和来自内部的原因两个方面。来自外部的挫折事件，如自己没有体育特长，但却想在运动会上取得好成绩，结果事与愿违，增加了自己的挫折感。来自内部原因，如自己过于夸大挫折的后果，增强了自己的挫折感。

张旭东、车文博教授在《挫折应对与大学生心理健康》一书中总结了大学生常见的挫折类型，主要有以下几类。

(1)交往型挫折　人际关系失调引起的一系列不良情绪。如处理不好同学之间的关系感到沮丧，情绪低落。这些不良情绪可能是短期存在的，但是如果不及时调整，可能会转化为慢性心理疾病，危害大学生的心理健康，干扰大学生正常的学习生活。大学生人际关系失调不仅会给自己造成了不良影响，也会给同学造成困扰。如一个寝室有一个人际关系适应不良者，往往会让整个寝室处于压抑的气氛中。有资料显示，大学生交往方面的挫折主要来自于同学关系的处理不当。

(2)适应型挫折　许多大学生入学后自我感觉良好，但是和其他来自各地的同学对比后发现了差距。有的同学在进入大学前，对现实社会了解甚少，抱有不切合实际的幻想，进入大学后在理想和现实之间感觉到了差距。竞选班干部或者社团职位失败，或者未能实现自己的预定目标等，也会使大学生遭受打击。

(3)恋爱型挫折　因与恋人分手而遭受挫折、受伤害，导致情绪起伏、烦恼不安、成绩滑坡；因单相思，深陷其中，不能自拔；恋爱中失去理智，备受打击；因处理不好与恋人的关系而烦恼不已；深爱对方，却不知对方的意愿，又怯于启齿，苦苦思念，夜不能寐。多数大学生虽然有能力解决恋爱中的挫折问题，但是缺乏这方面的经验，容易受挫。

(4)情绪型挫折　情绪困扰是当代大学生遇到的最大的问题，多数学生远离父母，开始了独立的生活，很多事情都要自己解决，但由于缺乏经验和必要的心理准备，遇到问题时往往出现情绪上的困扰，表现出烦躁不安、焦虑、苦闷和彷徨等情绪反应，进而出现失眠、头痛、食欲不振、注意力不集中等。大学生常见的情绪方面的挫折情景有，因情绪波动大而感到烦恼；长时间情绪低落；他人的言行影响自己的情绪；情绪不稳定忽高忽低。

(5)生理健康型挫折　大学生中常见的生理健康挫折感有食欲不振、头晕目眩，感觉自己像得了病似的；体弱多病没有精力做想做的事情，感觉上帝不公平；长期头痛，失眠；有消化系统的慢性病,在生活中处处小心谨慎;因为害怕得上与他人同样的疾病而寝食难安。

(6)就业型挫折　大学生在择业过程中常见的烦恼大致可以归为两类:专业烦恼、自身素质烦恼。大学生就业型挫折包括:本科毕业生择业一向不被看好,深感前途未卜;与他人相比感到自己能力不足,对未来失去信心;学习成绩不理想,不知道毕业后怎么办;对毕业后自己能干什么,将参加什么工作,感到迷茫;对所学专业不看好,对毕业分配很苦恼;面对毕业后激烈的社会竞争感到担忧和无助等。

(7)家庭型挫折　家庭是大学生赖以生存的物质和精神场所,大学生中常见的家庭型挫折包括:为自己不能像他人一样有幸福的家庭而感到苦恼;因为与家庭不和不愿意回家;因不能像其他人一样拥有一个完整的家而深感痛苦;看到他人家境优越而感到自卑和心理不平衡;看到他人因家境而获得优厚待遇,感到自己的命不好。

(8)学校型挫折　大学生中常见的学校型挫折有:学校生活条件差,感觉难以接受这一现实;现实中的大学与理想中的大学相差太远,感到失落;所在学校的名气不大、影响力小,感到没前途;所在学校学习氛围不好,感到难以专心学习;对大学中不公平的现象感到难以忍受。

三、大学生受到挫折后的心理防御机制

人在受到挫折和压力后,为了使自己尽快恢复心理平衡,减轻或解除由挫折带来的各种痛苦、烦恼、焦虑、抑郁和不安,避免自尊心受到伤害,往往会自觉或不自觉地采取一种自我保护的方法和策略,将个人与现实的关系做出某些改变,使自己比较容易接受挫折和压力,来化解矛盾和缓解冲突。我们将心理防御机制定义为:个体面临挫折或冲突的紧张情境时,在其内部心理活动中具有的自觉或不自觉地解脱烦恼,减轻内心不安,以恢复心理平衡与稳定的一种适应性倾向。

心理防御机制最早是由精神分析学派代表人物弗洛伊德提出来的,他认为心理防御机制是指自我对本我的压抑,这种压抑是自我的一种全然潜意识的自我防御功能。每一个人在其行为发展过程中,均会逐渐学会这种防御性反应,以便在自我受到侵袭时,随时采取自动的防卫行为。

大学生在遇到心理压力和挫折的时候,都会自觉不自觉地运用心理防御机制中的一种或几种来处理问题,缓解压力。心理防御机制大都是在无意识中进行的。心理防御机制运用得恰当,有助于大学生减轻或免除精神压力,恢复其正常平稳的情绪和心理平衡。如果大学生受到的压力或者挫折太大,超过了其承受能力,就会出现退缩甚至恐惧,继而导致心理疾病。

(一)常见的心理防御类型及其机制

1. 否定作用

"否定作用",是一种否定存在或否定已发生事实的潜意识心理防御机制。它是最原始最简单的心理防御机制。它将已发生而令人不快或痛苦的事情完全否定,就当没有发生一样,以减轻心理上的痛苦。否定作用能使人从痛苦中逃离,从而逃避难以忍受的愿望、行动、事故,以及由此引发的内心焦虑。

否定作用在日常生活中随时可见。例如,不承认自己孩子的缺点;截肢者仍相信自己四肢健全;患有抑郁性心理症者,不敢面对现实而缺乏感受;亲人已故,但仍相信亲人健在等。

2. 投射作用

投射作用是指凭主观想法去推测外界的事实，或把自己的过错归咎于他人的一种心理防御机制。

日常生活中常出现这种投射现象——以自己的想法去推测别人的想法。所谓“我见青山多妩媚，青山见我亦多情”就是一种投射作用。中国古代有一个故事，是讲二人在潭边看鱼，其中一人说：“老兄，你看这些鱼是多么快乐呀？”另一人却说：“老兄呀，你又不是鱼，怎么知道鱼很快乐呢？”（汝非鱼，焉知鱼之乐）回答道：“老兄呀！你又不是我，怎么知道我不知道鱼的快乐呢？”（汝非我，焉知我不知鱼之乐）。其实鱼乐与不乐，只有鱼自己才知道，而那位老兄不过是把自己的态度和感觉“投射”到鱼身上去罢了。

3. 退行作用

退行作用是指回复到原先幼稚行为的一种心理防御机制。随着年龄增长，一个人的人格是以循序渐进的方式逐步走向成熟的。人长大后应付事情的方式会变得比较成熟。如小孩一旦有了排泄的欲望，就会随地大小便，而成年人则会考虑到适当的地点或时间；小孩一遇到不如意之事，就痛哭流涕，而成年人则会因需要懂得“饮泣吞声”或“强抑悲痛”，甚至强颜欢笑，即既要考虑到什么是社会可接受的行为方式，也要考虑怎样的反应才有效且合适。不过，有时当人在遇到挫折后，会放弃使用自己比较成熟的适应技巧或方式，而恢复使用较幼稚的方式去应付困难，或满足自己的欲望。这就是退行作用或退行行动。

退行现象是人们在遭受外部压力和内心冲突不能处理时，退回到幼稚行为以使自己感到舒服、安慰的一种心理防御机制。这种现象在各年龄阶段均可看到。由于环境的刺激，儿童会放弃自己已经养成的习惯而恢复到自己更小的时候的水平。例如有一个五岁小孩，本来已经学会了自行大小便，后来突然开始尿裤子、尿床。为此，他母亲烦恼异常。经过仔细分析，才了解到这家最近添了一个婴儿，母亲把全部精力都放到了小弟弟身上，而无暇顾及“不惹麻烦”“能自己照顾自己”的“乖哥哥”。这个男孩子发觉不能像以前一样获得父母的照顾，于是发生了退行现象。

成年人中也常有退行现象发生。例如六尺之躯的男子汉在忍不住疼痛时，常会失声叫“妈呀”，也会“哭得像个孩子一样”。有些人经过死里逃生的车祸或危险的大手术后，虽然躯体已经复原，但是内心却一直担心，认为身体还没好，于是想方设法留在医院，不敢出院去面对现实。这是因为患者经此变故，精神上受到打击，害怕再负起成年人的责任及随之而来的恐惧和不安，而退行成孩子般的依赖了。

4. 幻想作用

幻想作用是指一个人遇到现实困难时，因无法处理而利用幻想的方法，使自己从现实中脱离或使自己活在幻想的境界中，以其情感与希望任意想象应如何处理其心理上的困难，以得到内心的满足。它是一种与退行作用十分相似的心理防御机制。幻想可以说是一种部分的思维上的退行现象。例如一个在现实中备受欺凌的女孩，她会想象自己有一天会碰到一位英俊的王子，且助她脱离苦境并且给她带来幸福……这是西方童话中的“灰姑娘幻想”；如果一个男孩子觉得处处受大人限制时，往往会沉浸在“孙悟空式”的白日梦中，认为自己如果有七十二变的能耐，那就好了；鲁迅笔下的阿Q，幻想吴妈成为自己的媳妇。对能力弱小的孩子说来，以幻想的方式处理其心理问题，是正常的现象。但如果一个成年人仍然常常采用这种方式应付实际问题,那就不太正常了。特别当他将现实与幻想混为一谈时,就沦为病态了。

幻想作用有其积极的一面。如它能使人获得满足感,使人感到精力充沛和斗志旺盛等。但幻想作用也易形成人的情绪陷阱,因为幻想作用往往通过夸大他人的优良表现,从而宽容自己对失望和挫折的反应,形成以他人的成就来代替自己的努力实践的倾向。

5. 潜抑作用

潜抑作用是指把不能被意识所接受的念头、感情和冲动不知不觉抑制到潜意识中去的一种心理防御机制。它是各种心理防御机制中最基本的方法。通常情况下,人们会将一些不能忍受或能引起内心挣扎的念头、感情或冲动,在尚未被他人觉察之前,便压抑到潜意识中,使自己意识不到,从而保持自己心境的安宁。而这些潜意识中的念头、感情和冲动,虽不为他人所知,却可能不知不觉影响到人们的日常行为,使人做出些莫名其妙的事情来。换句话说,潜抑作用乃是把不愉快的心情,在不知不觉中"有目的地忘却",以免心情不快。它与通常所谓的"自然遗忘",即因记忆痕迹的消失而自然忘掉的情形性质不同。与压制作用也不一样,压制作用是指有意识地抑制自己认为不该有的冲动与欲望的现象。如接到一封信,如果信的内容使我们觉得不愉快而不愿意回信时,往往会把回信这件事"忘掉"。在心理治疗过程中,也常常可以发现这种潜抑作用。

潜抑作用的积极方面是能帮助人们控制引发罪恶感受的冲动或与道德伦理相悖的念头,通过一种暂时的"遗忘"来保护受创伤的心灵。但潜抑作用也是一种消极的逃避行为,并不能从根本上解决问题。

6. 转移作用

转移作用是指把对某一方的情绪反应转移到另一方的心理防御机制。这是人们常有的倾向,即把自己对某一对象的情感,如喜爱、憎恶、愤怒等,因某种原因无法向该对象直接发泄,而转移到其他较安全或较为大家所接受的对象身上。转移作用在心理治疗过程中经常出现。求治者常常在不知不觉中把小时候对其重要人物(通常是自己的父亲)所表现的感情,转移到施治者身上,形成了求治者与医生之间除了普通医患关系之外的另一种关系,即"移情关系",这种关系是通过转移作用产生的。

7. 反向作用

反向作用是指采取一种与意愿相反的态度或行为的心理防御机制。它是人们为处理一些他人不能接受的欲望与冲动所采用的防御手段。人有许多原始冲动和欲望,由于这些冲动和欲望是自己及社会所不容忍和不许可的,故常被压抑而潜伏到所谓的潜意识之中,不为自我所觉察。这些欲望及冲动虽然被抑制,但并未被改变或消除,因此仍然具有极大的驱动力,随时在伺机爆发。这种矫枉过正的反向作用,在日常生活中常常可以观察到。如有的人内心很凶,唯恐凶性发作不可收拾,于是在外表上表现得非常温和、善良。

反向作用若使用得当,不仅无害,而且可能有助于提升人们对社会的适应能力。然而遗憾的是反向作用往往被人过分使用,因此不仅不能使他们做应做之事,而且耗费了许多精力,做出违背意愿的行为。例如作继母的大多不会像亲生母亲一样疼爱子女,当孩子做错事、惹麻烦时难免会产生一种厌恶之感。其实,即使亲生父母亲有时也会产生这种感觉,否则就不会有父母打骂孩子的事情了。但是亲生父母打骂孩子似乎是天经地义的,可以公开表现其心境。而继母则不然,怕打骂孩子或表示讨厌孩子会引起他人非议,所以即使孩子确实需要管教(处罚乃管教的一部分)，也不敢处罚孩子，有时反而过分溺爱放纵，以表示自己并非"不爱"他。这样一来，作继母的不但需要消耗很多的精力来抑制自己的怒气和不快，而且要耗费更多的精力去表现自己"喜爱"孩子。这种矫枉过正的结果，对孩子不但无益反而有害，孩子娇生惯养，有一天会变成问题儿童。更严重的是，孩子会体会到继母的内心是如何地恨他，而一点都不感谢她的"爱"。这种反向作用，在心理疾病患者中也常可见到。

8. 合理化作用

合理化作用又叫文饰作用，是指个人遭受挫折或无法达到所要追求的目标，以及行为表现不符合社会规范时，用有利于自己的理由来为自己辩解，将面临的窘迫处境加以文饰，以隐瞒自己的真实动机或愿望，从而为自己进行解脱的一种心理防御机制。合理化作用是人们在生活中运用得最多的一种心理防御机制，其实质是以似是而非的理由证明行动的正确性，掩饰个人的错误或挫败，以保持自己内心的安宁。

古时候，一个吝啬的主人带了仆人外出，途经一所小店，主仆二人进去各吃了一碗面当作晚饭。作仆人的心想应该由主人付钱，就没有自己结账。作主人的碍于面子，勉强替仆人付了钱，心里却极不情愿。出得店来，天色已黑，仆人点上灯笼，跟随在主人身后，慢慢向前赶路。主人因为刚才的事心里还在生气，便借题发挥，转身对仆人说："你打着灯笼，却走在我后面，我怎么看得见路?"仆人一听，提起灯笼，脚底加油，快走了几步赶到主人前面照路。哪知仆人气未喘定，却听见主人大吼一声说："你好大的胆子，居然走到了我的前头，让我变成你的跟班了。"仆人一听，走在前面也不行，便后退一步与主人同行，心想这下可行了吧？谁知主人火气更大，停下来说道："好了，造反了，你这小子与我并肩而行，难道我们是平起平坐的吗?"仆人无可奈何，只好低声抗辩："老爷，我走前也不是，后也不是，平行也不是，请问老爷，您到底要我走在哪里呢?"老爷两眼一翻说："把刚才那顿饭钱还给我，你爱走哪里就走哪里。"这虽然是个笑话，却说明了同一件事情，不同的人会有不同的看法，而各种看法虽然不同，却都言之在理。重要的不在于说出来的"理由"，而在于其本来的动机。

合理化作用有一种表现是"酸葡萄"心理，在追求某一种东西而得不到时，为了冲淡自己内心的不安，就得为自己找一个言之成理的"理由"，于是常常将其贬低，认为并非自己追求不力、条件不够，而是"不值得"太卖力，借以安慰自己。《伊索寓言》中吃不到葡萄便说葡萄酸的狐狸，就是很好的例子。有的男性追不到某一女性，就说："哼！那种女孩子，水性杨花，嫁给我，我都不要!"这种认为自己得不到的东西就是不好的心理状态，被称为"酸葡萄"心理。容貌平平的女人，特别相信"红颜薄命"也是这个道理。

合理化作用还有一种表现是"甜柠檬"心理。具有"甜柠檬"心理的人，不说自己得不到的东西不好，却百般强调凡是自己的东西那就都是好的。如果他得不到葡萄，只有柠檬，就认为柠檬是甜的，这样也可以减少内心的失望和痛苦。如有的孩子，天资稍差，智力平平，便安慰自己说"憨人有憨福"；有人被偷了，就说"失财免灾"；有的女子，姿色平平，嫁个木讷寡言的丈夫，却说"这才可靠呢!"这种知足常乐的心理防御机制，不失为一种帮助人们接受现实的好方法。所以合理化作用运用得当，可以消除心理紧张、缓和心理气氛、减少攻击性冲动和攻击性行为产生的可能性。但如果运用过度，则会妨碍人们去追求真正需要的东西。

9. 压抑作用

压抑作用是指当一个人的欲望、冲动或本能无法达到满足(或无法表现)时，就有意识地去压抑、控制、想办法延期以满足其需要的一种心理防御机制。它是最基本的成熟的心理防御机制。换句话说,压抑作用是“自我”机能发展到一定程度之后的一种心理防御机制。例如一个儿童看到食品店门口摆着香喷喷的食品时,只能抑住口水,不会赖要或偷拿,心想:这是商店里的东西,自己不能拿来吃,回家向妈妈要钱来买才行……我们之所以能保持正常的人际关系、社会秩序,很大程度上是依靠每个人的压抑作用来约束自己的行为的。越是成熟、有修养的人,就越能自如地使用压抑作用。

10. 幽默作用

当一个人处境困难或陷于尴尬境地时,可使用幽默来化险为夷,渡过难关,或通过幽默间接表达潜意识意图,在无伤大雅的情况下,表达意念,处理问题。我们将这种心理防御机制称之为幽默作用。如在春秋时代,齐国有个聪明善辩的外交家晏子,一次被派往楚国办理外交事务。晏子身材矮小,楚王有意捉弄他,便在宫门旁开了个小洞,要晏子从洞里爬进来。晏子面临这种情况,心里当然很生气,但身为外交使臣,代表国家,一举一动都不能有损国家形象,于是灵机一动,向楚王开玩笑似地说:“大国通常有大门,只有小国才有小门,难道楚国是小国吗?”楚王一听,无言以对,只好叫守卫开大门让晏子进来。

由此可见,幽默也是一种高尚成熟的心理防御机制。人格发展较成熟的人,常懂得在适当的场合,适当地使用幽默,这样有利于解决一些棘手的问题,使大事化小,小事化了,渡过难关,免除尴尬。

11. 升华作用

升华作用是把被压抑的不符合社会要求的原始冲动或欲望,用符合社会要求的建设性方式表达出来的一种心理防御机制。例如当人遭受爱情挫折时,可以转向写诗、写小说、绘画、弹琴和雕塑等,抒发自己被压抑的情感,这就是升华作用。升华作用能使原来的动机冲突得到宣泄,焦虑情绪得以消除,从而保持个体心理上的安宁与平衡。另外,升华作用还能满足个人创作与成就的需要。

总之,当人遭遇挫折时,常会心里不愉快,甚至痛苦焦虑。为了不让这些不愉快、痛苦的情绪压抑折磨自己,特别是长时间地折磨自己,就要尽量避免或减轻焦虑心理的发生。人们会不自觉地采取一些保护方法和策略,对自己与现实的关系作出某些调整,使自己比较容易接受挫折,缓解个体心理活动中的心理压力,减轻精神痛苦,恢复正常情绪,平衡心理的自我保护方式,称为心理防御机制。每个人都在不同程度上使用心理防御机制。

(二)心理防御机制的作用

在通常情况下,心理防御机制有积极与消极两种作用。

(1)积极作用　心理防御机制对偏激或攻击性行为有缓解作用,能暂时消除内心的痛苦和不安,并可能引导出解决问题的办法等。例如升华作用可以将不被社会所接受的动机或行为转变为社会可接受的动机或行为,使个体在心理上获得满足。

(2)消极作用　心理防御机制并不能真正解决现实存在的问题,往往带有一种“自我欺骗”的性质。它常常只起到使人逃避现实的消极作用,有时还会使实际问题复杂化,提高个体心理冲突的程度。

总之,建立心理防御机制的目的在于处理自己与现实的关系,以消除心理的挫折,求得内心的安宁。是一种“自我”保护方法。虽然其方法种类繁多，但互相渗透、互相联系，很少单独使用。而对于同一心理现象，往往也可使用不同的心理防御机制来解释和说明。

在通常情况下，一般人常用成熟的心理防御机制，只是偶尔使用不成熟的心理防御机制。至于神经症患者，虽然也用成熟的心理防御机制，但主要还是用神经症心理防御机制。只有精神病患者，才使用精神病心理防御机制。

第二节 大学生挫折的反应和原因

大学生在校期间常常会遇到来自于学习、生活、人际交往和就业等多方面的问题，这会给大学生的生理、心理和行为带来一定的影响，分析挫折产生的原因，对大学生面对挫折并克服挫折大有裨益。

一、受挫折后的反应

挫折会对大学生的生理、心理和行为带来一些影响。有的大学生反应强烈，有的则不明显；有的大学生以各种偏激的行为表现出来，有的则以积极的方式来对待。

一般来讲，大学生对挫折的反应主要表现在以下三个方面。

1. 情绪性反应

情绪性反应是指人们在受到挫折时伴随着强烈的紧张、愤怒和焦虑等情绪所做出的反应，既可以表现为强烈的内心体验，也可以表现为特定的表情或行为反应。情绪性反应大多数都是消极性反应，表现为焦虑、冷漠、退化、幻想、逃避、固执、攻击和自杀等。

(1)攻击　攻击是指当个体受到挫折时，为了将愤怒的情绪发泄出去，或者对构成挫折的对象进行报复而产生的攻击性行为。攻击性行为的对象可能是构成挫折的人或物，也可能是其他替代物，还有可能是受挫者自身。

攻击性行为的表现形式多种多样，一般分为直接攻击和转向攻击两种。直接攻击是指受挫者将愤怒的情绪直接指向构成挫折的人或物上，通过动作、表情、言语、文字等形式表现出来。转向攻击是指受挫者感到引起挫折的真正对象不能直接攻击或不便攻击，或者挫折的来源无法确定时，将愤怒的情绪发泄到其他人或物上的一种变相的攻击方式。如有些大学生在比赛时没有获得期望中的名次，便乱砸乱摔东西等。

(2)焦虑　焦虑是一种模糊的、紧张不安的综合性负性情绪，常常伴随焦急、忧虑、恐惧等感受，甚至可能会出现出冷汗、恶心、心悸、手颤和失眠等神经生理反应。

当个体面临心理冲突、情境压力或遇到挫折，或者预感到某种不祥的事情或不良的后果将要发生，或者感到需要付出努力的情境将要来临而又感到没有把握预防和解决时，一般都会产生焦虑情绪。挫折是引起焦虑的重要方面，人们遇到挫折时一般都会表现出某种程度的焦虑情绪。

(3)冷漠　冷漠是指当个体遇到挫折时表现出的一种无动于衷和漠不关心的态度。这是一种复杂的挫折反应。从表面上看，冷漠似乎是逆来顺受，毫无情绪反应，而事实上并不意味着当事人没有反应，而是对挫折更加痛苦的内心体验，只是被压抑或以间接的形式表现出来了。一般情况下，对挫折的冷漠反应是由于个体长期遭受挫折或感到没有任何希望摆脱或消除困境而产生的。

(4)退化　退化是指当人们受到挫折时所表现出的与自己年龄和身份不相称的幼稚行为。通常,不同年龄阶段的人各有其不同的情绪和行为模式。随着年龄的增长,在社会生活方方面面的影响下,个体在情绪和行为方面会日益成熟起来,使自己逐渐学会控制自己,在适当的场合和适当的时候做出与自己年龄相符的情绪反应和行为表现。当个体遇到挫折后,一些人在一定程度上会失去对自己的控制,以低于自己年龄的简单、幼稚的方式应对挫折,以求得他人或是自己的同情和照顾。而这种情况当事人自己常常不能清醒地意识到。

(5)幻想　幻想是指个体在遇到挫折时企图以自己想象出来的虚幻情境来应对挫折。任何人都有幻想,通过幻想个体可以暂时脱离现实,在自己想象的情境中部分满足自己的需要和欲望,从而使个体产生一种愉快和满足的感觉。如有些人会幻想当自己在事业上获得了巨大成功,当自己处于很高的地位,将如何受到世人的敬仰,当自己得到了意中人的青睐时,将如何风流潇洒。应该说,当个体遇到挫折时,暂时的幻想可以使个体在一定程度上缓冲挫折情绪,偶尔为之也是正常的。但如果用幻想来应对现实中的挫折,特别是长期处于幻想状态,或养成了从幻想中实现现实生活中实现不了的目标的习惯,就会降低个体对现实生活的适应能力,并使个体严重脱离现实生活,甚至可能导致精神疾病。

(6)逃避　逃避是指个体在遇到挫折或感到可能面临挫折时,不能面对现实,正视挫折,而是以消极的态度躲开现实的一种挫折反应方式。逃避虽然可以缓解个体因挫折产生的紧张感,或者避免再次受到挫折的伤害,但当事人面对的现实问题并没有解决,而有些问题又是不能回避的,所以逃避常常使个体害怕困难,不思进取,长此以往将大大降低个体的适应能力和自信力,甚至可能会导致个体适应不良。个体逃避挫折的方式各种各样,幻想也可以看作是一种典型的特殊的逃避方式。

(7)固执　固执是指一个人在受到挫折后,采取刻板的方式盲目地、反复地进行某种单调、机械的无效动作,尽管知道这些动作对目标的达成、需要的满足并无帮助。在通常情况下,固执是在个体反复遭受挫折而一时又无法克服或回避的情况下产生的。过多、过严的惩罚和指责,或者当人处于惊慌失措的状态时也容易产生固执行为。固执行为的特点是呆板无弹性,具有很大的强制性,是在个体遇到挫折后感到无能为力和不知所措时产生的反应方式。所以这种挫折反应方式并不是不可改变的,当个体一旦获得了更适当的反应方式,就会取代固执行为。

(8)自杀　自杀是个体遭受挫折后的一种极端反应方式,也可以看作是个体受挫后针对自身的一种典型的特殊的攻击行为。当个体受到突然而沉重的挫折打击,或者长期受到挫折的困扰和折磨而使受挫者感到万念俱灰、不能自拔时,受挫者就可能产生自暴自弃、轻生厌世的想法。此时若得不到外力的帮助,受挫者就可能采取上吊、跳楼、投河、服毒等方式自杀。在通常情况下,自杀行为是在挫折的打击大大超出受挫折者对挫折的承受能力的情况下发生的,特别是当受挫折者将受挫的原因归结为自己,并对自己丧失信心时。

2. 理智性反应

理智性反应是指个体在受到挫折后采取积极进取的态度,在理智的控制下所做出的反应。在通常情况下,个体在遭受挫折后都会出现紧张状态,都会在某种程度上做出某种情绪性反应。其中,有些人始终被情绪所控制而不能摆脱,而有些人则能够及时调整,保持冷静,面对现实,审时度势,采取积极的态度和方式对待挫折。所以,理智性反应是对挫折的积极反应方式。

理智性反应主要表现在以下两个方面。

(1)坚持目标，矢志不渝　当个体遇到挫折后，经过客观冷静地分析，发现自己所追求的目标是现实的和正确的，当前的挫折只是暂时的，是在实现目标的道路上遇到的一些曲折，经过努力是可以克服和逾越的，所以应设法排除障碍，克服困难，坚定不移地朝着既定目标迈进，直至最终实现自己的愿望和目标。人类社会发展的历史证明，许多伟人都是在遇到挫折和逆境后，不屈不挠地努力，才最终走向成功的。

(2)调整目标，不断努力　由于自身条件或社会因素的限制，个体的需要和目标并不是都能满足和实现的，或者在目前的条件下是不可能满足和实现的。因此，个体在实现目标过程中，几经努力和尝试都失败后，就要冷静下来，认真客观地分析导致失败的真正原因，并根据实际情况对自己的奋斗目标进行适当的调整。一方面，失败可能是由于自己制订的目标太高，不符合目前自己的实际情况，或实现目标的条件尚不具备，这时就需要适当降低目标，或将目标分成几个阶段性目标，并根据实际情况适当变换实现目标的途径和方法，循序渐进，通过不断努力而逐步获得成功；另一方面，个体满足需要和实现愿望的途径和方式是多种多样的，一旦遇到挫折，发现自己的既定的目标难以实现时，还可以改换目标，寻找新的能够实现的目标，同样可以达到满足自身需要的目的。

3. 个性的变化

通常情况下，挫折对人的影响都是暂时的。随着具体挫折情境和条件的改变，随着时间的推移或受挫者认识上的变化，受挫者在受到挫折后所感受到的紧张状态会逐渐消失。但个体在受到挫折后，除了前述直接表现出的挫折反应外，还会出现间接的挫折反应，并对受挫者产生久远的影响，甚至影响到其个性的形成与发展。

挫折对个体个性的影响一般是在个体连续经历挫折或者遭受特别重大挫折的情况下产生的。由于导致挫折的情境和条件相对稳定且持续时间较长，由此产生的紧张状态和挫折反应就会反复出现，久而久之这些反应方式就会逐渐固定下来，使受挫者形成了习惯和一些突出的个性特点。例如有些人在儿童时期长期受到父母过分严厉的管教甚至责难和打骂，就易形成畏缩拘谨、胆小怕事、逆来顺受或者倔强执拗、偏执敌对等不良的个性特点；有些人长期与同伴不能友好相处而长期处于紧张的人际关系状态之中，就易养成多疑、多虑、孤僻、狭隘、情绪不稳定等个性特点。另一方面，挫折对个体个性的形成与发展也可能产生积极的影响，如经历了重大挫折后或者长期身处逆境之中而使人养成了坚强、刚毅和不屈不挠的个性特点。

总之，挫折对个体个性的影响在很大程度上取决于个体对挫折的适应情况，个体对挫折的消极反应如果得不到及时纠正并在心理和行为上固定下来，就会形成对挫折的适应不良，从而对受挫者的个性形成与发展带来不利的影响。

二、产生挫折的原因

造成挫折的原因是多方面的，如自然环境、社会环境、自身环境和个人的动机冲突等。大学生们精力充沛，思想活跃，自我意识强，有远大的抱负，但他们的人格尚不成熟，社会阅历尚浅，因此，遇到挫折是必然的，也是普遍的。

1. 外在因素

外在因素是指个人自身因素以外的自然因素和社会因素。外在因素会给个体带来限制和阻碍,使个体的目标不能满足和实现而产生挫折。

自然因素是指地理条件、气候、生老病死和天灾人祸等。自然因素造成的挫折随时随地都可能遇到,所造成的后果可能相当严重,对个体的影响也很大,如亲人亡故、意外事故等;也可能不严重,如到了一个新环境,不适应当地气候,不习惯当地饮食习惯等。

社会要素是指个体在社会生活中受到的人为限制因素,包括政治、经济、宗教、风俗等的影响。比如,由于家庭背景的不同,一对相爱的人不能结婚。这些都可能导致个体不适应,不协调,造成个体挫折感。

大学生进入大学后,面临新的环境,他们不仅受到自然因素的影响,也受到社会环境的影响,如考试的压力、人际交往的压力等。

2. 个人因素

个人因素是指个人在生理、心理以及知识、能力等方面受到的阻碍和限制。个人因素亦可阻碍目标的实现而产生挫折。自身的身高、体型、容貌、健康状况、知识结构、自我期望、家庭背景、经济条件等都可能是挫折源。很多大学生的挫折源来自于自身因素。

一些大学生过于自信,过高地估计自己的能力,对自我的预期不从客观现实出发,制订过高无法达到的目标,一旦无法达到,而自己又不能清醒认识,就会产生强烈的挫折感。

3. 动机冲突

动机冲突(又称心理冲突),是指个体在某种活动中,同时存在着一个或数个所欲求的目标,或存在两个或两个以上互相排斥的动机,当这些目标或动机处于相互矛盾的状态时,个体难以取舍,行动上表现为犹豫不决,这种相互冲击的心理状态称为动机冲突。动机冲突是造成挫折的一个重要原因。

动机冲突是大学生的重要挫折源,其表现形式主要有双趋冲突、双避冲突、趋避冲突和双重趋避冲突。

(1)双趋冲突　双趋冲突指两种对个体都具有吸引力的目标同时出现,形成强度相同的两个动机。由于条件限制,个体只能选其中的一个目标,此时个体往往会表现出难于取舍的矛盾心理,这就是双趋冲突。“鱼与熊掌不可兼得”就是一种双趋冲突。

(2)双避冲突　双避冲突指两种对个体都具有威胁性的目标同时出现,使个体对这两个目标均产生逃避动机,但由于条件和环境的限制,个体也只能选择其中的一个目标,这种选择时的心理冲突称之为双避冲突。“前遇大河,后有追兵”正是双避冲突的表现。

(3)趋避冲突　趋避冲突指某一事物对个体具有利与弊的双重意义时,会使个体产生两种动机态度:一方面好而趋之;另一方面则恶而远之。所谓“想吃鱼又怕鱼刺”就是趋避冲突的表现。

(4)双重趋避冲突　在实际生活中,个体的趋避冲突常常表现出一种更复杂的形式,即个体面对着两个或两个以上的目标,而每个目标又分别具有吸引和排斥两方面的作用。个体无法简单地从中选择一个目标,而回避或拒绝另一个目标,因而个体必须进行多重的选择。由此引起的冲突叫做双重趋避冲突。

动机冲突可以造成个体不平衡、不协调的心理状态,严重的心理冲突或心理冲突持续时间较长可能引起个体的心理障碍。

故事链接

一生坎坷的褚时健

褚时健出生在一个农民的家庭。27岁时他就担任了云南玉溪地区行署人事科科长。31岁时被打成右派，带着妻子和唯一的女儿下放到农场劳动改造。1979年褚时健出任玉溪卷烟厂厂长，当时的玉溪卷烟厂是一家濒临倒闭的破烂小厂，那年他51岁。

经过褚时健和他带领的团队18年的努力，当年濒临倒闭的玉溪卷烟厂被打造成亚洲最大的卷烟厂。褚时健也成为中国烟草大王。

就在褚时健红透全中国，走到人生巅峰时，1999年他因为经济问题被判无期徒刑(后来改判有期徒刑17年)，那年的他已经71岁。当他从一个著名的国企红人一下子变成阶下囚，这个人生的打击可以说是灭顶之灾。更残酷的是他的妻子和女儿早在三年前已经先行入狱，唯一的女儿在狱中自杀身亡。这些打击对一个老年人是何等的残酷……

三年后，褚时健因为严重的糖尿病在狱中几次晕倒，后被保外就医。调理几个月后，褚时健上了哀牢山种田，后来他承包了2400亩的荒地种橙子。那年他74岁。

深圳万科集团董事长王石曾感慨道：当我得知褚时健保外就医后，就专程到云南山区探访他。他居然承包了2400亩山地种橙子，橙子挂果要6年，他那时已经是75岁的老人了。你想象一下，一个75岁的老人，戴着一个大墨镜，穿着破圆领衫，兴致勃勃地跟我谈论橙子6年后挂果是什么情景。所以王石说：人生最大的震撼是在哀牢山上！是兴致勃勃地谈论6年后橙子挂果的75岁褚时健。

后来有人问王石："你最敬佩的企业家是谁？"王石沉吟了一下，说出了一个人的名字。不是全球巨富巴菲特、比尔·盖茨或李嘉诚，也不是房地产界的某位成功人士，而是一个老人，一个跌倒过并且跌得很惨的老人。

王石再去探望褚时健时，他看到了一个面色黝黑但健康开朗的农民老爷爷。他向王石介绍的都是果园、气温、果苗的长势。言谈之间，褚时健自然地谈到了一个核心的问题：2400亩的荒山如何管理？他使用了以前的方法，采用和果农互利的办法。他种的冰糖脐橙市场销售非常好。他管理烟厂时，想到烟厂上班的人挤破头；现在他管理果园，想到果园干活的人也挤破头。现今，经过评估，褚时健的身家又已过亿。

这个已经85岁的老人，面对人生的坎坷，他流过泪，也曾黯然神伤，但他没有退缩，跌倒了又爬起来，他那种面对人生磨难所表现出来的淡定，展示了他作为企业家的气质和胸怀。

王石说：如果我在他那个年纪遇到挫折，我一定不会像他那样，而是在一个岛上，远离城市，离群独居。

王石的感慨，褚时健并没有听到。对他来说，他在曾经最辉煌时跌倒，但在跌倒后又一次创造神话，这就足够了。

未来的路上，不管遇到多大的困难，请想想这位老人，记住他的31岁、51岁、71岁、75岁、85岁……

第三节 对挫折的承受和应对策略

大学生遇到同样程度挫折的时候,不同的个体会有不同的反应,除了对挫折的认识有差异外,也与他们对挫折的承受力有关。有的人即使遇到重大挫折,也百折不挠,意志坚定,而有的人即使遇到小小的挫折也会一蹶不振,意志消沉。可见培养大学生对挫折的承受力对心理健康有很大的意义。

一、对挫折的承受力

每个大学生对挫折的承受能力是不一样的,同时由于每个大学生的生长环境、经历和心理发展层次不一样,他们对挫折的体验也有很大的差异。对影响大学生挫折承受力的因素进行分析,对提高大学生的挫折承受力有很大的帮助。

(一)挫折承受力

(1)挫折承受力的概念　挫折承受力是指一个人在遇到挫折的时候对挫折的忍耐程度,即承受打击和摆脱困境的一种能力。亦是个体适应挫折,应对挫折的一种能力。

对挫折承受力强的人,不易被强烈的情绪困扰,挫折反应小,持续时间短,不良影响小,即使遇到重大挫折,也能采取理智的态度去应对。而挫折承受力弱的人,在挫折面前往往惊慌失措,易陷入不良情绪的困扰。

衡量个体心理素质和心理健康水平的一个重要标志就是对挫折的承受力。大学生的很多心理问题就是由于受到挫折后不能及时疏导和排解造成的,可见培养大学生对挫折的承受力,是维护大学生心理健康的重要途径之一。

(2)挫折感的概念　挫折感是指个体在从事有目标的活动中,认识并感受到自己的动机性活动受到阻碍后引起的一种心理状态和情绪反应。

挫折感是一种复杂的内心体验,可能由烦恼、困惑、焦虑、愤怒等各种负面情绪交织在一起构成。

(二)提高对挫折的承受力

大学生用理智的方式来减轻挫折后的情绪反应是必要的,这样既能阻断生理心理障碍的发生,也有助于健全人格的培养。

大学生要从以下几个方面做起,提高对挫折的承受力。

1. 正确认识和看待挫折

要提高对挫折的承受能力,首先要正确认识挫折,建立正确的挫折观。在现实生活中,考试不理想、人际关系困难、生活不适应等挫折几乎每个人都曾遇到过。有的人总认为生活中的挫折、困境、失败都是消极、可怕的,受挫后往往悲观抑郁,甚至丧失了生活的勇气。事实上,挫折并不都是坏事,处理得好的话,它也可以成为自强不息、奋起拼搏、争取成功的动力和精神催化剂。生活中许多优秀人物就是在挫折中不断磨炼自己,在困境中崛起。相反,过一帆风顺的生活反而会使人耽于安逸、丧失斗志,在挑战到来时措手不及。因此,挫折也是一种机会。只要能坦然面对挫折，树立战胜挫折的勇气和信心，就可以更好地适应变化中的环境。

(1)挫折是不可避免的　挫折是生活的组成部分，大学生遇到挫折是很平常的。生活就是喜、怒、哀、乐的总和，有喜有乐，自然就会有怒有哀。人世间的一切事情，无一例外都是在曲折中前进，螺旋式上升。“天有不测风云，人有旦夕祸福”。纵观古今，很多科学家、文学家都是在坎坷和逆境中磨砺出来的。正所谓“宝剑锋从磨砺出，梅花香自苦寒来”。挫折并不可怕，关键是我们怎么认识和对待它。

(2)挫折是把双刃剑　挫折给人带来了不愉快的情绪体验，给人打击，让人痛苦，但挫折对人的影响也有积极的一面，它可以激发人的进取心，磨炼人的意志，增强人的创造能力，给人克服困难的勇气。实践证明，经历过挫折和磨难在逆境中成长的个体，往往具有良好的环境适应能力。

(3)换个角度看挫折　在大学生活中，有许多欢乐和幸福的事情，我们为什么不去多关注它们，而要对自己的一些创痛念念不忘呢？有的大学生遇到挫折时，就觉得自己是天下最倒霉的人。其实从某种程度上说，他也是很幸运的人。有句话说的好：“生活是一面镜子，你对它笑，他就对你笑，你对它哭，他也对你哭。”如果我们能微笑面对生活，生活也会给我们“微笑”。

(4)将挫折搁置一边　当挫折已经发生，我们就要正确面对，寻找解决方法。如果挫折已经过去，我们不妨把它放在一边，不要总是保留在记忆里，不要时时盯住它不放。痛苦的感受，犹如沼泽地，越想很快脱身，结果陷得越深。

2. 加强修养，勇于实践

大学生要提高自己对挫折的承受能力，就要积极主动投身于复杂的社会环境中去历练自己，向生活和社会学习，而不是逃避社会。同时不断提高自己的思想、道德和知识素养，经常进行自我分析、自我反省、自我激励，经常给自己的心理除尘。只有积极主动地适应、反复不断地历练、勇敢顽强地拼搏，才会使自己心智更加成熟，增强自己对挫折的承受能力，促进自己的心理朝健康和向上的方向发展。一个人的成熟与否，很大程度上取决于对挫折和压力的承受能力，而不是年龄的大小等。只有那些历经坎坷、饱受磨难的人，才会对挫折具有良好的应对能力。

3. 适当运用心理防御机制

当大学生遇到挫折和压力的时候，适当运用心理防御机制能暂时减缓和解除痛苦和不安，这是心理防御机制的积极作用。当然心理防御机制也有消极的作用，从某种意义上说心理防御机制是一种掩耳盗铃式的自我欺骗，并不能真正解决现实问题，甚至有可能使事情复杂化。因此，大学生在运用心理防御机制时一定要适当、适度，尽量使用积极成熟的心理防御机制来应付面临的挫折环境。

4. 优化自身人格品质

个体对挫折的承受力与个体的人格特征有关。以下几种人格类型的人常常会有挫折感。

(1)性情急躁的人　这类人情绪变化大，易动怒常常因为一点小事就引起其挫折感。

(2)心胸狭窄的人　这类人气量小、好猜疑，喜欢斤斤计较，容易体验消极的情感。

(3)意志薄弱的人　这类人做事缺乏耐力，经常患得患失，害怕困难，只看眼前利益，经不起打击和挫折。

(4)自我偏颇的人　这类人缺乏自知之明，或者自高自大、目空一切，或者自卑自贱、畏首畏尾。

为了提高挫折承受能力,大学生应主动培养自己良好的人格品质,改变那些不适应发展的不良的人格品质。应重点培养自信乐观、自强不息、宽容豁达、开拓创新等品质。自信才能乐观,乐观才能自信,两者相辅相成。当遇到挫折、困境时,如果相信自己一定能取胜,那就会积极去改变现实,克服困难,战胜挫折,这是自信的作用。乐观者在面对挫折、困境时不会被眼前的困难吓倒,而是能够透过表面的不利看到蕴藏在背后的希望,相信明天是美好的,从而信心十足地去战胜困难。

自强不息是良好的意志品质,是一切成功者的共同特征。通向成功的道路不是平坦的,挫折、逆境常常会出现,只有坚强不屈、顽强拼搏,才能到达光辉的顶点。而那些一遇挫折就偃旗息鼓者,只会半途而废,永远不可能成功。

因此,提高承受挫折的能力应从培养良好的人格品质入手,从细微小事中严格要求自己,努力在实践中锻炼,使自己的心理得到充分、有效的发展,心理健康达到高水平的状态。

故事链接

驴子的故事——给处于逆境的人

一天,有个农夫的一头驴,不小心掉进一口枯井里,农夫绞尽脑汁想办法救出驴子,但几个小时过去了,驴子还在井里痛苦地哀嚎着。

这位农夫决定放弃,他想这头驴子年纪大了,不值得大费周章地救它出来。于是农夫便请来左邻右舍帮忙,想将井中的驴子埋了,以免除它的痛苦。

邻居们开始将泥土填进枯井中。当这头驴子了解到自己的处境时,刚开始哭得很凄惨。但出人意料的是,一会儿之后这头驴子就安静下来了。农夫好奇地探头往井底一看,出现在眼前的景象令他们大吃一惊。

当铲进井里的泥土落在驴子的背部时,驴子的反应令人称奇——它将泥土抖落在一旁,然后站到铲进的泥土堆上面!

就这样,驴子将大家填倒在它身上的泥土全数抖落在井底,然后再站上去。很快地,这只驴子便得意地上升到井口,然后在众人惊讶的表情中跳出了枯井!

这个故事说明,人生的道路是不平坦的,难免遇到各种坎坷,面对逆境,不能轻言放弃,必须想方设法渡过难关。就如落入井底的驴子一样,在生命的旅程中,有时候我们难免会陷入"枯井"里,各式各样的"泥沙"倾倒在我们身上,而想要从"枯井"脱困的秘诀就是,不要放弃,要化被动为主动,将"泥沙"抖落掉,然后站到上面去!最后跳出"枯井"。

二、遇到挫折时的应对策略

大学生在遇到相同强度的挫折时,会有不同的反应,在应对挫折时,也有不同策略。应对挫折是指:及时排解挫折,还是让挫折冲突持续长时间不解决;是用积极的方式解决挫折问题,还是用消极的方式获得暂时的平衡;是遵循社会准则排除挫折还是凭感情冲动,采取过激行为。只有以积极的态度对待生活中挫折的人,才能很好地应对挫折。

大学生应对挫折的方式归纳起来有以下几种。

1. 增强自信

当面对挫折情景时，大学生应对自己处理挫折的能力有信心。自信的人了解自己的实力与不足，能保持积极的行动。自信的人在遇到不愉快、不顺利的时候，会采取积极的行动，针对情景想方设法改变，在面临挫折的时候，不自责、不自卑，不否定自己。

美国作家爱默生说过："自信是成功的第一秘诀。"大学生要增强自信，就要客观评价自己，发挥自己的长处，肯定自己的能力。俗话说："人贵有自知之明。"这个"明"，指的就是客观分析自己的长处。如果只看到自己的短处，就是自卑心理作怪。"尺有所短，寸有所长"，每个人都有自己的长处和短处，找出自己的长处和优势，并以己之长比人之短，就能激发自信。大学生要学会欣赏自己，欣赏自己的长处、优点、成绩、满意的事，暗示自己"我能行""我可以"，这样就能逐步摆脱"不如人"的困扰。"天生我才必有用"。自己给自己加油、鼓掌、打气，便能增强自信，从而增强自己战胜挫折的勇气。

2. 学会放弃

大学生在生活中要保持平和的心态，不能事事计较，处处逞强，不能一切事情都要求最好、最多、最高、最快。学会放弃，是一种必要的退出，是应对挫折时的一种暂时性策略，这是大学生应对一些无法克服的压力和痛苦的好办法。当面对挫折情景，无能为力或者不堪重负时，可以在空间和情感上放弃它，离开它。退一步海阔天空，选择了放弃，才会有新的选择，有新的希望。还有一种做法就是妥协，如果无法直接针对目标去努力，可以对目标进行调整，改变一些想法和行为，这就是妥协，所谓"退一步海阔天空"。有时候我们也会采取"为了前进，先退一步"的做法。

3. 恰当归因

在遇到挫折时，我们还要学会恰当的、正确的归因。就是要对造成挫折的原因进行恰当的、实事求是的分析，找出挫折的原因。恰当的分析和归因是大学生应对挫折和解决挫折情景的重要基础。把失败结果归因为外部因素的人，面对挫折只会感到无能为力，不会自我控制和自我调节，不能尽力克服困难，改变失败处境；而把失败结果归为自身因素的人，则会过多地责备自己，打击自己的自信心，甚至一蹶不振，不利于改变挫折情境。

4. 改变生活方式

很多挫折和压力都由我们自身的匆忙引起的，所以放慢速度对缓解个体的压力和挫折感大有好处，中国有句古话："事缓则圆"，意思是碰到事情不要操之过急，而要慢慢地设法应付，使事情得到圆满的解决。

大学生可以通过以下措施放慢自己生活的脚步。

- 不要匆忙起床，赶着上课，可以起得早一点，留有时间余地。
- 列出要做的事情清单，把最重要的事情放在前面，好好做，做不了也不要太在意。
- 在每个阶段做 1～2 件主要的事情即可。
- 走路时放慢脚步。
- 避免饮用过量咖啡、酒精和药物。
- 每天花时间放松、散步等。
- 今日之事今日毕。

- 有规律地进行体育锻炼。
- 学习时集中精力。
- 出现紧急状况时有一个应急计划。
- 有自己的朋友圈子,定期与朋友聊天、交流。
- 周末安排一些休闲活动。
- 睡前放松、听音乐。

5. 改变挫折情景

"不经历风雨,怎能见彩虹,没有人能随随便便成功。"就像这首歌曲唱的,只有那些经历过坎坷,有较多挫折经验的人,才具有较强的挫折承受能力。就好像我们冬泳一样,在天气很冷的时候去水里游泳,先撩一点水在腿上,再走进过膝的水中适应,再往身体各部位洒水,直到皮肤适应了水温,再纵身跃入水中。

人对挫折的承受能力和适应能力也是要经过学习和锻炼获得。如果我们能把生活中的挫折和痛苦当成对自己不屈不饶、坚韧不拔品质的历练时,我们就能坦然面对挫折。也可以让自己经受磨难,"自讨苦吃""自寻烦恼",对自己的意志进行训练,让自己经受得住各种打击。同时,大学生要做好随时应对各种挫折的心理准备。有的大学生把未来想得太过美好,对挫折、困难则不愿多想,当在顺境中时感到舒适,当处于逆境中时就会感到巨大的挫折和压力,这就是因为缺少对挫折的心理准备。

6. 经营好自己的朋友圈

要克服挫折,离不开和谐的人际关系,离不开自己的朋友圈。每一个人,总会有几个思想上、学习上和生活上志同道合的朋友,经常从朋友那里获得鼓励、信任、支持和安慰等有利于我们尽快走出挫折情境。当你满腹委屈的时候,到朋友那儿就能滔滔不绝地说出来,得到朋友的安慰和鼓励。朋友也许在物质上的帮助是有限的,但在精神上的帮助是无法估算的。与朋友交流,可以发现自己与他人的不同观点,从而更好地认识自己。和谐的朋友圈,可以使自己受人喜欢,受人欢迎。有朋友圈,便有支持,有鼓励,便能一起振作精神。学会经营自己的朋友圈,是学会如何与朋友相处的关键。当身边某个人被确定可以成为朋友时,我们就需要将其划归到自己的朋友圈中,明确他们属于哪一类朋友,定位亲近程度。一旦我们在心里有了这样的划归,就不会对这个朋友过分苛求。

7. 寻求社会支持

个体遇到挫折后,应积极主动寻求社会和他人的支持和帮助,从外界获取信息、方法和策略,必要时可以请他人出面解决问题,帮助我们战胜挫折。俗话说"当局者迷,旁观者清""一个篱笆三个桩,一个好汉三个帮""三个臭皮匠,顶个诸葛亮"。不要羞于启齿,主动寻求帮助是心理成熟的表现,也是帮助自己战胜挫折的好办法。

大学生常见的社会支持有以下几点。

- 通过请教专家或者参加培训,来提升自己应对挫折的能力。
- 找朋友、家人、老师、亲戚诉说,或者倾听他们的看法。
- 与有同样挫折压力的人结成合作小组,共同商讨解决问题的方法。
- 当挫折压力超过自身承受能力时,向心理咨询工作者求助。

知识链接

直面挫折相关的励志名言

★要想不经过艰难曲折，不付出极大努力，总是一帆风顺，容易得到成功，这种想法只是幻想。 ——毛泽东

★被克服的困难就是胜利的契机。 ——丘吉尔

★我认为挫折、磨难是锻炼意志、增强能力的好机会。 ——邹韬奋

★挫折是通向真理的桥梁。 ——歌德

★苦难是人生的老师，通过苦难，走向欢乐。 ——贝多芬

★一个人总是有些拂逆的遭遇才好，不然是会不知不觉地消沉下去的，人只怕自己倒，别人骂不倒。 ——郭沫若

★人的生命似洪水在奔流，不遇着岛屿、暗礁，难以激起美丽的浪花。 ——奥斯特洛夫斯基

★即使跌倒一百次，也要一百零一次地站起来。 ——张海迪

★困难与折磨对于人来说，是一把打向坯料的锤，打掉的应是脆弱的铁屑，锻成的将是锋利的钢刀。 ——契诃夫

★患难困苦，是磨练人格之最高学校。 ——梁启超

★通向人类真正伟大境界的道路只有一条——苦难的道路。 ——爱因斯坦

★上天完全是为了坚强我们的意志，才在我们的道路上设下重重的障碍。 ——泰戈尔

★卓越的人的一大优点是：在不利与艰难的遭遇里百折不挠。 ——贝多芬

★人生布满了荆棘，我们想的唯一办法是从那些荆棘上迅速跨过。 ——伏尔泰

★希望是厄运忠实的姐妹。 普希金

★困难要自己克服，障碍要自己冲破，在我的字典里是没有“难”字的。 ——拿破仑

★一切幸福都并非没有烦恼，而一切逆境也绝非没有希望。 ——培根

★受苦是考验，是磨炼，是咬紧牙关挖掉自己心灵上的污点。 ——巴金

★无论何时，不管怎样，我也绝不允许自己有一点灰心丧气。 ——爱迪生

★在一个崇高的目标支持下，不停地工作，即使慢，也一定会获得成功。 ——爱因斯坦

★顺境也好，逆境也好，人生就是一场对种种苦难的无休无止的斗争，一场以寡敌众的战斗。 ——泰戈尔

★苦难是人生的一块垫脚石，对于强者是笔财富，对于弱者却是万丈深渊。——巴尔扎克

★不经历巨大的痛苦，不会有伟大的事业。 ——伏尔泰

★朝着一定目标走去是“志”，一鼓作气中途绝不停止是“气”，两者合起来就是“志气”。一切事业的成败都取决于此。 ——卡耐基

★所有坚韧不拔的努力迟早会取得报酬。 ——安格尔

★什么是路？就是说从没路的地方践踏出来的，从只有荆棘的地方开辟出来的。 ——鲁迅

心理训练游戏

心有千千结

活动目的 让大家明白世界上没有解不开的难题,只要冷静思考,加上他人和团体的帮助,困难和矛盾都可以解决。

活动准备 9人1组,手拉手围成1个大圆圈站着,每个人注意各自左右两边的人。

活动时间 15分钟。

活动步骤 活动分为四个步骤,具体如下。

(1)9个人在圆圈内随意走动一会儿,随着老师“停”的口令,大家都停止走动。

(2)每个人重新拉住原来左右两边人的手。

(3)想方设法恢复到原来的圆圈。

(4)请大家谈谈参加活动的感受。

心理测试

挫折承受能力测试

引导语:请你认真思考以下题目,它能帮助你了解自己的受挫能力。

(1)碰到令人担心的事:

A. 无法着手工作　B. 照干不误　C. 两者之间

(2)碰到讨厌的对手时:

A. 感情用事,无法应付　B. 能控制感情,应付自如　C. 两者之间

(3)失败时:

A. 不想再干了　B. 努力寻找成功的机会　C. 两者之间

(4)工作进展不快时:

A. 焦躁万分,无法思考　B. 可以冷静地想办法　C. 两者之间

(5)工作中感到疲劳时:

A. 脑子不好使了　B. 耐住疲劳继续工作　C. 两者之间

(6)工作条件恶劣时:

A. 无法干好工作　B. 克服困难创造条件　C. 两者之间

(7)在绝望的情况下:

A. 听任命运摆布　B. 力挽狂澜　C. 两者之间

(8)碰到困难时:

A. 失去信心　B. 开动脑筋　C. 两者之间

(9)接到很难完成的任务和很难完成的工作时:

A. 顶回去　B. 千方百计干好它　C. 两者之间

(10)困难落到自己的头上时:

A. 厌恶之极　　　　B. 欣然努力克服　　　　C. 两者之间

评分标准：A=0 分，B=2 分，C=1 分。

总分在 17 分以上说明你对挫折的承受能力很强；10～16 分，说明你对某些特定挫折的承受力比较弱；在 9 分以下的，说明你对挫折的承受能力比较弱。

思考题

(1)什么是挫折？挫折对大学生心理健康有什么影响？

(2)大学生常见的挫折有哪些？遇到挫折后有哪些反应？

(3)什么是挫折承受力？结合自己的实际情况，谈谈生活中如何提高大学生的挫折承受力。

参考文献

[1] 中国社会科学院语言研究所词典编辑室. 现代汉语词典[M]. 5 版. 北京：商务印书馆，2005：3-28.

[2] 王淑兰. 大学生心理健康教育教程[M]. 西安：世界图书出版公司，2008：158-168.

[3] 周家华，王金凤. 大学生心理健康教育[M]. 3 版. 北京：清华大学出版社，2010：126-140.

[4] 张旭东，车文博. 挫折应对与大学生心理健康[M]. 北京：科学出版社，2008：72-88.

[5] 罗红. 大学生心理健康教育[M]. 成都：四川大学出版社，2011：89-102.

[6] 张大均，吴明霞. 大学生心理健康[M]. 北京：清华大学出版社，2010：124-136.

[7] 叶琳琳. 大学生心理健康教育与心理素质训练[M]. 北京：北京师范大学出版社，2013：201-212.

（陈策　姚俊涛　黎莉　张敏　韩克　王乐　吴丽）

第九章

生涯规划——我的未来不是梦

本章通过对大学生生涯规划的概述，提出大学生生涯规划的制订原则、实施步骤及其主要内容。分析大学生在择业中存在的心理问题，提出大学生择业需要做好的心理准备，并正确调整自己，树立正确的择业就业观。

案例导入

小明大学毕业后在一家电力公司工作，收入丰厚，同学朋友都很羡慕他。但近三年来，他一直默默无闻地做一些简单的、很繁琐的数据性工作，慢慢地，小明对这项工作感到厌倦，特别最近连续加班，他认为自己的付出得不到应有的回报，产生了“逃避”的想法。每当回想起毕业选择这家单位时，小明认为当初自己太过草率，缺乏思考，只是感觉电力系统待遇高，效益好，没想到进来后工作环境、工作模式与自己的性格格格不入。他正在金融学研究生进修班学习，已拿到了硕士学位。等到拿到博士学位，也是他离开公司去读喜爱的金融学的时候。但小明还是有点担心，几年后，他的选择又是什么样子，是不是会重蹈覆辙？

大学生的生涯规划是他们经过四年大学生活后即将面临的重要选择，对于即将毕业的大学生来说，现代社会的择业竞争会使他们产生强大的心理压力，体会到人生的酸甜苦辣。其实，有压力才会有机遇和挑战，才会唤起大学生的竞争意识，激发他们的进取心。只有这样，才能形成正确的职业心理，从而顺利完成择业，在未来属于自己的合适岗位上发挥聪明才智，实现自己的价值。

第一节 生涯规划概述

大学生在校期间，就是要很好地完成教学计划规定的各项学习任务，同时学会做人、做事。但很多大学生会在较好完成学习任务的同时考虑自己的职业生涯，可能常常会考虑这些问题：将来要从事什么样的职业？能否在职业发展中实现自己的人生价值？因此，大学生学习职业生涯规划的理论和方法，有助于自己从大学时期就开始科学地规划自己的人生，做好职业准备，从而使自己的大学生活学习目标和方向更清晰，更明确。

一、与生涯规划有关的几个概念

一般来说，与生涯规划有关的概念有工作、职业、生涯、职业生涯等。

1. 工作

工作是指在某一个领域内从事具体的生产活动，是有目的、有结果、有岗位且需要投入时间和精力并持续一定较长时间的活动。例如，医生的医疗工作，教师的教学工作等。

2. 职业

由于研究目的不同，可以从不同角度、不同侧面对职业进行不同的界定。法国一本权威词典将职业定义为："为了生活而从事的经常性活动。"美国学者阿瑟·萨尔兹将职业定义为："人们为了获取经常性的收入而从事连续性的特殊活动。"我国学者将职业定义为："职业是由一系列相似的职位所组成的一个特定的专业领域，即一系列的工作。"比如教师、医生、律师等都是职业。

3. 生涯

"生涯"一词由来已久，"生"原义为"活着"，"涯"为"边际"，"生涯"一词连起来应该是"一生"的意思。生涯指的是生活中各种事件的演进方向和历程，它统合了人一生中的各种职业与生活的角色，由此表现出个人独特的自我发展历程。生涯是人自青春期到退休以后，一连串有酬和无酬职位的组合。除了职位以外，还包括任何与工作有关的角色，比如学生、退休者，甚至包含了家庭成员和公民的角色。因此，"生涯"可以理解为介于"生命"和"职业"之间的概念，它的外延并未大到与"生命"等同，但也未小到与"职业"等义，其内容比较宽泛。

4. 职业生涯

职业生涯是个人一生中由于心理、社会、经济、生理及机遇等因素相互作用所形成的工作和职业发展变化。职业的发展变化是人一生中最重要的内容之一，它伴随着每个人的一生，涵盖了个人的自我概念、家庭生活、个人的成长环境和所处的文化氛围，等等。职业生涯是人一生中所经历的一系列职位和角色，是一个人一生的发展历程。

二、生涯规划的概念

生涯规划是指一个人对其一生中所承担职务相继历程的预期和计划，包括一个人的学习，对一项职业或组织的生产性贡献和最终退休。大学生的生涯规划是在对自己的兴趣、爱好、能力、特点和客观环境综合分析和权衡的基础上，面对各种问题，通过恰当的规划为自己确立职业方向和目标，确定发展计划，制订行动策略，以实现个体的全面发展。

大学生的生涯规划不是一个单纯的概念，它和个体所处的家庭、组织以及社会有密切的关系。随着个体价值观、家庭环境、工作环境和社会环境的变化，每个人的职业期望都有或大或小的变化，因此它又是一个动态变化的过程。

个人生涯规划的好坏必将影响整个生命历程。我们常常提到的成功与失败，不过是所设定目标的实现与否，目标是决定成败的关键。人的目标是多样的：生活质量目标、职业发展目标、对外界影响力目标、人际环境等社会目标，等等。整个目标体系中的各因子之间相互交织影响,而职业发展目标在整个目标体系中居于中心位置。这个目标的实现与否,直接引起成就与挫折、愉快与不愉快的不同感受,影响着生命的质量。

有学者对大四学生和刚工作不久的大学生进行生涯发展准备情况的调查,发现大学生在求职准备方面呈现出三个倾向:

第一,在职业能力的自我评估上,存在高估或低估的倾向,呈现出明显偏差;

第二,在职业信息的了解上,过于关注职业是否符合自身需要,却忽略了职业要求与自身素质的匹配程度;

第三,在职业准备的投入上多数大学生比较被动。

三、大学生生涯规划的意义

大学生从学校步入社会将会面对一个全新的世界,在这个社会里,使大学生能够立足的是所选职业,它不仅是生活的基础,更重要的是它体现出每个人存在的价值。大学生能拥有一个成功的生涯规划才能实现完美人生,因此,生涯规划对于大学生的人生发展具有特别重要的意义。生涯规划专家徐小平曾经说过:“如果不做生涯规划,你离挨饿只有三天。”

成功的人生需要有正确的生涯发展规划,有什么样的规划,就有什么样的人生。但相当大的一部分大学生对于自己将来的职业没有一个非常明确的定位,不知道自己将来一定要做什么。他们从学校走向社会开始根本没有考虑到事业发展会怎么样,在找工作时一个是看哪个单位的牌子大,再就是选哪个单位能出国,第三就是挑哪家单位待遇高,而并没有考虑到自身的发展问题。因此,针对个人特点进行职业规划,确立未来发展方向,对一个人的一生来说就显得格外重要。

1. 有助于大学生规划自我实现的理想

大学生生涯规划就好比一张生命的蓝图,它引导你逐步实现自己的理想。但生涯规划是有科学讲究的,这个科学实际上就是职业生涯设计的过程或者方法。大学生们要根据生涯规划理论与原则以及职业成功的标准,掌握职业生涯设计方法,准确进行自我定位,合理规划职业人生,列出具体措施和日程,通过具有前瞻性的职业生涯设计,减少在人生路上的徘徊犹豫,避免浪费时光,为主动迎接未来职业发展的挑战做好充分准备。

2. 有助于大学生正确认识自我

大学生制订生涯规划有利于正确认识自我,对自己进行恰当的自我定位,了解自我,明确自己的方向和人生目标。例如:“我想干什么?我能干什么?现在应准备什么?就业环境如何?”这样,就有助于在校生的个性化发展和创新能力的培养。在校学习时,大学生可以找符合自己生涯规划的事情去做,如对写作感兴趣并有一定的能力,可以试着写一本书。找出自己特长的东西,并发挥这种特长。

3. 有助于大学生理性择业

大学生清晰的生涯规划会直接影响他们的职业选择。生涯规划越明确,毕业选择满意度就越高。反之亦然。一些大学生对生涯规划的重要性认识不足,缺乏明确的规划,因此在择业时盲目追赶社会潮流,效仿他人,常常会在就业上显得被动无助。

大学生制订明确的生涯规划是十分必要的。而制订生涯规划也需要遵循一定的原则,每个人都有自己的特长，对自己的认识和定位是很重要的。从事自己热爱的工作，这样的人才是最幸福和最快乐的人，他们最容易在事业上取得最大的成功。“知己”十分重要，“知彼”也是同等重要的。

四、大学生生涯规划的误区

1. 生涯规划可有可无

在一项对大学生择业影响因素的调查中，发现大学生择业过程中遇到六类苦恼，其中选择“对自己职业生涯尚未做长期规划”的人占到了被调查人总数的42.4%。有相当多的大学生对生涯规划模糊，观念淡漠，没有目标。一些大学生认为生涯规划可有可无，到毕业的时候再说，听天由命。有的大学生认为，自己处在求学期间，未来有太多不确定因素，有“船到桥头自然直”的想法，错过了生涯规划的好时机。

随着近年来社会就业形势的日趋严峻，从社会、学校到学生本人已逐渐认识到生涯规划的重要性，各高校的就业指导中心通过开设大学生就业指导课程和讲座以及举办创业大赛的活动，逐步增强学生的生涯规划意识。有人对北京大学、清华大学、重庆大学、长江师范学院等20所不同地区高校的1284名2010届应届本科毕业生进行生涯规划意识调查的结果显示，大学生生涯规划意识的总体得分为3.82(总分为5分)，表明当前大学生对生涯规划的认识较之过去有了很大的提高。研究也发现，女生的生涯规划意识高于男生，理工科和经济管理类学生的规划意识高于人文社科类学生，农村学生的规划意识高于城镇学生，有工作经验的学生的规划意识高于没有工作经验的学生，担任过学生干部的学生的规划意识高于未担任过学生干部的学生。

2. 缺乏清晰的自我认识

对自己的正确认识和合理定位是生涯规划中的最重要因素。希腊德尔福的阿波罗神庙中刻有一句箴言：“你要认识你自己。”自我认知就是个体对自己的觉察、评价和期望。个体的自我认知一般是自己依据自身过去或成功或失败的经历，根据外人对自己行为的反应，并把自己的行为和他人的行为进行比较而形成的，它是个体发挥主观能动性的基础。

一些大学生不能正确认识自我，也不能给自己的职业生涯进行合理定位，这会影响他们自己的职业选择和职业发展。很多大学生对自己“喜欢的工作是什么？”“技能专长是什么？”“优势和弱点有哪些？”“机会和威胁有哪些？”没有准确清晰的认识，不能全面、深入、客观地分析和评价自身的智商、情商、学识、兴趣、性格、爱好、特长和社会关系等个体的基本特点，以至于有些大学生只看自身缺点，心灰意冷，信心缺乏，择业中态度消极，不积极争取，而有些大学生只看自身优点，趾高气扬，自命不凡，择业中期望过高，好高骛远。这些都使个体不能在知己长、知己短、知己能为、知己不能为的基础上进行职业目标的确定，不能正确地进行生涯规划。

3. 对社会现实认识不足

大学生只有正确认识社会现实，才能把自己和社会结合起来，找准职业定位。大学生要全面了解社会的职业信息，不断适应当今社会对人才需求的实际需要，同时要做好应对社会激烈竞争形势的准备。要有紧迫感，树立竞争意识和参与意识，做好职业准备，这样才能找到理想的职业。

4. 把就业、职业与事业混为一谈

不少大学生不重视生涯规划过程的动态性和阶段性，盲目从众，急于求成，甚至企图走“捷径”实现目标，不考虑自己的实际情况，最终“欲速则不达”。有些大学生认为就业等同于职业，甚至把就业与一生的事业发展划上等号，在就业问题上优柔寡断，把就业当成一生中带有定格性的事情来对待，既不利于毕业时的就业问题的解决，更不利于长远职业生涯的规划，更谈不上事业发展。

人生的职业可以分为三个层次：第一层次是就业，维持生存；第二层次是职业，从事比较稳定的工作，满足基本的物质需求；第三层次是事业，这个层次不仅有丰富的生活物质，更有精神上的满足感。这三个层次不能一步到位，必须逐级推进，逐步实现。

2005 年初，《中国青年报》的一项调查显示，大学生对“先就业，后择业，再创业”的认同率高达 80.9%，“先就业，后择业，再创业”正成为当代大学生选择的一种就业新理念，这个理念也应围绕就业、职业、事业三个层次逐步推进。

第二节 大学生生涯规划的制订和实施

大学生在制订生涯规划时，一定要首先明确制订生涯规划的目的，把社会需要、个人兴趣与自己的长远发展相联系。围绕生涯规划制订的步骤和主要内容，在大学期间的每一年级逐步实施自己的生涯规划。

一、大学生生涯规划的制订原则

大学生制订生涯规划时，一定要将当时的社会需要、个人兴趣、自身特点与大学生长远发展目标相联系，这样才能做好生涯规划。

1. 与社会需求相联系

社会处于不断的发展变化之中，不同的历史时期社会需求也不一样，不断有旧的需求消失，也不断有新的需求产生。而职业的选择是一种社会活动，会受到社会条件和社会需求的制约。因此，在进行生涯规划时要考虑社会需求这一出发点和归宿，学会换位思考，从“我想要”到“社会要”，这样才能使自己的生涯规划具有可行性和现实性。

2. 与个人兴趣相联系

兴趣是最好的老师，在选择职业时应考虑自己的兴趣爱好。做自己喜欢的工作时，可以使人集中注意力，长时间保持高效率而不感到疲劳，产生愉快紧张的心理状态，有利于提高工作质量和工作效率。但是个体内心真正的需求是什么、真正喜欢的或者感兴趣的职业是什么，有时候自己也说不清楚，这就需要借助专业机构运用专业测评工具来进行分析。

3. 与自身特点相联系

每位大学生的成长经历、家庭环境、所学专业、性格特点、自身优势等各不相同，因此在进行职业选择时应与自身特点相联系。例如对于销售行业，需要的是喜欢并善于与人打交道的人员，一般性格外向的人比较胜任，对于内向的人就不太适合，不容易做出成绩，容易遭受挫折，增加了工作和生活的负担，对个人职业发展是非常不利的。

4. 与长远发展相联系

在进行职业选择时，要有长远的目光，不要被眼前的利益所迷惑，应该从是否有利于开阔眼界、是否有利于提高能力、是否有利于获得知识等方面来考察，从而作出合适的选择。

二、大学生生涯规划的实施步骤

大学生生涯规划包括五个步骤：自我评估、外部环境分析、目标确立、策略实施、反馈修正等。

1. 自我评估

自我评估是大学生生涯规划的基础，只有真正地认识自我和了解自我，才能对自己未来的职业生涯作出准确的把握和合理的规划。没有建立在自我评估基础上的生涯规划是不现实的。

自我评估的内容是与个人相关的所有因素，包括兴趣、个性、能力、特长、身体状况、学识水平、思维方式、价值观、情商以及潜能等。在开始进行生涯规划时，首先要弄清楚自己是谁、想要什么、能做什么，此时应当借鉴周围环境中不同层次人的建议，以便得到客观、中肯的评估结论。

2. 外部环境分析

环境因素对个人职业生涯发展有重要影响，作为社会生活中的一个个体，只有顺势而为才能最大限度地发挥个人的优势，实现职业生涯的目标。如果缺乏对外部环境的了解和分析，个人生涯规划便会沦为形式，成为水月镜花。

外部环境分析的主要内容包括对社会的政治环境、经济环境和组织(企业)环境的分析，即评估和分析环境条件的特点、发展与需求变化趋势，自己与环境的关系以及环境对自己的有利条件与不利因素，等等。

对于大学生来说，环境主要是市场与用人单位等因素。

3. 目标确立

大学生制订生涯规划的最终目的就是实现自己的职业目标，因此，目标抉择是生涯规划的核心。生涯规划中所确立的目标，应该是可预想到的、有一定实现可能的目标，包括终极目标、长期目标、中期目标和短期目标。

目标确立的方法通常是先结合自身条件和现实环境选择终极目标和长期目标，然后通过目标分解，划分符合阶段目标要求的中期、短期目标。

4. 策略实施

计划可以分为长期计划和短期计划两部分。长期计划的实现有众多不确定的因素。大学生要根据自身实际情况和社会发展趋势，不断地设定新的可操作的短期目标。比如大学一年级的时候应该怎么做，力求实现怎样的短期目标；二年级又该执行什么方案，二年级结束时需要达到怎样的预期效果；毕业当年有什么具体措施，如何向自己的初次就业的方向和目标靠拢，等等。

实施策略的内容包括职业生涯发展线路设计、教育培训安排、实践计划等。

5. 反馈修正

为使大学生生涯规划行之有效,需要结合他们的实际情况不断对生涯规划的内容进行评估与修正。对大学生来说,反馈修正的主要内容包括:职业方向的重新选择,各阶段目标的修正,实施措施与计划的变更,等等。

三、大学生生涯规划的主要内容

生涯规划是对个人职业发展道路进行选择和设计的过程,规划的内容和结果应该在规划过程中及规划后形成文字性的方案,以理顺规划的思路,提供操作指南,随时评估与修正。结合有关专家学者的观点和建议,我们认为,一个完整有效的生涯规划文案应该包括以下八项内容。

1. 标题

包括姓名、规划年限、年龄跨度、起止时间。规划年限不分长短,可以是半年、三年、五年,甚至是二十年,视个人的具体情况而定。

2. 目标确定

确定职业方向、阶段目标和总体目标。职业方向即从业方向,是对职业的选择;阶段目标是职业规划中每个时间段的目标;总体目标即当前可预见的最长远目标,也是在特定规划中的终极目标。在确定总体目标时,如果能适当地看得远一些,定位高一点,则有助于最大限度地激发规划者的潜能。

3. 个人分析

个人分析结果包括对自己目前的状况分析和对自己将来的基本展望,同时也包括对自己职业生涯有一定影响的角色建议。

4. 社会环境分析

社会环境分析是指对政治、经济、文化、法律和职业环境等社会外部环境的分析。

5. 组织(企业)分析

组织(企业)分析主要是对职业、行业与用人单位的分析,包括对用人单位制度、背景、文化、产品或服务、发展领域等的分析。

6. 目标分解与目标组合

分析实现目标的主要影响因素,通过目标分解和目标组合的方法作出果断明确的目标选择。目标分解是根据观念、知识、能力、心理素质等方面的差距,将职业生涯中的远大目标分解为有一定时间规定的阶段性分目标。目标组合是将若干阶段性目标按照内在的相互关系组合起来,达成更为有利的可操作目标。

7. 实施方案制订

首先找出自身观念、知识、能力、心理素质等方面与实现目标要求之间的差距,然后制订具体实施方案,逐步缩小差距以实现各阶段目标。

8. 评估修正

设定衡量此规划是否成功的标准。如果在实施过程中发现有无法制订的目标或要求,应当及时修正和调整。

需要注意的是，文案内容的顺序与规划的步骤不是完全一致的。生涯规划的第一步就是要进行自我评估，其次是进行外部环境分析，然后才是职业目标的建立；而文案内容的顺序是先写出职业方向和总体目标，然后再写出自我分析和外部环境分析的结果。文案的形成是建立在按正常步骤进行规划的基础之上的，将职业方向与目标提前，是为了阅读上的方便，突出核心主题——规划的目标，并有利于与实施方案进行对照、检查和修订。

大学生的生涯规划也应该根据上述这八项内容，按标题、目标确立、个人分析、社会环境分析、组织分析、目标分解与目标组合、实施方案制订、评估修正的大致顺序，依次写出生涯规划具体的内容。

下面以一个四年制的大学本科生为例，制订一个生涯规划方案，供大家参考。

《大学生生涯规划方案》

姓　　名　肖明

规划年限　四年

年龄跨度　18 岁至 22 岁

阶段目标　顺利毕业；成为一个有一定经验的市场营销人员（职业方向）

总体目标　成为一家公司的总裁

个人分析　自己性格外向，善于表达，长于沟通，大学期间有过兼职推销经历并取得很好的业绩。自己大学期间的专业是市场营销专业，这也正是自己的兴趣所在。

社会环境分析　中国现在是一个政治稳定，经济、文化高速发展的国家，并且这种状况将持续相当长的一段时间。这种情况为每一个人都提供了一个良好的发展机遇。随着社会主义市场经济的发展，市场营销在销售活动中起的作用将会越来越大。

职业分析　社会的发展将会对市场营销的职业产生重要影响：对市场营销的依赖性将越来越大。对市场营销的需求将越来越大。个人选择的行业还没有最后确定，但比较感兴趣的是保险、药品和食品。这些行业都是社会所不可缺少的行业，而且随着社会的发展，这些行业的发展空间也会相当大。

目标分解与目标组合

(1)目标分解：目标可分解成两个大的目标。一是顺利毕业，二是成为有经验的市场营销人员。

对于第一个目标，又可分解为把专业课学好和把选修课学好，修完学分，顺利毕业。接下来，还可以细分：在专业课程中，如何学好每一门课程；在选修课程中，需要选择哪些课程，如何学好……

对于第二个目标，又可分解为接触市场阶段、了解市场阶段、熟悉市场阶段。接下来，还可以细分：在接触市场阶段，要采取什么办法，与哪些公司保持联系……

(2)目标组合：顺利毕业的前提是学好专业课程，而专业课程的学习则对职业目标（成为一个有一定经验的市场营销人员）有促进作用。

具体实施方案

要成为一个有一定经验的市场营销人员，需要缩小自己与有一定经验的市场营销人员之间的差距。这些差距包括：

(1)思想观念上的差异。刚从事销售的人一般会认为销售只是卖出商品,但有一定经验的人则会认为销售是"卖出自己"——客户只有相信销售者,才可能购买商品。为了缩小这种差距,需要向有经验的人员请教,并在实践中去体会这一点。

(2)知识上的差距。书本知识的欠缺只是一个方面,更重要的应当是实践的差距。为了缩小这种差距,需要在学习书本知识的同时多参与真正的市场销售,在实践中体会书本知识。

(3)心理素质的差距。市场销售需要百折不挠的精神,而作为一个被人称为"天之骄子"的大学生,缺少的可能恰恰是这一点,往往遇到些许挫折和失败就会退缩。这种差距需要在实践中逐步消除。

(4)能力的差距。这一点可能是最重要的。为了缩小这种差距,除了在实践中逐步学习之外,还要与七八名销售高手保持密切的联系,以便随时请教和学习。

(5)检查和反馈。向高手请教,发现自己需要学习的书本知识很不够,特别是外语方面能力需要提高,否则,就无法适应现在的销售要求。所以,决定加强英语的学习,准备报一个英语的口语班,每周上一次课,同时,准备参加学校的英语角,切实提高自己的英语水平。

在销售过程中还发现,销售中很多仅属事务性的活动,没有太多的智力成分,所以决定以后减少参加类似活动的次数,把精力用在那些对自己有锻炼意义的事情上。

四、大学生生涯规划的实施策略

大学的学制一般为 3～5 年,在每一学年中,大学生的学习重点与心理特征都有所不同。根据这一自然的年限划分,大学生可以按学年为阶段设置阶段目标,进行自己的生涯规划,并按照每个阶段的不同目标和自身成长特点制订一些有针对性的实施方案。下面以本科四年制的大学生的生涯规划实施方案为例,供大家参考。

1. 大学一年级:试探期

阶段目标:职业生涯认知和规划。

实施方案:首先要适应由高中生到大学生的角色转变,重新确定自己的学习目标和要求;其次,要开始接触职业和职业生涯的概念,特别要了解自己未来所希望从事的职业或与自己所学专业对口的职业,进行初步的职业生涯设计;在职业认知方面可以向高年级学生尤其是大四的毕业生询问就业情况;熟悉环境,建立新的人际关系,提高交际沟通能力;积极参加各种各样的社团活动,增加交流技巧;在学习方面,要巩固专业基础知识,加强英语、计算机应用能力的培养,掌握现代职业者所应具备的最基本技能;如果有必要,为可能的转系、获得双学位、留学计划做好资料收集及课程准备,多利用学生手册,为将来的就业选择打下良好的基础。

2. 大学二年:定向期

阶段目标:初步确定毕业方向以及进行相应能力与素质的培养。

实施方案:这一时期,大学生对自己的专业已有了一个基本了解,开始进入专业学习和实践。大学生要进一步认识自己的需要和兴趣,确定自己的价值观、动机和抱负。考虑未来的毕业方向(深造或就业等),了解相关的活动,并以提高自身的基本素质为主,通过参加学生会或社团组织,培养和锻炼自己的领导组织能力、团体协作精神,同时检验自己的知识技能;可以开始尝试兼职、社会实践活动,并要具有坚持性,最好能在课余时间从事与自己未来职业或本专业有关的工作，提高自己的责任感、主动性和受挫能力，并从不断的总结分析中得到职业的经验和教训；增强英语口语和计算机应用的能力，通过英语和计算机的相关证书的考试，开始有选择地辅修其他专业的知识以充实自己。

3. 大学三年级：准备期

阶段目标：掌握求职技能，为择业做好准备。

实施方案：在加强专业知识学习的同时，考取与目标职业有关的职业资格证书或通过相应的职业技能鉴定。因为临近毕业，所以目标应锁定在提高求职技能、搜集公司信息上。参加与专业有关的暑期工作，与同学交流求职工作心得体会，学习写简历、求职信等求职技巧，了解搜集就业信息的渠道，如果有机会要积极尝试；加入校友网络，向已毕业的校友了解往年的求职情况；如果决定考研，也要做好复习准备；计划出国留学的学生，可多接触留学顾问，参与留学系列活动，准备 TOEFL、GRE 的考试，注意留学考试资讯，向有关教育部门索取简章参考。

4. 大学四年级：冲刺期

阶段目标：成功就业。

实施方案：这个阶段大学生的毕业方向已经确定，大部分学生的目标应该锁定在工作申请及成功就业上。这时，可先对前三年的准备做一个总结：首先检验自己已确定的职业目标是否明确，前三年的准备是否充分；然后，开始毕业后工作的申请，积极参加招聘活动，在实践中检验自己的积累和准备；最后，进行预习或模拟面试。积极利用学校提供的条件，了解就业指导中心提供的用人单位资料信息，强化求职技巧、进行模拟面试等训练，尽可能地在做好较为充分准备的情况下进行实战演练。在撰写毕业论文时，可大胆提出自己的见解，锻炼独立解决问题的能力。另外，要重视实习机会，通过实习从宏观上了解单位的工作方式、运转模式、工作流程，从微观上明确个人在岗位上的职责要求及规范，为正式走上工作岗位奠定良好基础。

第三节 大学生就业心理准备与调适

大学生在制订生涯规划后，经过几年的大学生活，最终的目标是走向社会，找到一份满意的工作。就业成了大学生人生发展中的又一次重大转折，因此，大学生除了顺利完成学业外，还要做好就业方面的心理准备，调整好就业心态，勇敢地接受就业挑战。如果能找到一个适合自己发展的职业，就能充分发挥自己的才能，实现自我发展，体现自我价值。

一、大学生就业必需的心理准备

即将毕业的大学生由于缺乏工作经验，因此他们将会面临较大的压力。要想就业成功，大学生必须充分了解自己的心理素质状况，包括自己的气质、性格、兴趣、能力等个性心理特征，对自己充分了解，并能根据实际情况，积极调整自己的心态，做好就业心理准备。

1. 正确认识就业形势，做好充分心理准备

大学生要面对社会现实，对当前严峻的就业形势有充分的认识，客观分析当前就业形势。1999 年高校开始扩招后，从 2003 年开始，毕业生人数迅速增加，到 2010 年才有所放缓。据有关资料显示，我国 2003 年有毕业生 212 万，一次性就业率是 70%，有 60 多万毕业生在当年未

落实就业单位,2004 年有毕业生 280 万,一次性就业率有所提高,达 73%,有 70 多万毕业生在当年未落实就业单位。从数据我们可以看出,大学生就业的形势多么严峻。尤其是随着我国高等教育的大众化普及,每年都会有大量毕业生进入人才市场,而相对提供的岗位却很有限,因此大学生要做好求职道路上可能会遭遇艰辛和曲折的心理准备。

2. 做好去基层和边远地区工作的心理准备

目前我国正在进行产业结构调整,原来的一些国企或者事业单位对毕业生的需求有所降低,有的单位已经人满为患。与此相反,一些高科技企业、非公有制经济企业、边远地区、艰苦行业却又急需人才。为解决基层和西部地区人才紧缺的现状,国家号召大学生到基层去,到西部区去,到边远地区去。基层是社会的基础,在那里,大学生可以有不一样的人生体验;到西部地区,到艰苦的地方去,可以激发大学生改变落后面貌的热情。

案例导入

迷恋名优企业,他找不到工作

小林是某职业技术学院市场营销专业的 2012 届毕业生。在校学习时,就给自己工作定位为进名优企业。毕业找工作时,他花重金制作精美的简历投递到各大名优企业,可结果事与愿违,没有一家企业看中他,有几家中小企业看中了他,可他没有兴趣。

在一个亲戚介绍下,他进入一家小的电子科技企业做销售,由于心态不好,总是认为在小公司上班没有什么前途,所以工作态度不积极,对工作提不起精神,没过几天,公司解聘了他。

从公司出来后,小林想自己创业,可由于父母反对,经济条件又不许可,计划搁浅。

看到自己同学一个一个都走上了工作岗位,而自己的工作还没有着落,小林急了,说:"我现在没有什么要求,只要能混碗饭吃就行。"

由于小林没有给自己一个合理定位,不能清楚地认识自我,不清楚自己的实力,一味追求名企、高薪,结果导致自己的职业生涯陷入尴尬的境地。

3. 做好跨专业就业的心理准备

大学生在实际就业活动中,往往会遇到本专业无市场的情况。面对五花八门的招聘信息,却找不到自己所学专业的单位。对这种情况,大学生要有心理准备。首先,在上大学期间,有些专业设置分类过细,而社会对这种细化的专业需求有限,找工作时,不一定非要专业非常对口;其次,大学生在学校所学的知识,偏重理论,这可能和社会需求有差距;最后,由于社会对复合型人才需求增多,社会需要大量边缘学科、交叉学科的人才,如果大学生能放开思路,转变观念,跨专业就业,就能增加就业机会,因此,大学生在这一方面需要有充足的心理准备。

4. 做好角色转化和角色定位的心理准备

大学生在大学阶段是一种单纯而且稳定的学习、生活、交往阶段,但这与社会现实有很大的距离。一旦毕业步入社会,就有一个较大的落差,这就需要大学生做好角色转变的心理准备。角色转变就是要大学生面对社会现实,抛开幻想,及时进行角色调整,只有这样,大学生才能有充分的心理准备去应对激烈的就业竞争。大学生要清醒地认识到,大学期间所学的专业知识、技能就是为个人能适应社会需要成为一个合格人才所打下的基础,大学的学习生活只是一个知识积累和储备的过程。这样的认识将对大学生及时进行角色转换和合理角色定位有重要的意义。

5. 做好克服依赖心理参与竞争的心理准备

在我国，青年学生在大学毕业前普遍依赖父母，没有实现真正意义上的独立，有些大学生把就业过程中的希望寄托在“长辈”身上，甚至由家长出面与用人单位洽谈就业事宜，结果事与愿违。因此大学生一定要从开始就自主择业，靠自身实力叩开就业的大门。同时在就业中，要做好参与竞争的思想准备。每一个毕业生要想在竞争中立于不败之地，必须不断提高自身的能力，实力是求职成功的资本，是大学期间自身努力的结果，它包括学习成绩、工作能力、社交能力、处事能力、心理素质，等等。大学生要积极参与竞争，成功地推销自己，才能得到用人单位的青睐。

6. 做好面对压力和挫折的心理准备

大学生就业不可能是一帆风顺的，会有一个曲折和反复的过程，一次性就业成功的可能性很小，会面临各种压力和挫折，对此，大学生要做好充分的心理准备。有的就业无门，有的久拖不决，有的好不容易落实了单位却又突然中途变卦，种种不确定因素无法把握。所以要求大学生要有耐心，不能自乱阵脚，要有一定的承受力和忍耐力，只有自己从容不迫，才会为自己赢得时间，同时把压力和挫折当成培养自己临危不乱、镇静自若的心理品质。

二、大学生就业的心理问题

大学生在就业过程中会遇到各种问题，常见的有自卑、焦虑、胆怯、自负、从众和虚荣心理等心理问题，遇到这些问题，需要大学生加强自我调节，寻求社会支持，同时社会也要给予大学生热情的关怀和引导。

(一)大学生就业心理问题产生的原因

1. 特有的生理、心理特点

大学生大学毕业时一般在22～24岁，这个时期的大学生正处在青春期的后期，他们好冲动、多幻想，接受新鲜事物快，自我意识强。虽然他们的生理发育已经完全成熟，但是相当多的大学生心理发展尚不成熟、不稳定，心理的成熟落后于生理的成熟，再加上他们知识结构不完善，社会经验欠缺等因素，因此在求职就业中就会表现出心理活动的复杂性和矛盾性。

2. 家庭环境的影响

家庭是每个人人生的起点，家庭对每个人的影响是一生的。从上幼儿园、小学、初中、高中到大学，大学生都是在父母的关爱中成长起来的，父母是孩子的第一任老师。由于父母的教育方式不同，孩子的心理素质就会大不相同，不同的家庭教育模式，会造就大学生各自的处世态度和做人原则。多数大学生在就业前都是依赖父母的，因此，家庭环境对大学生影响的持续时间最长，甚至于影响一生。受传统文化的影响，在就业方向上，传统的家庭教育往往注重功名利禄，对大学生就业选择上产生直接影响。部分毕业生由于家庭背景相对优越，依靠特殊途径就业，也给大学生就业心理产生了负面影响。

3. 社会因素的影响

社会因素对当代大学生就业心理产生的影响有三个方面。①创业意识不强。创业意识不强引发了大多数毕业生对就业市场的片面认识,如认为通过自身努力创业,得以成功的概率较小,所以最理想的职业是考取公务员,近年来报考公务员热不断得以刷新,就是鲜明的例子。公务员热既导致了学生就业渠道的单一化,也加剧了部分中小企业人才的匮乏,从长远看不利于就业市场的稳健发展。②社会不良风气仍旧存在。由于我国经历了数千年的封建社会,封建残余思想对部分群体的负面影响滋生了某些官场腐败操作和钱权交易的黑幕,对毕业生就业的积极性产生了负面影响。③就业市场不完善。虽然各大中城市建立了人才市场,但人才市场还没有能够真正起到毕业生与用人单位的桥梁作用。就业市场人才供给渠道的单一化,也对大学生就业产生了不利影响。

4. 学校因素的影响

学校因素对大学毕业生就业心理也会产生不利的影响。①学校专业设置不合理。专业设置的不合理,就加大了大学生就业的难度,不利于大学生正确就业心理人格的形成。比如,专业设置与社会需求脱节。由于社会发展的加快,而学校在专业设置上没能及时做出调整,导致人才培养结构与社会需求结构之间的严重脱节,这本身对大学生就业产生了无形的压力。②学校对大学生就业指导缺位。现在各大院校都设有就业指导中心,但真正发挥其应有实质性作用的甚少,往往没有把毕业生的就业工作放在日常工作中去抓,导致大学生就业方向单一,这也增加了大学生的就业心理压力。

5. 学生自身因素的影响

由于大学生在大学期间接触社会的机会相对较少,他们对社会缺乏全面的理性认识。表现在就业观念、职业认识和择业导向等方面存在偏差。在就业观念方面,仍然坚持"学而优则仕"的传统观念,不能全面、客观、理性地分析就业市场;在职业认识上,未充分认识到"三百六十行,行行出状元";在择业导向上,只注重轻松的工作,往往不愿到基层和边远地区工作。

(二)大学生就业中常见的不良心理

1. 自卑心理

自卑是由于自尊心受到伤害,而产生的心理矛盾和心理冲突得不到及时解决而形成的一种心理障碍。大学生的自卑心理表现在三方面:一是过低地评价自己的智力;二是过低地评价自己的能力;三是过低地评价自己的意志力。自卑是一种负性的情绪体验,是一种性格上的缺陷。大学毕业生的自卑感来自于能力和就读大学方面的不良心理暗示,如对自己知识、能力不如他人的心理暗示;对自己所读大学不如他人就读大学的心理暗示;对自己生理上的某些不足而引起的消极心理暗示,如个子较矮、长相不俊等。自卑感往往会片面夸大自己的不足,使自己产生以偏概全的全面自我否定,从而导致毕业生不能从容地走向求职市场,严重影响到求职效果。

2. 焦虑心理

大学毕业生在就业准备期普遍存在不同程度的焦虑心理,这是一种正常现象,适度的焦虑可以使大脑和整个机体处于觉醒水平或兴奋状态,使思维敏捷,判断准确,能迅速做出决定,使机体保持充沛的体力;但是中度或中度以上的焦虑则对人体会产生不良影响。大学生在就业压力下所产生的不踏实感、失落感和危机感,通常都会表现出焦躁、烦恼、困惑、恐慌和紧张等不良的情绪体验。对未知的求职单位感到莫名的担忧害怕。有研究调查发现,影响大学生就业焦虑的主要问题是：自己的理想能否实现，专业能否受到重视，被应聘单位拒绝了怎么办，等等。中度以上的焦虑一旦形成，就会影响就业的成功。

3. 胆怯心理

部分大学生由于性格比较内向、敏感、胆小，因此在就业过程中，特别是在面试的时候，就会出现胆怯心理。胆怯是一种胆小、脆弱的性格特征，遇到面试时，面红耳赤，语无伦次，答非所问，把自己辛辛苦苦准备的问题忘得一干二净，由于胆小，就好像林黛玉进贾府，生怕说错一句话，走错一步路，从而影响自己在用人单位心目中的形象，不敢放开说话，该表达的表达不出来。这种胆怯心理常见于一些女大学生和性格内向或抑郁质类型的大学生。实际上，女生和男生相比，在体力方面有一定的差距，但是，女生也有男生所不具备的优势，只要女大学生能扬长避短，克服胆怯心理，照样会受到用人单位的青睐。

4. 自负心理

部分大学生在就业过程中，对自己评价过高，对就业条件要求苛刻，容易形成自负心理。有这种心理的大学生往往学业很好，工作能力和社交能力强，或者毕业于重点大学，他们不怕找不到工作，对社会提供的工作岗位挑三拣四，什么地区、职务、报酬、工作地点、发展前途、出国机会等都在考虑之列。加之他们有远大的抱负，很容易对自己存在过高的自我评价和自恋心理。有这种心理的大学生，很容易脱离客观实际，以幻想代替现实，一旦未能如愿，情绪就会一落千丈，产生严重的失落、抑郁等心理现象。

5. 从众心理

从众心理是在社会和群体的压力下，放弃自己的意见而采取顺从大众行为的心理倾向。当个体认为群体的规范、别人的行为是正确的时候，他的从众行为是自愿的。而有时候，当个体认为群体的规范、别人的行为是不合适的时候，没有勇气加以对抗，这时的从众是我们要克服的心理现象。在大学生就业的问题上，从众心理表现为：大多数大学生愿意到大城市、企事业单位去工作，这就是从众心理的典型表现，别人去，我也去。因此大学生在就业时，应该有较强的独立思考能力，逐步培养自己独立分析问题、解决问题的能力。大学生就业中的从众心理还表现在：①很多大学生不顾及自己所学专业、特长实际情况，一味追求社会热点职业，比如一窝蜂报考公务员；②对所选择单位缺乏清楚全面了解，就盲目签约；③到了毕业前夕，看到别人签约了，自己着急随便签个单位。近年来毕业生违约现象不断增多，就是盲目签约的结果。

6. 虚荣心理

大学生在就业过程中还存在一种虚荣心理，这是大学生就业的一种不良心态。虚荣心强的人，就业中会选择一些社会知名度高、经济上实惠的岗位。他们不从自己的专长出发，不考虑自己是否具备竞争能力，他们就业的目的就是让别人羡慕。有时甚至于编造简历，谎说自己担任多年学生会干部，以显示自己组织管理能力强。大学生在就业选择中一定要量力而行，实事求是。

三、大学生就业心理调适

大学生要进行自我心理调适，控制好自己的心境，自觉调整不平衡的心理，就要正视社会现实，客观认识自我，培养独立意识，正确面对生活中的各种压力和挫折。

(一)客观认识自我,恰当定位自我

大学生要进行自我心理调适,控制自己的心境,自觉地调整内在的不平衡心理,就要对自己有充分的自我认识和恰当的自我定位,所谓"知人为聪,知己为明"。知人不易,知己更难,除此之外还要了解人与人之间的个体差异。心理学中,将个性分为个性倾向和个性特征两个方面,职业个性构成也同样分为这两个方面,其中,个性倾向包括需要、动机、兴趣、价值观等,个性特征包括气质、性格、能力和智力等。如果不能从整体上认识自己,只进行自我心理调整是片面的。因此,充分认识自我,是进行心理调适的前提。

1. 兴趣与就业

兴趣指兴致,是指人们力求认识某种事物和从事某种活动的心理倾向。它表现为人们对某件事情、某项活动的选择性态度和积极的情绪反应。例如,一些体育迷,一谈起体育便会津津乐道,一遇到赛事便要一睹为快,对电视中的赛事转播特别迷恋,这是对体育的兴趣。俗话说"萝卜青菜,各有所爱",指的就是人们的兴趣多种多样。现实生活中,兴趣能使人工作目标更明确,工作积极主动,并且在工作中能不断体会到快乐。爱因斯坦曾经说过:"兴趣是最好的老师",兴趣是努力的原动力,兴趣是在后天生活实践中形成的,一旦形成之后,就有相对的稳定性。因此,大学生在就业过程中要充分考虑个人的兴趣爱好。通常情况下,人们对职业的考虑大都是从兴趣开始的,但兴趣对就业并不一定起正向作用,有时也会起反向影响。有的同学兴趣爱好太多,但没自己的特色,结果就业时反而没有竞争力;有的同学兴趣面太窄,不能满足社会需要;有的同学兴趣与专业差距很大,也会造成就业困难。因此大学生要对自己的兴趣进行梳理,找符合自己兴趣的工作就业。

2. 能力与就业

能力是指能直接影响活动效率,使活动顺利进行所必要的个性心理特征,能力是个性结构中的效能系统,关系到心理活动的效率。一般来说,能力包括一般能力和特殊能力。一般能力是指顺利完成活动所必须的基本能力,就是一般意义上的智力;特殊能力是指顺利完成某种特殊活动所具备的专门能力,与某些职业活动紧密相关。一般能力是特殊能力的基础。人在就业的过程中,就必须学会职业活动中所必需的能力,比如一般学习能力、言语能力、技术能力、空间判断能力、形态知觉能力、手眼协调能力、手指活动能力等。比如播音员、教师要有较强的语言表达能力;画家、建筑师要有较高的形态直觉能力;外科医生、雕刻家要有灵活的手指活动能力。就业时,要充分认识自己的能力和特长,找到适合自己发挥的平台,这才是就业的目的。

3. 气质与就业

气质是指一个人稳定的心理活动的动力特征,是个性特征中最重要的因素之一。气质可以分为四种类型,即胆汁质、多血质、黏液质和抑郁质。气质类型在职业活动中会表现出相应的气质特征。不同气质类型的人适合从事的职业也有差别。一般来说,胆汁质的人精力旺盛、热情直率、易冲动,情绪反应强,他们能以较大的热情投入到工作中,克服种种困难,但若对工作失去信心,也会消极沉沦,这种气质的人适合从事竞争强、有冒险性、风险意识强的职业,比如体育运动、探险、勘探等;多血质的人活泼好动、反应迅速、喜欢交往,情绪丰富,但兴趣易转移、注意力不稳定,这类人对职业的选择范围较广泛,适合从事要求反应灵活的职业,比如导游、公关、公安等;黏液质的人安静、沉稳,情绪不外露,灵活不足,刻板有余,克制力强,态度稳

重，善于忍耐，这种人适合从事要求稳定、细致、持久性的活动，比如会计、法官、外科医生等，不适合从事冒险性的工作；抑郁质的人敏感、行动缓慢，情感体验深刻，观察力敏锐，孤僻，工作耐受性差，做事谨小慎微，适合于从事要求精细、敏锐的工作，比如理论研究、机关秘书、应用科学研究等。

4. 性格与就业

性格是人对现实稳定的态度和习惯化的行为方式中表现出的个性心理特征。比如诚实和虚伪、自尊和自卑、聪明和愚蠢都是人的性格特征。一个人对现实的态度表现在对国家、集体、个人等方面，如果一个人不关心国家大事，不关心他人，无视社会规范，那么他在就业时不会受到社会的欢迎。而工作态度积极、认真负责的人，更易找到适合自己的工作岗位，展现自己的才华。性格中的意志品质也很重要，意志不坚强的人，往往不能顺利地选择职业，在挫折和困难面前容易退缩，从而失去很多机会。目前在就业过程中，很多用人单位认为，性格比能力重要，原因是，如果一个人的能力不行，可以通过后天的培养加以提高，如果一个人的性格与职业不符，改变起来就非常困难。一个性格内向的人，见人就脸红，说话就紧张，如果从事营销工作是不会有好业绩的。有一句话叫"性格决定命运"，是有一定道理的。

故事链接

为什么他的薪水比我高——态度决定高度

两个同龄的年轻人同时受雇于一家店铺，并且拿一样的薪水。过了一段时间，叫阿诺德的小伙子青云直上，而那个叫布鲁诺的小伙子还在原地踏步。布鲁诺不满意老板的不公正待遇。一天，他去老板那儿发牢骚。老板一边耐心倾听，一边盘算如何给他解释清楚他和阿诺德之间的差别。

"布鲁诺先生，你现在去集市上去看一看，今天早上有什么卖的。"老板说。

布鲁诺从集市上回来向老板汇报说，今天早上只有一个农民拉了一车土豆在卖。

"有多少？"老板问。

布鲁诺赶快地戴上帽子又跑到集市上，然后回来告诉老板，一共有 40 多袋土豆。

"价格是多少？"

布鲁诺第三次跑到集市上问来了价格。

"好吧，"老板对布鲁诺说，"现在你坐这儿一句话都不要说。"

吩咐人叫来阿诺德，老板说："你去集市上看看有什么卖的。"

阿诺德很快就从集市上回来了，向老板汇报说到现在为止，只有一个农民在卖土豆，一共 40 袋，价格是多少多少；土豆质量很不错，他带回来一个让老板看看。这个农民一个小时以后，还会弄来几箱西红柿，据他看价格也公道。昨天他们铺子里西红柿卖得很快，库存不多了，他想这么便宜的西红柿老板肯定会进一些的，所以他不仅带回了一个西红柿做样品，而且把那个农民也带来了，他现在正在外面等待回话呢。

此刻，老板转向布鲁诺，说："现在你知道为什么阿诺德比你薪水高了吧？"

（二）正视社会现实

人是社会之人，也是现实之人，正视社会现实是大学生就业必备的心态。如果大学生能有一个积极的心态正视社会、适应社会，就会为顺利就业增加更多机会；如果以消极的心态看待社会、脱离社会、逃避社会，则将会被淘汰。我们国家总体的趋势是随着知识经济时代的到来，社会越来越尊重知识、尊重人才。随着大学生就业制度的深化，职业选择的机会将会大大增加，这将会为大学生就业求职提供一个良好的工作环境，职业选择的机会也会大大增加。同时用人单位自主权扩大后，将会对大学生有更高的要求。因此大学生要从实际出发，更新观念，面对人才市场，勇于竞争，以便被社会接纳认可。就业是一种社会性活动，必将受到各种社会条件的制约，大学生如果脱离社会需求，就业机会就会减少。

(三)培养独立意识

大学生毕业进入工作岗位，则实现了从学生角色到职员角色的转变，工作单位不会把大学生当做学生或者未成熟的青年来看待，大学生必须为自己的行为完全负责。所以在大学期间培养大学生独立意识十分重要。首先要培养大学生的独立生活能力，从大学期间的所有琐碎事情开始，都要自己计划，独立完成，不依赖别人，学会自立。其次，要培养大学生独立学习能力。学习过程中要培养“自律”意识，自觉制订自己的学习计划，自觉执行，不要在家长和老师的“他律”下才去做。最后，要在思想和心理上走向独立，要做到思想上意识到大学生要走独立的路，要有自己独立的见解，寻求自己独立的奋斗目标，提升独立处理各种问题的能力，不断完善自己的思想体系。除此之外，还要做到心理上的独立，无论身处顺境还是逆境都能相信自己的能力，能做到自尊、自爱、自强、自立、自信，保持乐观心态，积极面对人生。

(四)正确面对挫折

大学生在就业求职过程中遇到挫折是难免的事情，遇到挫折不可怕，可怕的是知难而退，可怕的是畏缩不前。每次遇到困难挫折的时候，要认真分析原因，是自己主观努力不够，还是客观要求太高；是主观条件不具备，还是客观条件太苛刻，要做到心中有数。有的同学遇到一次落聘就灰心丧气，一蹶不振。遇到挫折就偃旗息鼓的人，只能半途而废，永远不可能获得机会。因此大学生对待挫折要不气馁、不懈怠，修订目标，等待机会，积极进取，创造新的机会，说不定新的机会更适合自己。

四、常见的几种心理调适方法

常见的心理调适方法有：自我评价法、自我调适法和他人帮助法。

1. 自我评价法

自我评价法就是要帮助大学生学会正确地认识和评价自我，这是心理调适的基础。

首先是自我反省。就是冷静地、理智地分析认识自我，明确自己以后的职业发展方向是什么，自己的兴趣爱好是什么，自己适合干什么工作，自己的优势、劣势是什么等。通过自我反省，发现不足，扬长避短。

其次是社会比较。在评价自我时，还要与他人做比较。一是和自己年龄、学识等相似的人比较，二是通过社会上其他人对自己的态度来认识自己，三是通过自己社会活动结果来分析和评价自己，看自己是否得到社会的承认。通过社会比较，可以得知社会对自己的评价与自我评价是否一致，以便及时纠正。

最后是进行心理测验。心理测验是将人的心理现象数量化和范畴化的一种方法。目前心理测验的方法有智力测验、人格测验、神经测验和能力测验，通过心理测验可以更全面、更专业地了解一个人在人群中所处的位置，有助于更好地进行自我认知和自我评价。

2. 自我调适法

自我调适的方法很多，以下简单介绍几种常用的方法。

（1）转移法　不良情绪一旦产生，可以采取迂回的方法，把自己的情感和精力转移到其他方面，从而减少不良情绪对自己的影响。例如，去参加一些有兴趣的活动，利用空闲时间去旅游，换个环境，换个心情，摆脱不良情绪的困扰。

（2）宣泄法　心中的郁闷聚集越多越久对人的伤害越大。适度的宣泄是消除不良情绪的简单高效的方法，切忌把不良的情绪聚集于心，自我消化。应聘失败后，可以主动找一个同学或者知心朋友倾诉，一吐为快，以求得心理安慰，抚平创伤。也可以找个人少的地方大哭一场，随着眼泪的宣泄，不良的毒素也排出体外，对身心大有裨益。当然宣泄也要分清场合，否则有失体统。

（3）安慰法　即自我安慰，遇到不顺心不如意的时候，能自己安慰自己，不钻牛角尖。就业的时候碰钉子是常事，只要自己努力做了，哪怕没有结果，哪怕不完美，也要微微一笑，坦然接受现实，保持内心的安宁。

（4）松弛训练法　通过心理和身体的放松训练可以帮助人们减轻或消除不良的身心反应。尝试神经肌肉渐进性放松方法，消除忧虑，解开困惑。

（5）理性情绪法　人的情绪有理性和非理性之分，要改变不良情绪，就要设法将人的非理性观念转变为理性观念。大学生在就业中会遇到很多来自于自身的非理性观念的不良情绪，如果将这些观念加以克服，就能够战胜困难，跨越障碍。

3. 他人帮助法

大学生在就业失败后，除了要增强自身的调节和解决心理障碍能力外，还要积极寻求社会支持系统的帮助，同时社会也要给予大学生热情的关怀和引导。

社会要为大学生提供良好的就业环境和就业机会，建立公平、公正、公开的竞争机制。

学校要加强对学生的就业指导和心理咨询工作，广泛宣传国家就业政策，对大学生在就业过程中产生的心理问题及时提供咨询，及时帮助排解。

毕业生的家长和亲友要主动关心大学生在就业期间出现的各种问题，帮助他们处理好就业中遇到的具体问题，给他们一些好的意见建议，帮助他们渡过求职择业的迷茫阶段。

心理训练游戏

自己未来可能从事的职业

活动目的　测试自己未来可能从事的职业。

活动时间　30 分钟。

活动准备　五张纸，一支笔。

活动步骤　分五步填写五张纸。

第一步　填写第一张纸：我的父亲希望我做什么。例如，父亲希望我做公务员；希望我出去闯一闯。然后写下你的父亲认为你应该具备的品质。

第二步　填写第二张纸：我的母亲希望我做什么。例如，母亲希望我回到家乡找一份稳定的职业(教师)。然后写下你母亲希望你应该具有的品质。

第三步　填写第三张纸：我的好朋友希望我应该做什么。例如，他们认为我特别适合做教师(演员、医生、作家、企业家等)。然后把他们认为你应该具备的品质尽可能地列举出来。

第四步　填写第四张纸：我不想做的是什么。列出你不想做的事情，你愿意写多少就写多少，把你感觉讨厌的事情都回忆列举出来。

第五步　填写第五张纸：我大概不反对做的是什么。不要担心写错，因为这不是做决定，就当做是拓展你的想象力，写下所有吸引你去做的事情，即便是你相信某些事情是你不可能去做的，也要把它写下来，因为这里希望你仔细考虑一下你能够接受的是什么。

上面五张纸写完了，选一张你最想留的，其他四张都扔掉。你现在手里的这张纸所写的将会是你以后从事的职业，因为这是你最看重的东西，你可以从这里开始采取积极的行动了。

心理测试

大学生择业倾向测验

引导语：从心理学角度讲，选择一个适合自己的职业要涉及到性格、气质、兴趣、教育状况等许多方面的因素。那么以下两组20道题目，只要你回答“是”或者“否”，就可以帮你出个好主意。

第一组题目

(1)就我的性格来说，我喜欢同年龄较小而不是较大的人在一起。

(2)我想我心中的伴侣应该具有与众不同的见解和活跃的思想。

(3)对于别人求助于我的事情，我总是乐意帮助解决。

(4)我做事情考虑较多的是速度和数量，而不是在精雕细琢上下功夫。

(5)我喜欢新鲜这个概念，例如新环境、新旅游景点、新朋友等。

(6)我讨厌寂寞，希望与大家在一起。

(7)我读书的时候就喜欢语文课。

(8)我喜欢改变某些生活惯例，使自己有一些充裕的时间。

(9)我不喜欢那些零散、琐碎的事情。

(10)假如我进入招聘员的经理室，经理抬头瞅了我一眼，说声“请坐”，然后就埋头阅读他的文件再不理我，可我一看旁边没有座位，这时我没有站在那里等，而是悄悄搬个椅子坐下来等经理说话。

第二组题目

(11)我读书的时候很喜欢数学课。

(12)看了一场电影、戏剧之后，我喜欢独自思考其内容，而不喜欢与别人一起讨论。

(13)我书写整齐清楚，很少写错别字。

(14)我不喜欢读长篇小说，喜欢读议论文、小品文或散文。

(15)业余时间我爱做智力测验、智力游戏一类题目。

(16)墙上的画挂歪了，我看着不舒服，总想设法将它扶正。

(17)收录机、电视机出了故障时，我喜欢自己动手摆弄、修理。

(18)我做事情时总希望精益求精。

(19)我对一种服装的评价是看它的设计而不大关心是否流行。

(20)我能控制经济开支,很少有"月初送,月底空"的现象。

评分规则:

选择"是"记1分,"否"不记分,各题得分相加,分别计算两组得分。假设第一组得分为A分数,第二组得分为B分数,则你的A分数______,B分数______。

A>B:你的思维活跃,善于与人交往。你喜欢把自己的想法让别人去实现,或者与大家共同去实现。你适合做记者、演员、推销员、采购员、服务员、人事干部、宣传机构的工作人员等。

B>A:你具有耐心、谨慎、肯钻研的品质,是个精深的人。适合做编辑、律师、医生、技术人员、工程师、会计师、科学工作等。

A≈B:你具备A、B两类型人的长处,不仅能独立思考,也能处理好人际关系。你适合做教师、护士、秘书、美容师、理发师、各类管理人员等。

思考题

(1)什么是生涯规划?大学生生涯规划有哪些误区?

(2)大学生生涯规划的主要内容有哪些?如何在大学期间分年级实施?

参考文献

[1] 沈之菲.生涯心理辅导[M].上海:上海教育出版社,2001:5-28.

[2] 王淑兰.大学生心理健康教育教程[M].北京:世界图书出版公司,2008:184-196.

[3] 周家华,王金凤.大学生心理健康教育[M].北京:清华大学出版社,2010:176-188.

[4] 张旭东,车文博.挫折应对与大学生心理健康[M].北京:科学出版社,2008:101-112.

[5] 罗红.大学生心理健康教育[M].成都:四川大学出版社,2011:76-88.

[6] 叶琳琳.大学生心理健康教育与心理素质训练[M].北京:北京师范大学出版社,2013:182-201.

(史瑞明 牛刚 任予 马云龙 李红刚 刘盈盈)

第十章

生命价值——青春无悔，生命如歌

唐朝僧人寒山子曾写过一首关于生命的诗："四时无止息，年去又年来；万物有代谢，九天无朽摧；东明西又暗，花落复花开；唯有黄泉客，冥冥去不回。"这首诗告诉我们，人的生命是有限的，是唯一的。"人生天地间，忽如远行客。"生命属于人只有一次；相对于天地之悠悠，一个人的生命是短暂的，失去了就无法挽回；生命又是脆弱的，非常容易让鲜活的生命顷刻间划上句号。现实中的人总会碰到各种磨难、痛苦、失意和挫折，或面对来自家庭、学校、社会等各方面的压力。这种时候，一个人如果能够正确对待，把种种不如意看作生命必须经历的一部分，那么，负面的东西就可能转变成积极的因素。珍重生命的教育可以帮助大学生思考个体生命的存在价值，并在人生实践中实现其生命价值。

案例导入

案例一：扼腕青春

2009年11月14日凌晨，吉林某大学校园内发生血案，该校信息技术学院大四学生郭某将其室友赵某杀害在寝室内。一时间，杀人者郭某被称为"吉林马加爵"。

法院经审理查明，被告人郭某因觉得被害人赵某打呼噜影响其休息，曾将赵某晚上睡觉打呼噜的视频传到校内网上，二人因此不和。被告人郭某认为赵某多次对其进行辱骂，伤害了其自尊心，遂用事先准备好的尖刀扎熟睡的被害人赵某胸部、背部数下，致使赵某因左胸部刺创致心脏破裂造成失血性休克死亡。作案后郭某拨打"110"电话报警，并在现场等待警察到来。公安人员到达后，将被告人郭某抓获。

郭某的几名室友也分别证实，当时他们被一阵非常急促的呼吸声惊醒，发现赵某有急促的呼吸，郭某正站在电脑桌上并用手按着睡在上铺的赵某，有人听见赵某说了句"你干啥"，而且赵某还在那挣扎。郭某按着赵某的时候，一名同学用手拽了拽郭某的裤腿，问他干啥，郭某说："别动！"这时睡在赵某下铺的同学用手机的光亮照了一下自己的床铺，发现有血流下来。开灯后，才发现赵某床下的墙上都是血，赵某胸口上也都是血。郭某在他自己床上坐着打电话报警，然后就躺床上了。

据郭某讲，在大学二年级时，趁赵某睡觉的时候，用手机录下了他打呼噜的声音，拍下他睡觉的照片，然后自己用电脑编辑成视频，上传到校内网上，其实就是想跟他开个玩笑，也算是对他打呼噜影响自己休息的警告。赵某得知后非常不高兴，从此二人关系就不好了。赵某开始借机骂郭某，郭某觉得人格受到了侮辱，自尊心受到了巨大的伤害，所以打算杀死他。2009 年 11 月 11 日，二人都在寝室时，赵某在玩魔兽世界的游戏，他在游戏里扮演的角色被游戏里的盗贼杀死了，赵某开始辱骂盗贼，称练盗贼的人肯定都有心理疾病，恰巧郭某的角色便是盗贼，郭便生了杀人的念头。

案例二：成长中的心灵缺失

2013 年 3 月 31 日中午，复旦大学 2010 级硕士研究生林某将其做实验后剩余并存放在实验室内的剧毒化合物带至寝室，注入饮水机槽。

2013 年 4 月 1 日早上，与林某同寝室的黄某起床后接水喝，饮用后便出现干呕现象，最后因身体不适入院。

2013 年 4 月 11 日，上海市公安局接复旦大学保卫处报案后立即组成专案组开展侦查。经现场勘查和调查走访，锁定黄某同寝室同学林某有重大作案嫌疑，当晚，依法对林某实施刑事传唤。4 月 12 日，林某被警方依法刑事拘留。经警方初步查明，林某因生活琐事与黄某关系不和、心存不满，经事先预谋，3 月 31 日中午，将其做实验后剩余并存放在实验室内的剧毒化合物带至寝室，注入饮水机水槽。

2013 年 4 月 16 日下午，黄某经抢救无效，在上海中山医院去世。警方表示，在该生宿舍饮水机内剩余的水中检验出某些含剧毒化学成分的物质，认定其寝室室友林某有作案嫌疑。

2013 年 4 月 19 日下午，上海警方正式以涉嫌故意杀人罪，向检察机关提请逮捕复旦大学“4·1”案犯罪嫌疑人。黄浦区人民检察院以涉嫌故意杀人罪对复旦大学“4·1”案犯罪嫌疑人林某依法批准逮捕。

2013 年 11 月 27 日上午“复旦投毒案”在上海市第二中级人民法院公开开庭审理。法庭审理中，林某当庭供认了起诉书指控其采用投毒的方法致黄某死亡的事实，但对作案动机、目的等进行了辩解。法庭就林某的犯罪动机、目的、作案手段、被害人的死亡原因等展开了调查，并充分听取了庭审过程公诉人、诉讼代理人、被告人、辩护人的意见，并对证据进行了质证。

2014 年 2 月 18 日，“复旦投毒案”在上海市第二中级人民法院一审判决，被告人林某犯故意杀人罪被判处死刑，剥夺政治权利终身。

从披露的案情看，投毒的水桶至少是寝室同学的公共饮水源，受害对象明显具有不确定性。从这一点至少可以看出，林某对他人的生命是何等的漠视，折射出生命教育在年轻学生群体中的严重缺位。

第一节 生命的意义

泰戈尔说：“教育的目的应当是向人传递生命的气息。”生命的意义首先是基于生命的存在，在此基础上才能发展和提升生命的价值。作为大学生不仅要关心知识的获得、精神的成长，还要防止任何可能伤害生命的行为发生，在学会保护好自己的生命的同时也要学会珍惜他人的生命。可实际上，大学生伤害生命和生命被伤害的事件屡有发生。因此，培养大学生的生命安全意识，使他们能够更好地保护自己和他人的生命；教育他们爱惜自己的生命不等于自私；引导他们树立正确的生命价值观、安全观已是大学教育的当务之急。

一、生命的内涵

生命的存在让这个星球在宇宙中独特。因为生命的存在,这个世界从此变得绚丽多彩。无论是春天里初生的幼苗,还是冬日里傲雪的寒梅,生命都让世界充满了活力与希望,然而最令人感动的则是一声哇哇的啼哭声,因为我们来到了这个世界。

(一)人的生命是最幸运的

生命的降临不是自然而然的事,而是一种幸运,一个人的生命中至少有三次幸运。

1. 来到地球是一种幸运

一位哲人说过:生命是宇宙中一次不可替代的幸运。茫茫宇宙中有亿万颗星球,但到目前为止,除了地球以外还没有在其他星球上发现生命,这说明生命不像石头那样随处可见,它的存在需要极其严格的条件,地球正像中彩的密码一样,恰好具备了这些条件,所以生命才在这里出现。

2. 成为人是第二幸运

人是物质发展的最高产物,是生命进化的最高等级。生命在地球上出现 38 亿年,而人的出现才 300 万年。从最初的生命到人的出现,依次经过了单细胞、多细胞、哺乳类、灵长类,最后才进化成人。据统计,现在地球上有 3000 万个生命种类,人没有成为一棵草,没有成为一只猪,而是作为最高等级的人来到这个世界上,难道不是又一次幸运吗?

3. 成为你自己是第三幸运

母亲一次产生一个卵子,而父亲一次则产生上亿个精子,约两亿个精子中只有一个精子可以与一个卵子结合,其他精子则全部死亡。因此,在这一次生命结合的竞争中,产生你的机会是二亿分之一。

(二)人的生命是宇宙中最珍贵的

人是宇宙物质发展的最高产物,人的生命结构是所有生命种类中最高级、最复杂、最精巧的。是由亿万个细胞所构成的一个极其复杂、精密的生物体。

在生物种类中,进化程度仅次于人类的大猩猩的基因有 99% 是与人类相同的,但二者的功能却有着巨大的差别。人与猩猩在 50 万年以前都是生活在森林里的兄弟,所有这一切都取决于人比猩猩的大脑皮层发达,正是大脑皮层的高度发达所以人类才有了不同于其他生物的思维、创造的功能,才使人类从一个被动地为环境所支配的动物上升为能主动支配环境的地球人。

世界上很多东西的价值可以用金钱来计算,但人的生命却难以用金钱衡量。

人的生命是最神圣的。在地球的所有生物中,人是唯一具有羞耻心、有尊严的文明动物。动物是野蛮的,为了满足自己的生理欲望而不顾一切。人来自于动物,但随着进化的推进,人离野蛮越来越远,文明水准越来越高。文明的发展使人具有了动物不具备的礼、义、廉、耻和对真、善、美的价值判断。这一切使人不仅仅是一个具有生理功能的生物体,而且还使人成为了一个具有尊严精神内涵的神圣生物体。

既然人的生命是如此幸运，如此珍贵，那我们又应该怎样去对待生命呢？理所当然的回答是："珍惜！"

（三）如何珍惜生命

我们走在路上感受到一切的美好都归结于生命的组合与创造，伴随着生命的出现，我们也慢慢融入到一个充满爱的世界中。无论是何种形式的生命，我们都应该去尊重，因为它们的存在，我们才能感受到众生带来的美好，而作为自己，也会成为别的生命中的独特风景。然而，生命是有限的，也正是因为有限才会愈显得珍贵，在有生之年，如果在最后弥留之际没有遗憾的话，那么就是一趟完美的生命历程。但许多大学生经常抱怨"累！""活着没意思！"存在着对自己乃至他人生命的不屑。如马加爵凶残地杀害四位同学，除自身人格方面的障碍外，也有不珍惜他人生命的原因。一个不珍惜自己生命的人，也是无法去感受他人生命的价值和意义的。

1. 活着

印度有句格言：羚羊每天早晨醒来的第一件事，是想如何比狮子跑得更快，以免成为狮子的早餐；狮子想的第一件事是如何跑过羚羊，以免被饿死。每天太阳升起来的时候，羚羊和狮子都在拼命地奔跑，它们在为自己的生存而奔跑。在人类的早期，生存条件十分严酷，人类不得不为自己能活着而像动物一样耗去一生的时间和精力。随着人类文明的进步，人的生存条件日益得到发展，花在使自己活着的活动上的时间越来越少。因此，一个最基本的事实是：生命的本能就是活着。如果我们静心聆听体内亿万个细胞的心声，它们一致的呼声是："活着！"我们任何时候都不要忽视它们的呼声！

活着就是奇迹。有人伤心没有漂亮的鞋子穿，但他后来发现有的人连穿鞋子的脚都没有，仍可以活得好好的，就不再伤心了。"只要不放弃，希望就在！"澳大利亚无四肢残疾青年尼克·胡哲超越障碍，开创了自己的美丽人生。

2. 活好

活好是一种自我感觉。也就是活得充实、快乐、有意义。人类文明的进步使人不用像动物一样把活着的所有时间都用在为自己生存的苦役上。社会的安全保障及有大量的闲暇时间，使人不仅能活着、活长，而且能活好。每个人都具备了活好的客观条件，但现实生活中真正活好的，真正内心充满着快乐感觉的人不多。这取决于人们对这样一个问题的选择：人要不要活好，我们是应该带着空虚、无聊、烦恼、担忧的感觉度过一生，还是应该带着充实、有意义、快乐的感觉度过一生呢？答案是最清楚的：有没有正确的人生理念是能不能活好的主观前提。大学生在平时要树立好自己的信念系统，建立起自身内部的"红绿灯"控制系统，要牢记生命宣言，认识生命的幸运及珍贵。在不同的岗位上，我们都在不断创造着人生价值，也不断用自己所创造的价值来美化这个世界，充实的人生即使忙碌也同样可贵。

二、生命的价值

人的生命是短暂的，稍纵即逝。好比天上的流星，来去匆匆，徒留那道光辉的轨迹，在不久之后就会黯然失色，接着消失殆尽。虽然生命短暂，但是，我们却可以让有限的生命体现出无限的价值。生命的价值在于帮助需要帮助的人，在于享受快乐，在于给予爱。生命的价值因为爱而存在。

(一)感受生命的存在感

生存感受是指个体对自身存在及其价值的自我体验和感性认识。

拥有丰富而又深刻的生存感受的人能直面生活的悲欢离合,领悟生活的真谛与意义,体验自己生命的存在意义。而对于一个缺乏感受性的麻木者来说,再美好的生活也是味同嚼蜡。

拥有积极的生命情感。生命情感是指个体对生命意义的自觉、欣悦、沉浸,以及对他人生命乃至整个生命世界的同情、关怀与钟爱。积极的生命情感能引发人振奋、乐观、积极向上、豁达宽容、奉献、富于爱心等美好品质;与之相反,消极的生命情感则会使人变得沉闷、颓废、孤僻、极端、自私冷漠。可见,真正的生命教育是触及心灵的教育。

在大学生的心灵上种一棵生命树,不断浇灌它,让它生根、生长,最后开花结果。当这棵生命树真正在大学生的心灵生根并长成参天大树后,这棵生命树不但可以终止和摈弃任何自残、自毁生命的愚蠢举动,不仅可以顽强地支撑其肉体对抗内部和外部的各种磨难和险阻,最大限度地实现生命的价值,而且懂得欣赏别人的生命。所谓对万物有情也不过如此。

每个大学生对自己的前途都有着高度的期许,但在大学里,他们面对的是与自己一样优秀甚至更出色的同辈。在这样的群体中,他们很可能只是普通的一员,由此,从巅峰到低谷的心理落差使他们不禁怀疑自己存在的价值。另外,受一些错误思想和不良社会风气的熏染影响,部分大学生以为生命的价值只有赚了大钱才算得以实现。这是把生命的意义异化为物欲、权欲的满足和虚荣的表现。大学生应认识到,上大学只不过是进入社会之前的人生准备;大学生既要怀抱远大理想,也要脚踏实地,应该学会尊重他人,善待他人。

(二)理解生命的价值

生命价值包含了自我价值和社会价值两个方面。生命的自我价值,是个体的人生活动对自己的生存和发展所具有的价值,主要表现为对自身物质和精神需要的满足程度。生命的社会价值,是个体的人生对社会、他人所具有的价值。因此我们每个人都必须要面对的一个问题就是生命价值的标准和评价。

1. 学会爱惜自己

在一个人的一生当中,最重要的生命课题是学会爱惜自己。先学习欣赏与爱惜自己,再去喜欢他人与所在的环境,才能培育爱护与尊重生命的情操。现今社会自我伤害案件层出不穷,为何现代人对自己的生命如此不重视,无法欣赏自己的生活与生命?爱自己原本是天经地义的事,由爱自己,再发展小爱、大爱等广博之爱。由爱人类生命之美的情操可以推展到爱物,包括动物、植物,甚至无生命的对象等,不喜爱生命的人,所见如同沙漠,生活变得非常乏味,内心世界也变得非常脆弱,遇到挫折易放弃。什么是爱?爱从欣赏自己开始。

2. 学会爱与欣赏自己

一个人应持宽广与包容的心,面对现实、接受困难与各种问题,有的同学常自忖:我为何如此胖?如此瘦?如此矮?如此高?如此不聪明?如此没有“拼爹”的资本?就是无法面对现况。高矮胖瘦可以做一些努力来调整,但先天有许多限制,就要去接纳与顺应生命,明白它是先天的遗传与后天共同造就的产物。要先接受自己外表的美与丑,才可能做进一步的省思,改变自己的价值观，完成一些自我的超越。有人没钱过得很痛苦，但也有不少人有钱依旧天天不快乐。人应有调整价值观的弹性与多元化的思考，才能适时改变自己的行为。每一个人在现实中的角色都是很重要的，缺一个螺丝，一架飞机就可能掉下来，此时螺丝的重要性不亚于发动机。有此认知，就能以宽广的心来看待生命的价值，并能以积极的态度迎接人生。

生命的价值不在外表、金钱、地位等，而在于生命有没有充分发挥，凡能在帮助自己之外，又能服务他人与社会的都很重要。像学校推展公共服务，给学生去帮助他人的机会，展现自己生命的价值，也能引导他人了解生命的价值。又如社会各界一再推动献血与捐赠器官活动，以延续他人的生命，都是非常有意义的生命教育活动。

有意义的人生不见得要得到他人的共鸣，而是选择一条自己喜欢的路，坚持到底，始终如一，把分内的事做到最好，即使当不了闪亮的流星，也能当一颗永远高挂天边的小星星，具有无法抹灭的价值。人各有所长，一个人发挥了自己的价值，也可以让他人活得快乐。如各种令人回味无穷的表演艺术，就是人人互相欣赏对方优点的集体表现，串联了生命价值，共同展现了生命的意义。人人生活得快乐，社会就会进步。

（三）生命的意义

作家毕淑敏在一所著名大学演讲时，开口一句“活着是没有意义的”，台下一片哗然；继而她话锋一转，“但你要为你的人生规定一个意义！”顿时掌声雷动。“人活着的最大的目的不是为了死，而最大的人生意义却在由生到死的过程。”

无论人生本身是否有意义，我们都要努力让它有一点意义、情趣。很喜欢史玉柱这个人，因为他的经历是无法复制的。从巨人大厦的辉煌一夜之间成了著名的失败者，再到巨人网络的崛起，他可以说是把人间最顶级的滋味都尝了个遍。生命里有起伏跌宕的经历那才完美，一生都过得很平坦顺利，这样的生命是很苍白的，它没有尝过酸甜苦辣，不知道人间的冷暖。生命要有顽强的精神，就算是失败了也没什么可怕，摔倒了爬起来，抖抖身上的灰尘重新上阵。如果觉得实在是过不了的坎，就换个角度思考吧，我们生来的时候就不带什么东西，现在只是把人生中的一种可能给走了一遍，一切从头再来又有何不可。再说了，失败了不是又学到了怎么保护自己吗，所以没必要气馁。多一点人生经历，生命才能更彰显它的顽强可贵。

人这一生的意义都得自己谱写。可以浓墨重笔，也可以蜻蜓点水。用爱抒写生命，灿烂之花会开得更鲜艳。我们需要为自己设定一个目标，但若忽略了过程，生命就会丧失应有的浪漫与多情。大自然的美妙在我们视线所及的每一事物中，小如白居易的“草”，大至苏轼的“清风”“明月”，一切都奇妙无比，享受不尽。人生的美妙在于我们能享受生命的整个历程，童年时的天真、少年时的懵懂、青年时的轻狂、中年时的稳重、老年时的豁达，不同的时期有着不同的快乐与幸福。今生今世，每个人要如何定位自己，要看他如何看待生命的价值与意义。生命的价值与意义，从来不以“长度”去衡量，是“深度”让生命璀璨闪亮。

三、尊重生命，珍爱生命

当我们谈及生命时，总会想到那些令人难忘的时刻。无论是历史上的伟人还是地震废墟中一个个生命的奇迹，都让我们感受到生命的伟大与坚强。虽然我们看到了一次次重大灾难中那些幸存生命的坚强，但我们又在另一面看到了一个个年轻生命的黯然消逝。在生死抉择面前,不同的人迈出了不同的步伐,同时伴随着生命之花的绽放与凋亡。

(一)教育的目的:关怀生命

从生命的角度透视,教育应该首先关怀人的生命,关注生命的价值和人性的完善。意大利著名的教育家蒙台梭利曾说过:“教育的目的在于帮助生命的正常发展;教育就是助长生命发展的一切作为。”遗憾的是,高校至今仍缺乏对学生生命关怀的教育氛围,缺乏明晰的教会学生正确面对生命的教育。传统的应试教育仍然是以知识技能传授为主要取向,过多培养学生的竞争意识和竞争能力,而学生的人格、人性、道德、意志、审美能力、心理承受能力等都没能被放置于一个合理的地位。当学生的情感、心灵和个性被忽略时,他们对生命的漠视也就产生了。结果,一些大学生表现出冷漠、孤僻的情感特征,生命情感发育不足,在精神上无所寄托,对生命的意义和价值产生怀疑,陷入了深刻的精神迷惘和意义危机,无法领悟生命的价值和生活的意义,处于深刻的与自然疏离、与社会疏离、与人自身疏离的困境焦虑中。

人类是一个共同体,人与自然是一个共同体,人生命的经历也是一个共同体,要协调发展。死亡是渗透在生命的整个过程中的,死亡不是临死前的那一刻。生命包含生物学上的生命,社会生命和精神生命,精神生命可以长存。“死是生活的终止,生命可以永存”,这一原理可以帮助我们正确地认识生死问题,做到不畏惧死,但也不碌碌无为地活,寻找我们为何而生的答案。

(二)当代大学生生命教育缺失的表现

近几年,大学生自杀轻生、伤害他人的事件时有发生,生命教育缺失的具体表现如下。

1. 戕害生命,“四端”不全

近年来,大学生戕害生命的现象越来越严重,已引起人们高度关注。有的人动辄跳楼、上吊,还美其名曰“为情所困”,自命清高“看破红尘”,压力所迫“一了百了”等不一而足。有的人把生命当儿戏,随意糟践,丝毫谈不上珍视生命,更不用说敬畏生命!连世界上最宝贵的人的生命都不看重,残害动植物更是随心所欲,毫不留情,校园内被公然破坏的花草树木也见证着大学生生命教育的缺失。这一切显示了孟子所说的人的“四端”——“恻隐”“羞恶”“辞让”“是非”之心在大学生身上之缺乏。

2. 漠视生命,慢性自杀

漠视生命,慢性自杀的现象在高校不容忽视。相当一部分大学生自以为精力充沛,年轻气盛,有资格享受青春,晚上疯狂熬夜,早上则懒睡不起,错过早餐。有的人吸烟、酗酒,有的人不注意锻炼身体,抵抗力很差,这些不良生活方式极不利于身心健康,无异于慢性自杀。

3. 虚度生命,游戏人生

大多数学生一旦踏入大学校门便有松一口气之感觉,丧失了高考前那股拼劲和锐气,加上高校管理不同于中学那样细致以及自身自控力差等原因,有的大学生逐渐养成惰性思想,甚至被它所左右,自主学习往往成了形式。

4. 娇纵生命,不经风雨

相对优越的生活环境使得部分大学生过于脆弱,成为不经风雨的温室花朵,有的人盲目攀比,有的人被“消费文化”俘虏,不是因享受生活而荒废学业就是因情场失意导致恶性事件。

（三）对生命的态度

现今一些年轻人面对生命的态度以追求享乐、自我为时尚，以信奉和追求“人生高峰体验”的生活理念和模式为目标，这样只会使大学生在生理和心理上脆弱不堪，难当重任，反映在就业上的尴尬是重待遇而轻付出。所以在现实面前一旦受挫就一蹶不振，抱怨社会不公，埋怨活着太累，甚至有些大学生会自我否定。

1. 生命非常简单，我们所付出的，转眼就能将它们收回来

我们真的会变成我们自己所想的那样。我们认为自己好，自己就会更好；认为自己坏，自己就会更坏。所有我们生命中的痛苦和愉快，都完全是自己造成的。我们所思所想的“因”，就是在创造将来的“果”。别忽略我们的一思一想，一言一行，那些我们所思所想，所说所做的，都在创造自己的将来。

对自己制造的一切，我们不能将责任推给他人，责备他人。我们应该知道，如果有错，错在我们自己。没有人，没有地方，也没有任何事物具有超出我们自己的力量，因为“我”是自己唯一的思考者。当我们在自己的头脑中创造宁静、和谐与平衡时，我们将发现它们同样存在于自己的生活中。

2. 世界总是接受我们自己对自己的评价

世界只接受我们自己对自己的评价。如果你坚持相信生命是孤苦的，没有人爱你，那么，你的世界很可能真的孤苦和没有人爱——因为你自己躲在阴暗处，太阳自然照不到你。然而，如果你愿意抛弃这种信念，相信到处充满了爱，人们爱你，你也爱别人，并坚信这种信念，那么你的世界就会变成这样：可爱的人将会走进你的生活，原先就在你生活中的人也会变得更加可爱。你会发现，你更容易向别人表达你对他们的爱。所以自我评价是非常重要的。自卑仅仅是你讨厌自己、憎恨自己的一种反映，所以不管你是否相信，我们确实选择了自己，每一个人或多或少都遭受过自卑与内疚的痛苦，这样的生命怎么会幸福起来呢？我们拥有的自卑和内疚越多，我们的生活就越糟；我们具有的自卑和内疚越少，我们的生活就越好。不管处于何种环境何种生活水平，情况都是这样。

3. 许多人内心深处常有这样的念头——“我不够好！”

我们可能会说“我做的事不够多”，或者“我没有价值”。你经常说、经常暗示或者经常体验你“不够好”吗？可是你为什么“不够好”？按照谁的标准你“不够好”？如果时常这样想，那么你如何能创造充满爱、快乐、富裕、健康的生活呢？从某种程度上说，你的潜意识中的主要信念会经常与幸福生活相抵触。

4. 怨恨、批评、内疚、恐惧是我们生活中四种最坏的习惯

这四种坏习惯造成了我们身体上和生活中的主要问题。这四种习惯起源于喜欢责怪他人，却从不勇于承担责任。如果我们敢于对自己生活中的每一件事负责，那么就不会责怪任何人。任何时候我们去往哪里都是我们内在思想的反映。我们要明白，别人之所以会以某种方式对待我们，正是由于我们自己的信念吸引别人以那种方式对待我们。如果你发现自己在说“每个人总是这样对待我、批评我，总不为我着想”，那么这就是你的模式。你的内心存在某些思想，这些思想吸引别人以那样的行为方式对待你。

5. 学会悦纳自我

当一些学生带着对生命的困扰寻求帮助的时候，并不关心问题是什么，比如病弱的身体、拮据的经济状况、糟糕的人际关系或消失殆尽的创造力，只是专注于一件事情，即是否爱自己。当我们发现自己真正去爱，按照原本的样子来接受自己，赞同自己时，生活中的一切就恢复正常了。到处都会出现小小的奇迹。爱自己并赞同自己，这会创建一个安全的空间。信任、价值和承认将在你的头脑里协同起来，在你的生活中创造更多友爱的人际关系，引来更好的氛围。爱自己，是从“不再因为任何事情而责怪自己”开始的。批评、责备会锁住我们，使我们无法发生改变；而理解自己并善待自己，却会帮助我们改变以往的负面反应模式。请大家记住，你已经责备自己很多年了，这毫无用处。当你赞赏自己的时候，就会发现爱与被爱在我们的现实生活中是多么自然的一件事。同学们，请记住一句话：“当你有能力爱自己时也就意味着有足够的能力去爱别人！”

我们感觉我们不够好，这是因为我们缺乏自我肯定。如果生活中有任何问题存在，那么就一定有问题的根源存在。

我们是如何从一个认为自己是完美无缺的可爱婴儿变成了有很多问题、认为自己在某种程度上不可爱、没有价值的成年人呢。大家想一想，一朵玫瑰花开始是一个弱小的蓓蕾，含苞未放时它娇嫩可爱，花朵盛开时它美艳可爱，落花片片时它凄艳可爱，它能在不停的变化中一直保持自身的完美，真值得人们深思。我们也和玫瑰花一样，随时都在变化中，也应该随时都很完美、随时都很可爱，从婴儿到青少年时期，从中年到老年时期，保持各阶段的完美。我们或已各自尽了自己的力量，以有限的知识、有限的觉察力和有限的理解力来使我们的生命趋向美好。

肥胖是一个极佳的例子，它向我们展示了我们是如何费尽心机地解决其实并不是真正问题的“问题”。多余的体重只是内在问题的外部反映，比如说总是感到害怕和需要被保护。当我们感到害怕、不安全或者“不够好”时，我们当中的大多数人就会有意无意地增加额外的体重。所以，对待过胖的人，真正管用的节食是精神的“节食”——减去消极思想。这个消极思想就是无法爱自己，无法爱自己的生命，无法爱自己的一切。

我们来自偶然，生命是最宝贵的礼物。爱你所爱的人，温柔地对待一切，不要因不幸而怨恨和悲戚。无论前途怎样凶险，都要微笑着站定，因为有爱，我们不该恐惧。迎接所有安排，而无所怨恨和悲戚，从容淡定。这样的生命，将是骄傲而尊贵的。

知识链接

追寻生命的意义

《追寻生命的意义》一书的作者是维克多·E·弗兰克尔，维也纳医科大学心理精神病学终身教授，1997 年逝世。他一生著有 32 部著作，曾先后被翻译成 26 种语言在世界各地出版。二战期间，他因其犹太人身份遭纳粹逮捕，在奥斯维辛、达豪等集中营度过了三年艰难的岁月。这段经历在很大程度上成为他创作这部著作的原因。这部著作是一个人面对巨大的苦难时，用来拯救自己的内在世界，同时也是一个关于每个人存在的价值和能者多劳们生存的社会所应担负职责的思考。这本书对于每一个想要了解我们这个时代的人来说都是一部必不可少的读物。这是一部令人鼓舞的杰作……他是一个不可思议的人，任何人都可以从他无比痛苦的经历中获得拯救自己的经验。

第二节 大学生心理危机预防与干预

一、心理危机及其影响

所谓危机就是指个体面临突然或重大生活逆境(如亲人死亡、情感破裂或天灾人祸等)时，既不能回避又无法用通常解决问题的方法来解决时所出现的心理失衡状态。

据有关调查资料显示，我国有一定数量的大学生存在负面心理情绪，大学生因心理疾病退学的人数占到退学总人数的50%以上。心理危机已成为影响大学生个体发展和学校稳定的重要因素。如何应对心理危机是高校无法回避的紧迫问题。

(一)心理危机的出现

危机没有什么可怕的，心理危机人人都会有。大家可以想一想，从你记事到现在，有没有过不知所措、心理困扰、混乱慌张的时候？相信每个人都有过。当我们在生活中面临大大小小的压力时，有些人抗挫折的能力比较强，很大的事件对他来讲也扛得起来；有些人很脆弱，一点点小事也能把他压垮。当生活中的一些重大事件比如亲人死亡、恋爱失败、学业受挫等发生时，承受的能力超过了自己的应对能力时，就会出现危机。

一般来讲，大部分人的危机在四周到六周内可以解决，但有一些人的危机就很难解决，如果没有有效的应对方法，可能引发心理疾病，甚至还会出现自杀的念头，或者可能实施自杀的行为。如果真的发生危机的时候自己个人难以应对，最好找同学、朋友倾诉。作为同学、朋友发现了这种情况，要主动热情接近并帮助这些人，这才是好朋友、好同学。

(二)青少年所处的年龄阶段是心理危机经常发生的阶段

青年期时是从幼稚的儿童期走向稳定的成年期的过渡阶段。大学生是青年中的一部分，大学生会面临很多过渡阶段的危机。

1. 发展性危机

因为我们在发展的转变、过渡阶段所遇到的很多问题是前所未有的，比如第一次被别人追求，当你看到第一封情书的时候是不是吓得不知道塞哪儿好，不敢对任何人说。随着我们慢慢长大，会有很多新的经验，面对这些发展性的危机。

2. 境遇性危机

学业不良，考试不及格，没考上理想的大学和专业，恋爱失败等大学生活中比较常见的一些事件都是大学生可能遇到的境遇性危机。

3. 存在性危机

曾经有一位哲人说过，没有思考过死的人不能称其为真正的人。生和死是人生的基本课题，作为一个人活在世上，一定会去考虑生命、死亡：我什么时候死，我应该怎么样去过自己的一生。探索人生，探索自己发展，探索自己存在的意义和价值，这种思考肯定会有很多的困扰。

很多青年人有这样的想法:我存在的意义到底何在?按照佛语说,生命就是走向死亡的迂回曲折的过程。有人说,人终极的目的地就是死亡,反正我是死亡,我干吗还活着?这些存在性的困扰,人们(尤其是青年人)在探索自我、探索人生时会遇到。

4. 影响大学生心理的因素

大学生心理危机的产生除了受重大生活事件影响、人际交往障碍等诱因影响外,还受以下四方面因素的影响。

(1)个体对事件的知觉　对某一事件的认知和主观感受在个体决定应对行为的性质和程度中起着重要作用。认知方式限制了人们探索压力条件的信念,极大地影响了人们对他人的知觉、人际关系以及对采取不同类型的精神治疗手段的反应。如果个体对事件的知觉是客观的、合乎逻辑的,则问题解决的可能性会大大提高。

(2)社会心理支持　人的本质是社会化的,它依赖周围的人提供的内在、外在的评价而存在。对个体而言,获得确定的评价的意义比其他任何事都更为重要。这是人们应付大量压力的重要的社会心理支持资源。这种重要的支持资源一旦丧失,或没能发挥或支持失当,面对压力的个体将变得无比脆弱、失衡并进一步产生危机。

(3)应对模式的形成　人们通过日常生活,学会了运用各种手段去应付焦虑和减少紧张,并逐步形成了应付压力的模式。那些被人们运用过的有效的应付办法会成为人们日常解决压力的一部分而被纳入他们的生活模式中,并逐渐形成了人们解决压力的一套有效的应付机制。相反,如果没有恰当的、有效的应付机制,个体的压力或紧张持续存在,危机便会随之产生。

(4)个体的人格特征　危机人格理论认为,心理危机还受个体的人格特征的影响。容易陷入危机状态的个体在人格上具有的特异性有:注意力明显缺乏,看问题只看表面看不到本质;社会倾向性过分内倾,这种人格特征使个体遇到危机时往往瞻前顾后,总联想不良后果;在情绪情感上具有不稳定性,自信心低,独立处理问题的能力极差;解决问题时缺乏尝试性,行为冲动欠理性,经常会有毫无效果的反应行为。

(三)心理危机有哪些可能的结果

- 当事人不仅顺利渡过危机,而且学会处理困境的新方法。
- 危机虽然渡过,却在当事人的心中留下了一块“疤痕”,形成偏见,留下“痛点”,限制今后的社会适应。
- 未能渡过危机,陷入神经症或精神病,当事人心理适应水平明显降低。
- 自杀。

二、自杀与危机干预

危机干预是指采取某些措施来干预或改善危机情境,以防止伤害处于危机情境中的个人及其周围的人们。危机干预是一种短程的帮助过程,是对处于困境或遭受挫折的人予以关怀和帮助的一种方式。有时也被称为情绪急救。

(一)自杀行为

危机之所以能够预防,是因为危机心理有一个发展的过程。如果遇到一个人处在危机状态，应该怎么帮助他？研究表明，在中国每年有28.7万人自杀，250万至500万人自杀未遂。自杀主要集中在15～34岁的人群，大学生的年龄一般在17～25岁左右，是自杀的高危人群之一。

1. 自杀的分类

自杀分为情绪性自杀和理性自杀两类。

情绪性自杀是由爆发性的情绪引起，如委屈、悔恨、内疚、羞愧、烦躁和赌气等情绪状态引起的自杀。此类自杀进程比较迅速，发展期短，甚至呈现刹那的冲动而发生，这种类型只能当场进行阻止。

理智性自杀是由于自身经过人生的评价和体验，进行了充分的判断和推理后，逐渐萌发自杀的意向，并且有目的有计划地选择自杀措施。这类自杀的进程比较缓慢，发展期长。

2. 易有自杀倾向的人群

(1)抑郁　抑郁症状及自我封闭同时出现被称为青少年自杀的前兆。许多调查表明，四分之三的自杀青少年有多项抑郁症状，许多患有严重抑郁症。患抑郁症的女孩通常表现退缩、沉默、沮丧及不活动。男孩有毁灭性及攻击性行为的趋势，争取老师及父母的注意力。攻击性通常导致孤独，孤独也是诱发自杀的危险因素。

虽然抑郁症状常见于自杀者，但抑郁并非是自杀未遂或自杀的绝对诱因。青少年可以在没有抑郁的情况下自杀；也可以出现抑郁，但并不自杀。

(2)焦虑　研究表明，焦虑的症状与自杀行为是有关系的。男性自杀未遂与焦虑症状明显相关，而女性相关性则不明显。

(3)精神疾病　虽然较少青少年患严重精神疾病，如精神分裂症和狂躁抑郁症，但青少年若患有重症精神病则其自杀危险度极高。

3. 自杀的诱因

有些脆弱的青年人易把轻微的冲突理解成具有伤害性的事件，而诱发焦虑等过度反应。他们把常见的冲突看作是有损人格尊严的严重事件。可能带来严重伤害性的事件(客观上并非确实有严重的伤害)有：

- 家庭变故；
- 与朋友、同学绝交；
- 自己敬爱的人或对自己有重要意义的人死亡；
- 恋爱关系破裂；
- 受人欺负或迫害；
- 学习成绩不理想或考试失败。

(二)人格障碍与大学生的自杀行为

心理学认为，情绪失调和人格障碍是相互作用的，情绪失调往往导致人格障碍，而人格障碍又体现出情绪失调。情绪失调与人格障碍有多种多样的表现，如自卑、抑郁、孤僻、悲观、鲁莽、急躁、害羞、多疑、狭隘、焦虑等，但并非每一种表现都易于诱发自杀行为。

根据对自杀个案的分析得知，容易引发自杀行为的情绪主要有以下几方面。

1. 抑郁

抑郁是大学生中常见的情绪问题。不少学生在遇到学习成绩落后、失恋、生活受挫、家庭出现意外事件等刺激后,心理上无力承受由此带来的压力而出现抑郁的情绪反应。抑郁在行为上表现为丧失学习和工作的兴趣及动力,反应迟钝,无精打采,拒绝交际,回避朋友,并伴随着食欲减退、失眠等不良反应。大多数学生都多少有过这种消极情绪,但体验的时间比较短暂,随着时过境迁也就消失了。但其中也有少数性格内向、孤僻、自尊心强、怀疑心重、承受挫折能力低的学生容易长期处于抑郁状态,导致抑郁性精神症的出现。患者中有的可能认为人生无味而有过自杀的念头,甚至采取过自杀行为。某大学中文系三年级一女生,其男友在与她恋爱了近两年后宣布分手。此后,她情绪陷入低落,时常自叹,目光呆滞,寡言少语,常以身体有病为由拒绝参加集体活动,学习成绩也下降很快,这就进一步加强了她的自我否定和内疚感。终于有一天,她从市内一家宾馆的 11 楼跳下,结束了自己年轻的生命。由此可见,这位女生因失恋及学习落后导致抑郁,又因其性格内向、心理承受力差而患抑郁症,最终导致自杀。这说明自杀与抑郁有很大的关联,抑郁症状可以作为评定自杀危险度的重要指标之一。

2. 悲观

悲观表现为个体常常带着幼稚、消极的心理观察社会和对待人生。由于缺乏正确的世界观和人生信念,因此,当理想和现实一旦发生矛盾冲突时,悲观者便垂头丧气,自我否定,感到前途渺茫,最终对人生失去信心,走上厌世轻生的道路。理想与现实的矛盾是青年时期的主要心理矛盾之一。大学生都对自己未来的生活和工作充满着美好的希望,力图塑造完美的自我,但理想的我与现实的我显然是存在差距的。如果不能正确地看待这种差距,遇到一点挫折或失败便认为自己“无能”,是个失败者,那么就会使自己陷入悲观的消极状态之中。例如有的大学生因一次考试失误而认为自己智力低,将来在学业上会一事无成;有的大学生因一次失恋而认为自我形象丑陋或有缺陷,异性会对自己产生厌恶,等等。以悲观来对待生活中的挫折和失败等于是在原有的失败感中增添新的失败感,这必定会导致不良情绪的恶性循环,很容易对人生失去信心以至产生绝望,走上自杀的道路。美国临床心理学家 A. Beck 对自杀未遂者的研究表明,自杀者在一般期望量表上的失望分数很高。他认为失望与自杀意图的联系比抑郁更紧密,他同意自杀者是抑郁的,但更重要的是自杀者的期望是消极的。他们常常歪曲了其本身的体验,只预期最暗淡、最悲观的后果。这种悲观的态度往往带来失望感,最后发展成绝望。

3. 自卑

自卑是因生理上的伤残、疾病或智力水平低及其他社会因素的影响对自我认识所产生的消极态度。表现在能力、自身价值等方面低估自己,看不起自己,并且认为自己会得不到别人的尊重,因而终日忧虑不安、抑郁沮丧乃至自暴自弃。一般说来,个体或多或少有过这种消极情绪,但只要经过努力,重新评价自我,积极进行自我调节就能减轻和消除自卑感。如果长时间沉湎于强烈的自卑之中不能自拔,心理就容易失去平衡,这种人在外界刺激的诱发下极易导致自杀。某大学三年级一男生身体瘦小,皮肤偏黑,眼睛近视,身体素质差,体育成绩常处于全班最后一名,性格内向,参加班级活动不积极,人际关系不和谐。同学都认为他为人过于敏感,不好相处。一天,全班上体育课,内容是 100 米跑,两人一组,由于男生的人数单剩一个,而他又排在最后,老师只好将他和一名女生排在一组,结果他没有跑赢这名女生。这种场面自然引起在场同学的哄笑。从这以后,该生变得更加沉默和孤僻。一天夜晚他外出未归,第二天早晨被发现已在学校的后山自杀身亡。

（三）挫折与大学生的自杀行为

所谓挫折，是指人们在有目的的活动中遇到的无法克服的障碍。对挫折的消极反应如果得不到及时纠正，就会对受挫者的身心健康乃至生命构成危险，成为自杀行为的心理基础。大学生作为一个特殊群体，因其思维活跃，知识面广，生活的道路较为平坦，阅历也比较简单，在遇到挫折时容易出现一些不良的行为表现。不良的行为表现主要是源于错误的认知及脆弱的承受力。

大学生对挫折的错误认识主要表现在下述几个方面。

(1)认为挫折不应发生在自己身上。生活中出现一些不顺利、不愉快，学习和交往中存在一些挫折、失败本来是正常的事，但有的学生认为这些是不应该发生的。他们认为大学生活应是丰富多彩、充满快乐的，大学学习也应是轻松愉快的，人际关系同样也应是和谐的。而对于挫折，他们缺乏思想认识和心理准备，因此，一旦遭遇挫折就会出现不良的行为表现。

(2)用某方面的挫折来否定整个自我。如一次考试成绩差便认为自己的能力差，不是读书做学问的料子，前途完了。这种以一两件事来评价自身价值的认知方法，往往会引起强烈的挫折反应，自暴自弃。

(3)把某一次挫折的后果想象得非常可怕，对挫折缺乏正确的认识。比如有的学生一次生病，便害怕影响学习，害怕考试不及格而退学；或一件事情没办好，便担心他人对自己有看法而失去信心。

另外，挫折承受力比较脆弱也是导致不良心理行为的原因之一。挫折承受力是指个体遭受挫折后排解挫折的能力。耐挫力较强的大学生在挫折面前不会过分紧张，没有强烈的情绪困扰，能够尽快地找到适应和对付挫折的办法，从而保持心理行为的正常。而耐挫力弱的大学生对挫折过分敏感和紧张，稍遇挫折就惊慌失措，并且容易长时间陷入不良情绪中而不能自拔。这样，几经挫折打击，也许是并不很严重的挫折打击，都容易造成心理和行为的失常，甚至直接引发自杀行为。例如，某大学的一位女生，聪明俏丽，从小一直生活在幸福的家庭中，以优异成绩考入大学后，曾被评为“三好学生”，还担任了班干部。但后来在一次班干部的改选中她落选了。于是，她开始认为世人都在与她作对，不久后的一个晚上，她走出校门，融入深深的夜色之中。当人们发现她时，她已经沉睡在长春南湖的一湾绿水里。还有一位大学生，只不过因为在联欢会上唱歌唱走了调引起同学们的哄笑，她便觉得无法忍受，当晚在校园里自杀身亡。

其实耐挫力是可以通过平时的训练提高的。只要正确地认识挫折，冷静客观地分析挫折的原因，不断调整自己，乐观、豁达地看待人生，建立和谐的人际关系，自身的耐挫力就会不断得到提高。

三、大学生自杀行为的预防对策

防止自杀最好的办法不是注意自杀本身，而是应当更广泛地关注是什么因素导致了自杀的发生。从自杀者的行为表现中发现其自杀企图，及时加以疏导、解救和阻止，从而达到防患于未然的目的。

(一)关注异常行为

自杀者在自杀前都会有意或无意地表现出明显的异常行为,如独处、沉默寡言、生活规律紊乱、情绪极度低落等。美国心理学家格罗布等人的有关研究确认了青春期个体潜在自杀征兆的 30 条线索,其中 70%的人表现出抑郁现象,包括绝望、悲哀和冷漠,还表现出某些行为上的迹象,包括进食和睡眠等。青年时期自杀的最大征兆是“严重的、长期的心理能力丧失”。这种心理能力的丧失,必然在一定程度上表露于外部行为中。行为和习惯的突然改变常常是自杀者精神崩溃的信号。这种行为的异变表现为容易感情冲动,爱发脾气,不合群,情绪低落,甚至于饮食和睡眠也受到影响。由于自杀者在自杀前有了下述一系列的行为表现,这就为预防自杀提供了一些依据。

(1)情绪突然改变,明显不同于往常,出现不良情绪反应。例如,出现情绪低落、悲观失望、焦虑不安、无故哭泣、忧郁苦闷、喜怒无常、意识范围变窄、自我评价丧失、自制力减弱等消极情绪时,就有发生心理危机的可能。恶劣的情绪也是判定个体发生抑郁症的重要临床表象。

(2)出现行为异常。正常的行为活动是一个人心理健康的重要表现之一。当某位大学生出现行为异常(如饮食、睡眠出现反常,个人卫生习惯变坏,不讲究修饰,自制力丧失不能调控自我,孤僻独行等)时,就要注意其是否有心理危机问题了。行为异常也是判定个体发生抑郁症的重要条件之一。行为变化也与情绪变化密切相关,不良的情绪必然导致行为的反常变化。

(3)学习兴趣下降,如上课无故缺席,常迟到早退,成绩陡然下降,根本无法进行正常的学习和听课。心理学认为,正常、有效、良好的学习能力是个体心理健康的前提和标准。当个体在智力正常的情况下突然丧失了学习这一功能时,就说明是心理状态发生了问题。

(4)丢弃或损坏个人平时十分喜爱的物品,这也是十分典型的识别根据。如果某位大学生不能正常有序地学习和生活,把自己平时很喜欢的东西随意丢弃或毁坏等,这意味着不正常的心理行为发生了,而且是心理障碍达到危机的程度时,才会出现的情况。

(5)流露出自杀的意图,如谈论自己的死或与死有关的问题,或写下遗嘱之类的东西。有的甚至已经试图采取过某些手段企图自杀

青年时期是一个人一生中心理比较不稳定的阶段,是很多心理疾病的高发期,特别是抑郁症和精神分裂症,几乎每所高校每年都会有这样的病例,如果我们的身边有这样的同学,我们对他们应该给予更多的关注和爱护而不是排斥,应该及时伸出援助之手帮助他们。

(二)加强大学生心理卫生教育

大学生自杀的主要原因是心理因素所致。因此,在大学生中宣传普及各种有关心理卫生知识是防止大学生自杀的一个有效的办法。其具体做法是:有计划地组织大学生、辅导员、团干部进行培训,主要讲授大学生的心理特点、大学生心理卫生和心理咨询等有关内容,提高大学生对青年时期心理特点的认识,帮助他们了解和掌握人格顺应和情绪控制的基本规律,教给他们有关青年时期心理适应的技巧,如合理的宣泄、代偿、转移、升华等,使其应付挫折的能力得到提高。

(三)帮助有自杀征兆的人

(1)向有自杀征兆的人表达你的理解和关心。同情理解他的心情,接纳他的感受,避免责

备怪罪。询问他目前的困难，以及困难带来的影响。我们看到有的同学、同事、亲友最近好像情绪比较低落，可以主动关心他：最近你不怎么爱说话了，挺不开心的，能否告诉我一下是咋回事？不知道你遇到什么事情了，我不知道我可以为你做点什么？请大家在帮助别人的时候，也要考虑受助者的感受。比如我们在帮助贫困生时如果只是简单地说，你有什么需要帮助的尽管说，我帮你。这样会让别人很不舒服。可以换一种说法，比如说，最近我看你好像挺沉闷的，不知道发生了什么事情，不知道我能为你做点什么。这样说让他感觉到你很关心他，如果你不关心就观察不到他的变化，于是传递了一种关心和陪伴。

当一个人要自杀时最需要的是理解、关怀和看到希望。可以跟他说，我知道你站在那儿是万不得已的选择，一定发生了什么事情让你很痛苦，要不谁想走这一步啊？这在专业心理咨询中叫同理心。要设身处地地为当事人想想，当一个人要自杀的时候，你去跟他说理，其实是在说他自私、没良心，不懂得父母、不体恤别人，这是责备、批评、挖苦。这只能加重他的危机。不要认为“大喝一声”就能让试图自杀的人幡然悔悟。公开向试图自杀的人理论并劝告他停止自杀，并相信这种论理会使对方认清自己的问题，这种想法是很危险的，可能会导致悲剧的发生。

(2)多听少说，尤其不要教导。更多地让当事人说，他说是一种倾诉，他说是一个自我整理的过程。如果他沉浸在自己的痛苦中，你说再多的话他一句也听不进去，只能让他觉得你跟他距离很远，所以应少说多听。

(3)提问时要用开放式问题，如发生了什么？你感觉怎么样？要有耐心，不要因为他不容易与你交谈就轻言放弃。有时沉默以后会出现重要的信息，有时当事人很伤心、痛苦的时候，你什么都不用说，静静地坐在他身边本身就传递了一种支持，陪伴是有力量的。

(4)要允许他流泪，允许他表达，不要担心他会出现强烈的情绪反应，如果真的出现的话反而是好事。如果是大哭也没关系，释放完了以后就会感到痛快和轻松，所以你不要担心。这时千万不要跟他说不要哭。哭是一种治疗手段，哭能减轻压力。

(5)发现一个人有自杀的念头时，不要先批判他，要先接纳他。这时候不要试图改变他内心的感受，不要试图改变他的观点，千万不要跟他辩论。

(6)给予希望，让他知道面临的困境能够有所改变，不是完全无能为力的。

(7)可以跟他谈论自杀。可以问他，你有没有想过死。他如果说想过，就接着问他，你是怎么想的？这样你可以多了解他心里的想法。不要怕问这个问题，有时刻意回避反而可能错过一些机会。不要这样问：“你没有自杀的想法，是吧？”

(8)相信有自杀征兆的人说的话。当他说要自杀时，应认真对待。宁可信其有不可信其无，要及时跟辅导员或心理咨询中心的老师联系。决不排斥或试图否认任何自杀念头的“合理性”。当有人谈到自杀时，决不能把这一问题看做是“操纵性的”或并不是真的想自杀。如果这样做，处于危机中的人会真切地感受到这种排斥或谴责，这是很不明智的。

(9)如果发现一个人有自杀倾向，不要承诺你会对此保守秘密。你可以跟他说，在你看来他的生命比任何东西都重要，你无法做出不跟别人说的承诺。

(10)如果你发现一个人马上要自杀，一定不能让他独处。如果发现有自杀的行为，马上要把他监管起来，这个监管并不是说要剥夺他的自由，而是一种保护。

(四)加强精神文明建设，积极改善大学生的心理环境

当今社会，经济步伐日益加快，新的矛盾、新的思想、新的社会问题触及着每一个人的头

脑。同时,东西方各种文化涌现在我们面前,对新事物、新思想极为敏感的大学生必然会受到社会各种文化的影响。如果不加强精神文明建设,不树立正确的思想,那么不少大学生的心理就容易失去平衡,价值观就可能出现混乱,心理障碍也会增多,自杀率上升的趋势就难以避免。因此,我们要加强校园精神文明建设,大力弘扬中华民族几千年来的传统文化和传统美德;丰富大学生课余的文化娱乐生活,大力开展各类文体活动,培养大学生奋发向上、积极进取的精神风貌;开展各种学术活动,形成浓厚的校园学术风气;组织大学生积极参加社会实践活动,在实践中引导他们正确地看待社会、人生。

知识链接

企图跳楼自杀事件

一个青年人坐在高楼窗台上,扬言要自杀,说:"学习及生活非常难过困苦,我要跳下去!"假如你是第一位发现及到达现场的人,你会如何响应及处理?

- 你先发现时

迅速通知110或119。

迅速通知二级学院辅导员及负责人、学生处负责人、心理咨询中心老师。说明企图自杀事件的地点。

请求紧急处理。

- 被通知时

立即做好心理准备。

查询企图自杀者的背景资料。

通知110。

寻求协助(同学、老师等)。

通知危机干预小组(学生处、心理咨询中心)。

和企图自杀者相熟的人一起支援。

- 到达现场时

评估企图自杀者的情绪。

评估及处理在场其他人的反应。

最重要是尽可能设法保证企图自杀者的安全。

安慰及关怀企图自杀者,让他安静。

鼓励他讲出心里的感受(通过叙述使情绪得以缓解)。

把握时间,等候支持。

联合资源协助。

- 沟通

勿说出刺激企图自杀者情绪的话语,如:"你去死好呀!"或"你这样做也解决不了问题!"

可以说:"请先深呼吸,吐出压力。请说说你需要的是哪些?我们如何协助你?"

留意企图自杀者的反应:眼神、表情、呼吸、精神状态、说话清晰度等。

语气肯定地请求企图自杀者离开高楼窗台。

请企图自杀者可信任者去带领其下楼。

心理训练游戏

探索自我——我是谁?

步骤：

(1)准备　选择舒适的位置坐下，闭上眼睛，进入自我想象。

(2)去做一个“旅游”　仿佛我们走在一条乡间的小道上。小道崎岖，道路两旁长着野草，开着不知名的小花。继续往里走，越走越深，越走越深。小道的深处原来是一个山谷。慢慢走近，凝视着山谷，山谷里面有很多座小山峰，还藏着很多很多的小动物。突然从一座山峰后面跳出一个动物，请你看看，这是一个什么样的动物？它是谁？叫什么名字？请记住它的形状，它的大小，它的毛发，毛发的光亮度。慢慢地走近它，看着它的眼睛，微微地向它点点头，在心里告诉它，亲爱的我看见你了，亲爱的我看见你了。我们继续往里走，继续往里走，走得更深更深。从一个山峰后面，又跳出一个动物，这是谁？请记住它的名字，它的颜色，它的大小，毛发的光亮度，它的眼神。慢慢地，走近它，看着它的眼睛，深深地看进去，把你的友好、你的爱传递给它。在心里对它说，亲爱的，我看见你了。我们继续往里走，走得更深，更远。山峰后面又跳出一个动物，这是个什么动物？请你仔细地看着它，记住它的形状，它的大小，看到它的毛发的光亮度，它的眼睛。慢慢地走近它，慢慢伸出你的手去拥抱它，把它搂在你的怀里，同时告诉它，我爱你，我们再也不分开。同时，请你体会当下那份感觉，细心地体会跟它融为一体的感觉，跟它相亲相爱的感觉。好，细细地体会这份感觉，借由一次深呼吸，带着这个感觉，回到当下。给自己3分钟的时间，分享这个感觉。

点评：雨果说过，被人揭下面具是一种失败，自己揭下面具却是一种胜利。所以说别拿自己的人生与他人比较，你根本不清楚他人的人生是怎么一回事。每个人的内心都有阴暗面，要经常将它们拿出来晒晒太阳，只有这样，我们的性格之中才能拥有更多阳光的东西。

当我们理顺了人生的思路时，才会发现隐藏在内心深处的很多东西，平日里没有感觉到它们的触角，而正是它们主导着我们的人生轨迹。

大学生要学会与自己共舞，“不能接纳自己，如何接纳别人”，对于不能改变的事实，我们最好接纳它，拥抱它，进而欣赏、赞美，与之共舞．去接受事实，也许反而有了转机，给自己空间去选择，才有意想不到的惊喜。

探索自己的价值观

情景设置：假设世界末日到了，所有的人都坐在诺亚方舟上面。这时船已经不堪重负，船上的每个人都需要减负，才能共渡难关。选出五项你认为最重要的东西或人，依次排序，然后依次仍进大海，最后留下你认为最重要的。

目的：通过这一项项开放式的选择，对自我的认识也愈加深入和明朗。在无对错之分的选择背后，是个人对事的态度和价值判断。最后，我们的探索一步步深入，从选择别人的生死到思考自己的生命，思考自己生命中重要的人，规划自己要做的事……

应对模式小测试

(1)调整呼吸,在放松状态下进入自我想象。

(2)仿佛在你的眼前出现了一个坑,一个很大很大的坑,你发现你在这个坑里,你在这坑的中央,你完完全全能看到你在这坑中央的景象。现在,需要你上来,需要你出来,看一下,你会用什么样的方法离开这个坑?同时体会你身体的感觉。你也可以选择不出来。静静地看着自己如何选择,我们看到了整个的景象,同时,带着那份景象,借由一次深呼吸,回到这个当下,给自己3分钟的时间想一想整个过程。

点评:这是一个面对困难时我们如何行动的意向。选择是生命的本能,代表着人们不同的应对模式。觉察一下自己在生活中走出困境的模式。有的人遇到困难和挫折时会以积极的方式去寻求解决之道,有的人会被动、消极地等待。我们已经习惯化了的行为方式有可能才是真正的问题所在,而不是问题本身。因为我们生命中的所有的问题都是由我们自己创造的,所以要去了解你创造的原动力。原动力是没有好与坏的。在现实当中我们每个人都是在机械化地应对生活的当下,生活方式、思考方式、反应方式都是一成不变的。现实当中有一句话:人三十岁以前的容貌是父母给的,三十岁以后就要自己负责任了。以此类推,如果我们前半生的命运是命中注定的,后半生的境况则是自己的信念、行为、性格以及应对方式等造成的。如果要想改变命运,就要改变你自动导航机器中的程序,你才能创造不一样的人生。

思考题

(1)台湾作家林清玄有一次坐出租车,在疾驰的车上,司机问:“林先生,请问你生命的意义是什么?”林清玄对司机说:“生命的意义就是使自己每一天都有一些心灵与智慧的增长,每一天都对世界有一些奉献与利益。”

其实,我们增长自己的智慧,是为自己开一朵花;我们奉献给世界的心,是为世界开一朵花。请同学们也好好地思考一下,你生命的意义是什么?

(2)有一个人觉得生活无聊而平淡,他心烦意乱地走到悬崖边,年轻的心已不愿负担人世的孤独和艰辛。他感到周身的血液如禁锢在坛子里的葡萄酒,有一种要把坛子冲破的冲动。于是,他把脚轻轻凌空一提。忽然,有什么声音传来,他不禁侧耳静听。噢,是婴儿的哭声,在这荒山野岭,生命依然高高在上。顿时,一种前所未有的激动向他袭来,他一把推开诱他自杀的死神,循着啼声和灯光奔去。那是他生命里最耀眼的一次闪电。数年后,他的伟大作品如春雨般洒落俄罗斯及世界。他就是屠格涅夫。他觉悟到战胜生命绝望的力量在于生命本身。

我们时常在现实中看到有些同学因生活、学习的不如意而失意,甚至轻生,看到这个故事以后你受到了什么启发?你能对他们说点什么吗?

(3)有一次,我用医生的听诊器静听自己的心跳,那一声声沉稳而有规律的跳动给我极大的震撼,这就是我的生命,单单属于我的。我可以好好地使用它,也可以白白糟蹋它;我可以使它度过一个有意义的人生,也可以任它荒废,庸碌一生。一切全在我一念之间,我必须对自己负责。你如何对待自己的生命?请简要谈谈看法。

参考文献

[1] 段鑫星，程婧.大学生心理危机干预[M].北京：科学出版社，2006.
[2] 林非，江力.生命的意义[M].北京：中国三峡出版社，2009.
[3] 林崇德，张日昇.咨询心理学[M].北京：人民教育出版社，2009.
[4] 〔美〕露易丝·海.生命的重建[M].徐克茹，译.北京：中国宇航出版社，2003.

（钟意娟　周艳　李红霞　徐蕾　郭建新　王小东）